凤凰文库
PHOENIX LIBRARY

凤凰出版传媒集团
PHOENIX PUBLISHING & MEDIA GROUP

凤凰文库·海外中国研究系列

主　　编　刘　东
项目总监　王保顶
项目执行　卞清波

凤凰文库
海外中国研究系列

刘东 主编

[奥]沃尔特·施德尔 主编
李平 译

罗马与中国
比较视野下的古代世界帝国

ROME AND CHINA
Comparative Perspectives on Ancient World Empires

江苏人民出版社

图书在版编目(CIP)数据

罗马与中国：比较视野下的古代世界帝国/(奥)沃尔特·施德尔主编；李平译. ─南京：江苏人民出版社，2018.4(2020.3重印)
(凤凰文库·海外中国研究系列)
书名原文：Rome and China: Comparative Perspectives on Ancient World Empires
ISBN 978-7-214-20736-4

Ⅰ.①罗… Ⅱ.①沃…②李… Ⅲ.①古罗马－对比研究－中国－古代－文集 Ⅳ.①K126-53②K220.7-53

中国版本图书馆 CIP 数据核字(2018)第 033163 号

ROME AND CHINA: COMPARATIVE PERSPECTIVES ON ANCIENT WORLD EMPRIERS, FIRST EDITION by Walter Scheidel
Copyright © 2009 by Oxford University Press, Inc. All rights reserved.
Chinese translation rights © 2018 by Jiangsu People's Publishing, Ltd.
"ROME AND CHINA: COMPARATIVE PERSPECTIVES ON ANCIENT WORLD EMPRIERS, FIRST EDITION" was originally published in English in 2009. This translation is published by arrangement with Oxford University Press.《罗马与中国：比较视野下的古代世界帝国》最早由牛津大学出版社于 2009 年出版，中译本由牛津大学出版社安排出版。
All rights reserved.

江苏省版权局著作权合同登记：图字 10-2013-531 号

书　　　名	罗马与中国：比较视野下的古代世界帝国
主　　　编	[奥]沃尔特·施德尔
译　　　者	李　平
责任编辑	卞清波
装帧设计	陈　婕
出版发行	江苏人民出版社
出版社地址	南京市湖南路 1 号 A 楼，邮编：210009
出版社网址	http://www.jspph.com
照　　　排	江苏凤凰制版有限公司
印　　　刷	江苏凤凰扬州鑫华印刷有限公司
开　　　本	652 毫米×960 毫米　1/16
印　　　张	17.75　插页 4
字　　　数	230 千字
版　　　次	2018 年 4 月第 1 版　2020 年 3 月第 2 次印刷
标准书号	ISBN 978-7-214-20736-4
定　　　价	45.00 元

(江苏人民出版社图书凡印装错误可向承印厂调换)

出版说明

要支撑起一个强大的现代化国家,除了经济、政治、社会、制度等力量之外,还需要先进的、强有力的文化力量。凤凰文库的出版宗旨是:忠实记载当代国内外尤其是中国改革开放以来的学术、思想和理论成果,促进中外文化的交流,为推动我国先进文化建设和中国特色社会主义建设,提供丰富的实践总结、珍贵的价值理念、有益的学术参考和创新的思想理论资源。

凤凰文库将致力于人类文化的高端和前沿,放眼世界,具有全球胸怀和国际视野。经济全球化的背后是不同文化的冲撞与交融,是不同思想的激荡与扬弃,是不同文明的竞争和共存。从历史进化的角度来看,交融、扬弃、共存是大趋势,一个民族、一个国家总是在坚持自我特质的同时,向其他民族、其他国家吸取异质文化的养分,从而与时俱进,发展壮大。文库将积极采撷当今世界优秀文化成果,成为中外文化交流的桥梁。

凤凰文库将致力于中国特色社会主义和现代化的建设,面向全国,具有时代精神和中国气派。中国工业化、城市化、市场化、国际化的背后是国民素质的现代化,是现代文明的培育,是先进文化的发展。在建设中国特色社会主义的伟大进程中,中华民族必将展示新的实践,产生新的经验,形成新的学术、思想和理论成果。文库将展现中国现代化的新实践和新总结,成为中国学术界、思想界和理论界创新平台。

凤凰文库的基本特征是:围绕建设中国特色社会主义,实现社会主义现代化这个中心,立足传播新知识,介绍新思潮,树立新观念,建设新学科,着力出版当代国内外社会科学、人文学科的最新成果,同时也注重推出以新的形式、新的观念呈现我国传统思想文化和历史的优秀作品,从而把引进吸收和自主创新结合起来,并促进传统优秀文化的现代转型。

凤凰文库努力实现知识学术传播和思想理论创新的融合,以若干主题系列的形式呈现,并且是一个开放式的结构。它将围绕马克思主义研究及其中国化、政治学、哲学、宗教、人文与社会、海外中国研究、当代思想前沿、教育理论、艺术理论等领域设计规划主题系列,并不断在内容上加以充实;同时,文库还将围绕社会科学、人文学科、科学文化领域的新问题、新动向,分批设计规划出新的主题系列,增强文库思想的活力和学术的丰富性。

从中国由农业文明向工业文明转型、由传统社会走向现代社会这样一个大视角出发,从中国现代化在世界现代化浪潮中的独特性出发,中国已经并将更加鲜明地表现自己特有的实践、经验和路径,形成独特的学术和创新的思想、理论,这是我们出版凤凰文库的信心之所在。因此,我们相信,在全国学术界、思想界、理论界的支持和参与下,在广大读者的帮助和关心下,凤凰文库一定会成为深为社会各界欢迎的大型丛书,在中国经济建设、政治建设、文化建设、社会建设中,实现凤凰出版人的历史责任和使命。

"海外中国研究系列"总序

中国曾经遗忘过世界,但世界却并未因此而遗忘中国。令人嗟讶的是,20世纪60年代以后,就在中国越来越闭锁的同时,世界各国的中国研究却得到了越来越富于成果的发展。而到了中国门户重开的今天,这种发展就把国内学界逼到了如此的窘境:我们不仅必须放眼海外去认识世界,还必须放眼海外来重新认识中国;不仅必须向国内读者迻译海外的西学,还必须向他们系统地介绍海外的中学。

这个系列不可避免地会加深我们150年以来一直怀有的危机感和失落感,因为单是它的学术水准也足以提醒我们,中国文明在现时代所面对的绝不再是某个粗蛮不文的、很快就将被自己同化的、马背上的战胜者,而是一个高度发展了的、必将对自己的根本价值取向大大触动的文明。可正因为这样,借别人的眼光去获得自知之明,又正是摆在我们面前的紧迫历史使命,因为只要不跳出自家的文化圈子去透过强烈的反差反观自身,中华文明就找不到进入其现代形态的入口。

当然,既是本着这样的目的,我们就不能只从各家学说中筛选那些我们可以或者乐于接受的东西,否则我们的"筛子"本身就可能使读者失去选择、挑剔和批判的广阔天地。我们的译介毕竟还只是初步的尝试,而我们所努力去做的,毕竟也只是和读者一起去反复思索这些奉献给大家的东西。

刘　东

致 谢

本书共有七章,其中五章属于2005年在斯坦福大学举行的"帝国研究:比较视野下的古代中国与地中海文明"国际会议论文。该会议由"斯坦福古代中国与地中海帝国比较史项目"主办。在此衷心感谢慷慨的斯坦福主办者,尤其是社会科学史学会及其主任史蒂文·哈勃(Steve Haber),以及经典学系和弗里曼·斯伯格里(Freeman Spogli)国际研究所。还要感谢协办者马克·路易斯(Mark Lewis)和乔·曼宁(Joe Manning)的支持。Lai Ming-Chiu, Luuk de Ligt, Joe Manning, David Schaberg, Robin Yates 和 Zhao Dingxin 宣读的论文虽未能收录于本书,但于我们的研讨大有裨益。最后,感谢牛津大学出版社的斯特凡·法兰卡(Stefan Vranka)对本项目的关注,感谢卜立安·赫尔利(Brian Hurley)的协助,并感谢格温·柯文(Gwen Colvin)为本书倾注的努力。

目 录

年表 1

导言 ［奥地利］沃尔特·施德尔 1

一 从"大融合"到"初次大分流"：罗马与秦汉的国家构造及其影响
　　［奥地利］沃尔特·施德尔 10
　1. 孪生帝国？ 10
　2. 环境 11
　3. 相似性 12
　4. 趋同 14
　5. 分流 20

二 古代中国与罗马的战争、国家结构与军事机构演变 ［美］内森·罗森施泰因 25
　1. 战争与国家结构 25
　2. 战争和统治阶级 40
　3. 战争与政体 47
　4. 结论 53

三 帝国结构中的法律与惩罚　[美]卡伦·特纳（高道蕴）　56

1. 历史的模式　58
2. 法律与自由裁量权　64
3. 帝王与法律　67
4. 批评者　70
5. 致命的后果　74
6. 叛国罪　77
7. 肉刑　81
8. 经济上的处罚　85
9. 遗产　88

四 宦官、妇女和帝廷　[德]玛利亚·H.迪滕霍夫　92

1. 古代世界宦官　92
2. 宫廷宦官：旧中国的传统　97
3. 妇女和太监："天然"的同盟　100
4. 罗马帝国的妇女和宦官　103
5. 结论　110

五 罗马和中国历史上的指挥型和消费型世界帝国、贡赋和贸易　[丹麦]皮特·菲比格·班　113

1. 导言　113
2. 作为帝国产业的贡赋　117
3. 贡赋和商业化：作为变换器的市场　127
4. 帝国的消费形态　132

六 汉朝和罗马帝国的礼物循环和慈善　[美]马克·爱德华·路易斯（陆威仪）　137

1. 中国的实践　137
2. 比较　148

3. 结论 152

七　汉朝和罗马帝国的货币体系　［奥地利］沃尔特·施德尔 154

1. 介绍 154
2. 古代中国前帝国时代的货币制度 156
3. 秦汉时代的青铜货币 161
4. 古代中国金银货币的使用 175
5. 古代中国货币样式的发展 191
6. 罗马帝国货币形制的发展 192
7. 贱金属或贵金属造币 202
8. 金属主义和唯名论 213
9. 经济货币化 225

附录　重量和面额的术语 234

参考书目 237

年　表

中国

约公元前 1600—前 1045 年 商代

约公元前 1045—前 771 年 西周

公元前 897 年　秦嬴受封（据通说）

公元前 770—前 256 年 东周

公元前 770—前 481 年 春秋

公元前 770 年 秦襄公受尊崇①

公元前 551—前 479 年 孔子在世（据通说）

公元前 403—前 221 年 战国

公元前 361—前 338 年 商鞅入秦改革

公元前 316 年 秦征服四川

公元前 247—前 210 年 秦王嬴政在位（前 221—前 210 年为秦始皇）

公元前 230—前 221 年 秦灭六国

公元前 221—前 206 年 秦王朝

---

① 译注：史载秦襄公八年（前 770 年）周平王迁都雒邑，建立东周，秦襄公护送周平王东迁有功，被封为诸侯，秦始建国。

公元前 206—9 年 西汉

公元前 141—前 87 年 汉武帝在位

公元 9—25 年 新莽王朝(王莽在位至公元 23 年)

公元 25—220 年 东汉

公元 220—589 年 分裂时期(六朝)

公元 220—265 年 三国

公元 265—316 年 西晋

公元 304—439 年 十六国

公元 386—534 年 北魏

公元 535—581 年 西魏、北周

公元 581—618 年 隋朝

公元 589 年 隋朝征服江南

公元 618—907 年 唐朝

公元 907—960 年 五代

公元 960—1276 年 宋代

公元 960—1126 年 北宋

公元 1127—1276 年 南宋

公元 1271—1368 年 元朝

公元 1368—1644 年 明朝

公元 1644—1911 年 清朝

罗马

公元前 753 年 罗马建城(据通说)

公元前 753—前 510 年 罗马王政时代(据通说)

约公元前 650—前 600 年 出现拉丁城邦文化

公元前 509—前 27 年 罗马共和时代(据通说)

公元前 396 年 攻占伊达拉里亚城市维爱(据通说)

公元前 338 年 控制整个拉丁地区

公元前 326—前 272 年 意大利半岛征服战争

公元前 264—前 146 年 与迦太基战争

公元前 215—前 168 年 与马其顿战争

公元前 192—前 188 年 与塞琉古帝国战争

公元前 206—前 133 年 征服伊比利亚半岛

公元前 133—前 30 年 内战时期

公元前 91—前 89 年 与意大利同盟间的社会战争

公元前 88—前 64 年 与本都和亚美尼亚的战争

公元前 58—前 51 年 征服高卢

公元前 48—前 44 年 恺撒大帝独裁

公元前 43—前 32 年 后三头执政

公元前 27 年 共和国正式恢复

公元前 27—235 年 帝政（早期帝国专制）

公元前 27—公元 14 年 奥古斯都在位

公元 235—284 年 军政皇帝时期

公元 284—305 年 戴克里先进行改革

公元 284—602/641 年 后罗马帝国

公元 306—337 年 君士坦丁在位

公元 313 年 正式承认并成为基督教支持者

公元 325 年 尼西亚大公会议

公元 330 年 建成君士坦丁堡

公元 391 年 异教神庙和血祭禁令

公元 395 年 东西罗马最终分立

公元 410 年 罗马被哥特侵吞

公元 476/480 年 西罗马帝国灭亡

公元 527—565 年 查士丁尼在位

公元534—554年 东罗马战争重新征服地中海西岸

公元602—628年 与萨珊王朝战争（波斯）

公元634—718年 阿拉伯入侵

公元800年 查理曼大帝加冕罗马皇帝

公元962年 奥托一世加冕罗马皇帝

公元1204年 十字军征服君士坦丁堡

公元1453年 土耳其征服君士坦丁堡

公元1806年 神圣罗马帝国解体

公元1870年 教皇政府终结

导　言

[奥地利]沃尔特·施德尔

　　《后汉书》描述了遥处于地球西极的大秦的风俗。那里的居民身形高大，剃发，身着刺绣服饰，植桑养蚕。住在五处有水晶雕栏的宫殿中的统治者们，都须加意于天灾，因为这有可能成为他们被迫退位或为他人所取代的诱因。并且，人们认为统治者对此应当毫无怨言地接受。上述这些特质与罗马帝国实际上并无明显的相似性。然就我们所知，古代中国与罗马之间尽管空间距离悬隔，正所谓"道多猛虎、师子，遮害行旅，不百余人赍兵器，辄为所食"，但仍存在某种方式的交通。① 对罗马的观察者们而言，形势也是如此：在他们看来，亚洲的最东部实乃"不易通达；一些人来自那里，不过数量极少"。他们很难探访到赛里斯人（或曰"丝绸之人"）②，那些无

---

① 《后汉书》卷 88，译自莱斯利(Leslie)和加德纳(Gardiner 1996:47—52)。（这本著作成书于公元 5 世纪。但它记载着公元 1—3 世纪的史事。）最后这段评述针对的非是"大秦"国本身，而是去往之的路径上的种种情形。参见前引 52, n. 89. 有关"大秦"的含义，参见前引 232。莱斯利和加德纳的译本是迄今最易懂，并对相关资料讨论最详实的，胜于夏德 1885 年本。
② 译注：希腊文献中早已出现"赛里斯"(Seres)，意为"中国人"。据公元前 4 世纪希腊人亨利克泰夏斯(Ctesias)等的记载，这种称名就是起于"丝"(Ser)（参见前文所引的米勒[Muller]版本，1884 年巴黎迪多书店版本，转引自[法]戈岱司编《希腊拉丁作家远东文献辑录》，耿升译，中华书局，1987 年版）。也有可能如公元 2 世纪的罗马人包撒尼雅斯(Pausanias)的《希腊志》中所说，就是"他们国内生存的一种小动物，希腊人称之为'赛儿'(Ser*)"。我们可以肯定，希腊文中是以 Seres 来称中国的，其起于蚕与丝的本意。

神论者的存在多过二百余年,他们身着从树木上刮下的丝绸,既凶残好战又文雅平和,长有蓝眼睛和亚麻色的头发,从不和陌生人交谈。①

非常不幸的是:虽说交流上的困难越来越少,然而当代的观察者们却越发不能注意到两大帝国之间为数众多的相似点。事实上,对研究罗马的学者而言,汉朝远不及规模空前巨大且秩序井然的忽必烈帝国引人瞩目。职是之故,欧洲中古时会有马可·波罗和他的追随者去往元朝。②在更乐观的情况下,持续数个世纪的交流让双方的史学家和政治学家以时间为线索归纳出发展趋势:由政治城邦到主权政治,由为了洲际作战而生的流动的军事集团到边境管制;伴随着权力的功能性分化的市民官僚事务机构增长;中央政权控制下省级机构正式二分;定居和军事化用于外围的边境地区;通过标准化的国际控制的造币厂获得大规模扩充的金钱;国家干涉制造业和商业;人口登记和普通人的正式等级划分;法典化;市场区域增长且财富向少数精英集中;小自耕农转化为佃农,私人赞助势力增长与政府权威被侵占的并存;不成功的土地改革尝试与最终的农村动乱;通过纪念碑、宗教仪式和精英教育构

---

① 不易通达:公元64年(公元1世纪)厄立特里亚(Erythrean)海的环绕航行;无神论者:凯尔索(Kelsos)在奥立振(Origenes),《反对克诺索斯》7.62—3(公元2世纪);长生:斯特拉博(Strabo)《地理学》15.37(公元1世纪);桑树:老普林尼(Pliny the Elder)《自然史》6.53(公元1世纪);保塞尼亚斯(Pausanias)《希腊风土志》6.26.6—9。自公元2世纪起,有了现存最早的归结于丝绸生产的动物——"丝虫"的记载。残忍和好战:阿维努斯(Avienus)《世界图景》(Description of the World)935(公元4世纪);文雅与和平:普林尼(Pliny)6.54;体态特征(for which Liebermann 1957)及抑制:前引6.88。关于相关文献的汇集,尤其可以参见 Coedès 1910;Dihle 1984;Leslie 和 Gardiner 1996:121—27。Dihle 203—4 正确地指出了许多这些所谓的属性的局部性质。关于7世纪以前在中国存在的一些无法为西方所用的细微因素,参见史家提奥菲来克脱斯(Theophylactus Simocatta)*Histories* 7.9.2.2—11,以及 Boodberg 1938:223—43。(马可·波罗是否真的到过中国已无关紧要。参见:Wood 1995(no)vs. De Rachewiltz 1997,Jensen 1997,以及 Haw 2005(yes);伊本·白图泰(Ibn Battuta)也令人印象深刻。)

② 马可·波罗是否真的到过中国已无关紧要。参见:Wood 1995(no)vs. De Rachewiltz 1997,Jensen 1997,and Haw 2005(yes);Ibn Battuta was also impressed.

筑意识形态统一化;同质化精英文化和话语平台的生成;宫廷历史编纂的出现;通过权力维系的规范化的帝国意识形态;后来的宗教变革致使自治教会出现,哲学、宗教上出现的关注重心由社群价值向道德行为和个人救赎的转化。他们或对一系列差异的意义有所思考,诸如罗马的共和背景,地方领主、官僚在帝国政府中的权重、奴隶的规模与功能,军权自治的程度、其他党派在罗马市民法传统或帝王典仪中的平等地位以及对中国王朝的稳固或官方支持的儒—法哲学及其合法化等等。

不过,距离过远使得这些比较非常艰难:从长安到地中海沿岸的陆路交通需穿行草原、山区,距离长达 4500 英里(7000 公里)。最近的海路,仅从埃及到越南北部就有约 6500 海里(12000 公里)。对双方而言,相互之间的直接了解仍局限于那些被无所畏惧的商人们拖过重洋的货物,其中包括来自中国的丝绸、玉器、铁制品和产自地中海的石膏。①

现今的古代史学者们没有了这些托词。虽然语言和学术规范依旧成为跨文化研究的掣肘,但仍有大量由比较方法提供的既成的信息可用。② 即便到了今天,让学界意兴盎然的仍是双方的接触和交流,如关于横贯大陆的物品和奢侈品贸易机制,以及随之而来的超自然信仰和技术技能传播。对之付诸的关注大大超过了比较分析所能带来的成果收益。越发流行的"丝绸之路研究"便是上述不平衡的典型表征。不过所有这类倾向的持久性均很难被证明。

---

① 对此,阿兹黑德(Adshead,2000:37—9)做了简明摘要。拉施克(Raschke,1978)研究了诸多其中诸多细节。对印度枢纽功能的认识,参见 Liu 1988 and Ray 2003.
② 2007 年 8 月,保罗·戈定(Paul Goldin)《古代中国文明:西语文献书目》(http://lucian.uchicago.edu/blogs/earlychina/research-and-resources/bibliographies/)收纳了大约 6700 项。据另一统计,现代出版了有关秦汉时期至少有 600 种专著和 13000 篇论文,(Cheng 2007:300, n. 11)主要集中在中国和日本。同时已出版的关于希腊罗马文明的学术论著则有百万之巨。(Scheidel 1997)

之所以难以证明,在于只有通过与其他文明的比较,才能有效辨识文化中诸质素的特殊性或个性及其发展状况,以促进形成对历史状况形成的关键因素来自何种变量的认识,并使我们在广泛的前现代世界史背景中评估古代政治实体和社会的属性。比较史学的形式多种多样。举例而言,社会科学家们识别自变量的目的在于通过"比较分析"区别出等量单元,以此解释相同或相反的模式或事件,并在等量单元与理论或概念之间作"直观比较",这种评估证据涉及预测理论而非一些特定单元间的相互关联。另一些人认为按照致力于实证检验理论的"平行展现理论"(相当于"直观比较"),"情景差异"表现出个案的特点如何影响一般社会进程的展开,"宏观因果关系分析"利用比较来描绘宏观历史进程和架构的因果关系,并在理论上创生新的理论。还有一些人始终鼓吹"普遍化"、"统摄"和"寻求变异"的方法。① 现在大凡这一领域的著作都遵照"个案导向"而非"变量导向"的途径,将历史视为多种特质的组合,它们各与特定的历史后果有关。②

就性质而言,比较史学并不系于"规则",而重在找寻所谓"强势进程"(robust processes),这被界定为催生特定结果的各种特性的起始条件的组合。主要的问题在于:对已知的发展情况而言,哪些因素是决定性的、非偶然的?为何不同的情景能够产生类似的结果,或反之亦然?换句话说,比较史学基于个案比较以考察历史变化,通过在相似境遇中辨识关键差异,和(或)识别出现的不同的强势进程,为特定结果提供因果解释。③ 这些就是本书各章的主要目标。

比较研究必定易受样本的规模的影响。原则上说,考察的个案数量规模越大,便越容易辨识出重要的变量或纽结,且对普适化解释提供支

---

① 有关这些概念,参见 Bonnell 1980; Skocpol and Somers 1980; Tilly 1984.
② 关于"个案导向"与"变量导向"的差异,参见 Ragin 1987: ch. 1—4. 后者通常原意是通过多变量的统计分析寻求"对变量之间的关系作出归纳"(前引 17)。
③ 参见 Goldstone 1991: 50—62.

持。但就当前情况看,由于世界体系中缺乏理论家们所谓的"泛核心帝国"(corewide empires),致使不得不在比较分析的范围上作出严格限制。① 我们聚焦两个巨大而持久的政治实体,它们通过融并几乎所有的国家级政治体而在其各自的生态圈和广阔地域内给观察和分析提供所需的直接的可比性,且在非常宏观的社会层次上,两者都经历了近乎垄断的超级政治实体的出现和成熟。②

如前所述的方法却极少为现代学界所采用。更有甚者,尽管近年来涌现了一些细致比较古代中国和地中海地区的著作,却仍旧难以引发思想史界的兴趣。这些研究倾向于关注古希腊和早期中国间伦理、历史和科学方面的不同特质。其中最杰出和高产者当属罗界(Geoffrey Lloyd),他在中、希比较领域出版了不下六本著作,涉及科学、医学和世界理解方式。③ 还有一小批学者在相关领域取得了成果④,特别要提到的是穆启乐(Fritz-Heiner Mutschler),他对古罗马与汉代的历史研究表现出浓厚的兴趣。⑤

6

---

① "世界国家"或"泛核心帝国"的概念,参见 Chase-Dunn and Hall 1997:209—10. 我将在本书所收的专论中对之详细说明。这些理想型并没有以纯粹的形式出现过;其他可藉参考者包括印加帝国以及次一级的阿契美尼德帝国和蒙古帝国。帕提亚代表了罗马统治的主要例外。
② 拉金(他区分了"观察型"和"解释型"单元)很强调明确分析单元性质的重要性。Ragin 1987:7—9.
③ Lloyd 1996; Lloyd and Sivin 2002; Lloyd 2003, 2004, 2005, 2006.
④ Raphals 1992, 1994, 2002; Hall and Ames 1995, 1998; Lu 1998; Kuriyama 1999; Schaberg 1999; Shankman and Durrant 2000, 2002; Reding 2004; Sim 2007. 关于古希腊和中国的教育和社交,参见 Wooyeal and Bell 2004; Zhou 2004; Bell 2006: 121—51. 有关"轴心时代"的跨文化研究,有如:Eisenstadt, ed. 1986; Breuer 1994; Arnason, Eisenstadt, and Wittrock, eds. 2005; Bellah 2005.
⑤ Mutschler 1997, 2003, 2006, 2007. 并见 Konrad 1967 和 Kim 最近的博士论文(Kim 2007)(即将出版),同时关于古代近东和中国的外国人问题,参见 Stuurman 2008. furthermore Poo 2005.

与此同时,政治、社会、经济或法律制度领域的比较研究仍旧不多见。① 在其他领域,比较学者们感兴趣的诸如马克斯·韦伯(Max Weber)、卡尔·魏特夫(Karl Wittfogel)、艾森施塔特(Shmuel Eisenstadt)和塞缪尔·芬尔(Samuel Finer)对专门史学家的研究无甚影响。② 近来对帝制和社会权力的社会史研究,在更大范围内涉及了古希腊、罗马和不常被关注的中国的比较。③ 然而几乎看不到专门史家们的具体个案研究。邢义田未出版的博士论文讨论了罗马和汉代军队的政治角色问题,大概是仅有的论著级别的作品。格云瑟·劳伦茨(Günther Lorenz)、克里斯蒂安·吉泽斯基(Christian Gizewski)和塞缪尔·阿兹黑德(Samuel Adshead)更宽泛也更精短的比较研究被融会到玛利亚·迪滕霍夫(Maria Dettenhofer)的相似稿件中,但这还远不足以激起更进一步的研讨。④ 现有研究关注的焦点,也是迄今最雄心勃勃的项目,乃是为了 2005 年在德国举行的专门处理文本、艺术表征和大型国家结构的反思的国际会议"想象的'帝国':古代中国与罗马——跨文化比较的对

---

① 公允地说,这种情况仅对古史研究一般而言是确实的。古代城邦、战争方面的研究表面上看有不少跨文化的研究,但是大部分论文都限于罗列传统的"个案研究";参见 Molho, Raaflaub, and Emlen, eds. 1991; Hansen, ed. 2000 and 2002; Raaflaub and Rosenstein, eds. 1999; Raaflaub 2007(新系列的第一卷收在 Raaflaub 和 Talbert 编纂的 *The Ancient World: Comparative Histories* 书中,即将出版)。真正比较式的研究更乏杰作。皮特·班(Peter Bang)正在进行的有关罗马和蒙古帝国的比较研究备受期许:参见 Bang 2002, 2003,以及他即将出版和正在撰写的作品,并参考 De Ligt 2003。DeMarrais 2005 年的作品比较了罗马和印加帝国。并可参见即将出版的班与本人合编的作品。
② Weber 1980, 1991; Wittfogel 1957; Eisenstadt 1963; Finer 1997。同时,主要关注前帝国时代中国文学传统马萨诸萨大学(http://www.umass.edu/wsp)"战国项目"(Warring States Project)对比较视角甚为有意。这个组织在 1990 年代末创立了一份明确的比较学者的在线讨论名单,不过最终昙花一现。
③ 例如 Doyle 1986; Mann 1986(包含有关早期中国的简明附录)。Kautsky 1982 年的作品基本不涉及西周以后的情况。
④ Hsing 1980; Lorenz 1990; Gizewski 1994; Adshead 2000: 4—21; Lieven 2000: 27—34; Adshead 2004: 20—9; Dettenhofer 2006。并见 Motomura 1991。格拉夫(Graff)有关唐代与巴比伦军事史的比较研究尚在进行中。更多比较史的独特尝试同样只引起些许反响。参见 Teggart 1939,此作品有关中国、罗马与草原民族关联的历史,以及 Quaritch Wales 1965,此作涉及罗马与吴哥帝国。

话"而整合的大量论文。① 许天田（Victoria Tin-bor Hui）近期关于战国和早期欧洲平衡机制的政治学分析为罗马—中国比较研究提供了颇具启发意义的范式，只可惜其中回避了共时性的研究方法。②

本书是涉及有关古代罗马与中国制度比较的首批作品之一。若干年前，我发起了一项国际研究计划，名为"斯坦福古代中国与地中海帝国比较史项目"。原则上它有三大任务：

一是帮助我们更好地理解古代地中海地区（特别是罗马帝国）和中国（主要是战国与秦汉）的政治结构。为此已举办了两次会议。③ 二是研究中国周期性重新统一之间长期分裂以及随着汉朝和罗马帝国崩殂，西欧亚大陆再无泛核心帝国的特性与成因。一个独立的工作室正对此现象进行研究。④ 三是追问古代和/或中世纪早期欧亚大陆的东部和西部的国家构成模式及相互关联的发展对近两个世纪被称为"大分流"的本质是否有帮助。此间发生了现代"西方"引人注目的技术进步的加速和消费、福利的增长。这将是第四次会议的主题。⑤

上述第一个议题要求在东西方两个历史环境中对政治社会联系的不同侧面进行个案研究。本书各章不外是首探此进路的尝试。本书各章通过凸显古代帝制国家的形成规模和范围收敛的趋势，为以后更详细的研究提出了一个初步解释性框架。内森·罗森施泰因的作品通过比较分析国家间冲突与国家机构发展之间的关联，阐明了上述视角的一个关键因素。他给予关注的系统作用力，又在卡伦·特纳的有关刑法体现的内部强制的研究中获得了补充。玛利亚·迪滕霍夫细致研究了汉代与罗马帝国宫廷中妇女和宦官的地位。接下来的各章涉及社会政治环

---

① Mutschler and Mittag 2005, 即将出版。2005 年上海复旦大学"第三届古代史国际会议"的出席者对比较方法仅表现出有限的兴趣。参见施德尔出版的作品。
② Hui 2005. Eckstein 2007 and Hui 2007.
③ Stanford 2005，2008a.
④ Stanford 2008b. 初步研究报告参见 Scheidel forthcoming a.
⑤ Stanford 2009. The term was coined by Pomeranz 2000.

境下的经济事件。皮特·班提供了帝国提取盈余和消费市场诸样式的广泛调查。马克·路易斯更为具体地处理了慈善传统并寻求解释汉朝与罗马社会福利供给机制的差异。我所写的最后一章考察了两大帝国货币制度的不同的演化，并探究了其起因和经济后果。

通过各自的方式，所有这些作品都在为了共同的目标而努力：在特殊的情景变量中辨识和解释具体特质。他们的比较视野有助于提升我们对罗马和中国历程中相似性与差异的鉴别，这才是所有努力的关键：若非有此，则因果分析将缺乏至关重要的要件。与此同时，这些作品表明仍有许多工作有待展开。在引入更多主题的同时，本书的续集将再次回到此中的一些问题：从君主到国家官僚再到地方经营的帝国统治的不同层次；国家宗教信仰的安住和工具化；城市化的政治经济维度；所谓的"世界帝国"和它们周边的关联。① 在即将面世的关于古代罗马、中国以及直接继承它们的政治体政治社会联系的专著中，我将通过评估变动中的政治、军事、经济和意识形态力量配置，更为综合考虑上述诸要点。② 此外，我的同事伊恩·莫里斯（Ian Morris）和我一道准备出版两个单独会议的成果，内容有关自古代晚期以来不同形制的东西欧国家不同趋势，及其长期后果。③ 在莫里斯的关于西欧与中国社会的比较研究中，早期史内容也占据了显著的篇幅。④

这些即将面世的成果与本书各章一道，将促成对特定地域、时代和进程更为广泛的研究框架的建立，将超越对这些领域纯史学式的细节考证。同时也意味着把其他方式的阐释和原创的跨文化研究相连结，例如欧洲的"帝国附庸国比较"研究网络，它基于"古代和现代帝制网络"将罗

---

① Scheidel, ed. 即将出版，载于 Stanford 2008b.
② Scheidel in progress a. 对前述四个要点，可参见 Mann 1986：22—32. 赵鼎新将要出版的与战国时代及其余殃有关的研究成果亦使用了相同的进路。
③ Stanford 2008c. 这部分项目与一年前由 Andrew W. Mellon 基金会赞助的主题为"初期大分流"（2007/8）的 Mellon-Sawyer 研讨会相关联。
④ Morris forthcoming.

马、莫卧儿、奥斯曼帝国和英国相并置。① 所有这些尝试对建立多个案间比较的基础而言都属必需,更多的取样使得设计和验证因果联系的前提预设变得更加容易。更有甚者,还可以让我们以前现代社会史变量分析来补充个案导向的比较。诚如上一代研究者摩西斯·芬利(Moses Finley)所谈到的,"理论上说,在人类学和社会学之外,我们应建立另一学科","比较研究知识人、前工业时代和社会史",他认为"社会主义之前的中国、前殖民时期的印度、欧洲中世纪、十月革命前的俄国、中古伊斯兰世界"都适合学者们用来与希腊罗马世界相比较。② 不过学术界需要并非是另一个学科,如此一来反倒会不可避免地再次陷入学科边界之争。相反,我们需要的是有志于克服已有的学科分化,以其专业知识共同努力解决大问题的研究者。对古代文明的研究,大都常受困于在广阔视角下无止境且缺一不可的深奥又必需的技术知识积累之需。

---

① COST Action 36A "帝国附庸国比较:前工业化时代罗马、莫卧儿和奥斯曼自古代至现代的演进",2005-2009,由皮特·班发起,欧盟资助。参见 http://tec.saxo.ku.dk/home。并见由费罗泽·瓦苏尼亚(Phiroze Vasunia)创立的"古代和现代帝制网络",2007— 。
② Finley 1986: 119 (from "Anthropology and the Classics", the publication of his Jane Harrison Memorial Lecture of 1972).

一 从"大融合"到"初次大分流":罗马与秦汉的国家构造及其影响

[奥地利]沃尔特·施德尔

1. 孪生帝国?

两千多年以前,恐怕有半数的人类族群受制于各占欧亚大陆一端的罗马帝国和汉帝国两大强权。两大统一体的面积大致相当。① 二者都由居住在巨型城市中的仿若神明的帝王统治,管辖着1500至2000个行政区划,且时常动用成千上万的士兵。两个大国都声称统御了世界(orbis terrarum 和"天下"),但也都面临中央政府与地方精英对盈余的相似竞争,还面对着来自边界以外的次级政治组织的压力,以及随之而来的蛮族渗透。两者以类似的方式终结:一半版图,即原有的政治核心——西欧和北方中国——先是受到军阀的削弱,进而为蛮族所取代;反之另一半则被传统势力所保留。仅自6世纪以后,两个国家结构的发展轨迹开始

---

① 两大帝国都控制着近4百万平方公里的领土。汉朝公元2世纪记录在册的人口有5960万。在公元2世纪约4760万至5650万人这个较低的普查统计值,或是由于大量人口未被官方注册。(Bielenstein 1987:12)罗马帝国的人口在2世纪中叶增至约6500万至7500万之间。(Scheidel 2007:48)但也仅是粗略的统计,不能排除总数更为巨大的可能。最近估算最初两个世纪的人类总人数范围大致在1亿7000万至3亿3000万之间。(Cohen 1995:400)

趋于分裂,这个趋势一开始尚且缓和,转而就变得剧烈了。在东方,整个中国意义上的帝国出现周期性恢复;在西方,帝国和中央政府却趋于衰落,接着出现多中心的国家系统,这表现了对任何实施霸权的尝试的持续抵制,并且最终发展成现在的局面——为人们熟知的现代民族国家群。就国家的面积、机能和国家机构而言,我们观察到一个长时期渐进的收聚过程,至少持续了数个世纪,但它最终被持续至 20 世纪早期的递增的分裂进程所取代。我认为这支撑我们谈论跨越整个公元前 1000 年至公元 500 年的"大融合",它持续到"(首次)大分流"自公元 6 世纪开始出现。①

2. 环境

就所关注到的生态环境而言,两大帝制实体都有占据欧亚大陆温带的基础性需求。因为此处的气候、植物和动物便于社会的复杂性和大型政治的长期发展。② 两大帝国也都分为两大不同的生态区域:就罗马而言,包括地中海核心区和欧陆北缘;就中国论,分作黄土高原、黄河平原核心区和炎热潮湿的南方。在古代结束之后,罗马与中国发展的轨迹最终转至上述两分的前者。不过,在环境上罗马和中国也有较大差异。最突出的是罗马帝国以温带海洋为中心,这非常有利于人和货物的交通,以及权力的覆盖;反观由河谷组成的中国,山脉隔断给地域整合造成很大的障碍——至少在公元 6 世纪后的运河系统建立前始终是如此。且与主要的西方河流,如罗讷河、多瑙河以及尼罗河衔接了内海核心不同,中国的河流大都向东流去,因此加剧了地域分隔。鉴于这些差异,或许会有人猜测欧亚大陆西侧比其东侧更像是会导向政治性联合。但从另

---

① 我倾向于将此过程视为"初次大分流",以更好地区别第二次的"大分流"。"大分流"这个概念由彭慕兰(Pomeranz)在 2000 年提出,用于指称近两个世纪"西方"技术和经济的扩张性发展。
② Diamond 2005.

一方面来说,中国才是更为紧密(就其面积与边界长度之比而言)和自足的,它还处于山脉和海洋的天然屏障之下,只对中亚干旱的草原留有一条通路。与之相反,欧亚大陆西部的温带永久栖居区,东西向自大西洋至伊朗东部延展了两倍的宽度,并在东北方有易渗透的边境,便于农牧民族的迁移。我们必须追问,这些相反相对的特质是否且何种程度上帮助解释以下的事实:当中国的"核心"区域(保守地定义为秦帝国公元前214年所控制的最大区域)在过往2220年的历史中有长达936年,或曰42％的时间统一,西方永久栖居区的相应数字,仅是公元14年奥古斯都死后大约三个半世纪,或曰仅仅其1998年历史中的18％。① 更重要的是,在过去16个世纪中,后者的统一几乎不存在。只有倭马亚王朝曾经努力掌控自大西洋至印度河的广阔地域,不过这也仅仅持续了40余年。

3. 相似性

罗马与秦汉帝国都建筑在前期国家提供的模板之上,并使之扩张为更大范围的永久栖居区:在西方,从中东两河流域到地中海和欧洲大陆;在东方,从渭河流域、黄河河谷至中原,以及后来的南方。东方的基础形态源自殷商—西周政治(公元前1600—前771年),它们的精英文化以及西周驻军城市,涵盖了整个中原。在地中海地区,这一角色由遍布地中海沿岸的希腊殖民地(自公元前8世纪始)和土生土长的希腊化的地方精英所扮演。回溯至1994年,克里斯蒂安·吉泽斯基(Christian Gizewski)提出了一个实用的秦汉和罗马政治九阶段并行发展模型。若在某些细节上作出调整,这个模型可用于阐明在大部分国家构造层面的程度惊人的并行演化。② 第一阶段(下至公元前500年)见证了更广泛的

---

① 前一估算,参见 Hui forthcoming。此中修正了她早年的估算(见 Hui 2005:257—8)。由于在公元第3和第4世纪频繁的苛政,罗马的统一更难计量。
② Gizewski 1994。

永久栖居区西部边陲的政治创制,定位于对军事能力的注重,罗马和秦都是如此。主要的差别在于秦已经处于一个地域广大的政治体系,即西周分封制之中,而罗马则远离地中海东部沿岸诸国和岛屿的"强权",还处于自治状态且仅仅嵌入区域城市群(拉丁人和伊特鲁里亚人)之中。第二阶段为公元前5至前4世纪,处于意大利中部的罗马和位于关中的秦这两大帝国都成长为自治的中型政权,并且卷入了与实力相当的竞争者的冲突。两个政权继续保留他们的独立性,因为他们有天然屏障隔绝与东部更发达地区的冲突。它们最大程度地利用"边疆国优势",这使他们能够在没有与更具吞并能力的强大政权遭遇的情况下积聚军事力量。第三阶段发生在公元前4至前3世纪,期间永久栖居区中一个范围巨大的霸主产生了:即涵括整个意大利半岛的罗马和延展至四川的秦国。这个增长又一次没有触发与他们各自的领导权力的大冲突,不过罗马人驱动的对意大利的希腊人的侵略和秦对魏国的施压也使得冲突迫近了。罗马和秦都从低成本的自我保护中受益,这得益于强大的自然屏障,如意大利的阿尔卑斯山脉及秦地和四川的大山脉。成功的扩张强化了罗马贵族的集体领导和秦的君主制(二者不同于下文将谈到的政体类型)。第四阶段为公元前3至前1世纪的罗马和公元前3世纪结构更紧致的秦。两个帝国都借助一系列高风险的战争,将整个核心区域带入了霸权主义。两者都在直接统治前形成了霸权主义,而较之罗马寡头制有限的行政能力,秦的官僚制更好地促进了吞并和统一的进程。就二者而言,大规模的征伐更诱发了剧烈的调整:在东方,从"战争机器"之秦向汉初更加不明显的中央集权政体过渡;在西方,军事的君主制取代已有的寡头政治是一个旷日持久的过渡。由于后一转变影响更为深刻,随之而来的矛盾冲突长久存在于罗马,不过二者的结果还是相似的:建立了具有强大贵族参与的君主制,至少起初是这样的。第五个阶段,包括公元1至2世纪的罗马和自公元前2世纪至公元2世纪的汉,可被描述为扩张放缓和内部同质化加剧的时期。在二者中,我们都可见到地方精英权力的增强,他们纵然与政权合作,却也在限制政权的行动范围。这一进程在第六阶段,即公元 3 世纪,被军阀政治和短期割据所打断。与三国的军阀割据相比较而言,罗马帝国所包含的职业军人已经使危机更为一触即发。尝试复辟的第七阶段历时很长,并且,与处于内部分裂的晋朝相比,罗马起码获得了短暂的成功。不过两者都止于蛮族的征服——中国北方从 4 世纪早期开始,而西罗马帝国则从 5 世纪初开始。接下来的第八阶段出现了业已提到的罗马东部裂为残存国家(rump states),而中国南方与靠近北方边境的"蛮夷"继任者对峙的局面。两地均出现了征服者与地方精英的迅速融合,而且声称独立于政权自治的超越性的宗教——基督教和佛教获得了长足的发展。公元 6 世纪两地进行了重新统一的努力,在这方面中国较地中海地区为成功。然而,到之后的第九阶段,在东方强大的唐王朝和摇摇欲坠的东罗马帝国或"拜占庭"政权之间,两地的统一成果开始急剧分化。在西欧,由于波斯人和阿拉伯人以及之后伊斯兰和法兰克人继任者的政治分歧,统一的局面最终又陷入分裂,这一过程既长期又激烈。这些发展标志着"初次大分流"的开始,它导致了中国的宋、元、明、清各朝出现,直至今日的新中国。而在欧洲,则表现为逐步强化的多元中心主义国家形态。

4. 趋同

国家形态的趋同并没有持久地受初期政体和国家机构组织的大量差异的阻碍。罗马和中国最显著的差异,在于中国战国时代激增的中央集权造就了比前现代欧洲任何一处都强大的国家结构。① 最一般地说,战国大都实施了自强型的改革,力图增加军事竞争力以面对相互之间的竞争。在公元前 4 至前 3 世纪,秦国通过一系列举措迅速实现了富国强

---

① Li 1977;Lewis 1990:54—67;Kiser and Cai 2003. 并见内森·罗森斯坦所著的第 2 章。与欧洲相比较的内容,参见 Hui 2005.

兵,这些举措包括:打破旧贵族的权力,将其全部疆域划作31个同样具有征兵制的行政区域(县);创制覆盖全国的四通之衢;将全体人口划作18等爵制并将之作什伍之分以便集体监管和归责;奖励军功;强制实施刑法典;对货币和度量衡进行标准化。尽管并未在实践中完全实施,这些改革依然在某种程度上成就了国家领域内的均衡发展,其试图把国家控制扩展至整个社会的各个层面,使大权集中于一人之手,将国家实力和中央政府的治权提升至前所未有的水准,并且据说使秦具有了动员和部署成千上万军队、丁役的能力。赵鼎新在其即将出版的著作中讨论说,如果实力相当,与竞争对手的战争始终存在不确定性,所以,在此环境中唯有集中化方能产生决定性的效果。① 因此秦国在公元前230年完成对其他六国的吞并,又在前220年初建皇帝制度,以图在全中国范围内实施和维系其统治。新的律法在州际竞争面前缺乏向心力,这引发了迅疾推翻秦政权的抵抗并致使拥立汉代地方诸侯势力获得再次认可。这使得新的皇朝耗费了近半个世纪来削弱地域性和贵族性的自治区,其过程中还伴随着匈奴的挑衅,确认了战争进程促成国家演化的原则。在经历了1世纪初王莽短时期内的篡位以及随后的内战之后,时钟貌似再次回摆至200年之前,地方小集团和大贵族重新掌握了大权。结果省级士绅和军官权力的增长造成军阀的阴谋破坏,并最终在公元2世纪至3世纪初瓦解了中央政府。②

在公元前最后三个世纪中,罗马完成了与秦规模相似的征服事业,但并未出现类似的政府集权化。然而,罗马和秦朝都表明,成功的扩张使得农民大规模征兵制度成为可能。公元前4世纪,当罗马面对意大利半岛实力和军事组织规模相当的竞争对手,它引入了一系列自强化的改革。其举措与秦在相似时期的改革相仿,但更多采取了更加低调的方

---

① Zhao 2006 and forthcoming.
② 参见 Twitchett and Loewe 1986 的 1—5 章,以及 Lewis 2007:253—64。

式：引入直接课税以作为战争准备金（上贡）；通过取消债务质役激励小农阶层；涵盖全体公民的征兵制；成年男性定期登记；创设35个征兵区（部族），这至少一定程度上与秦创设31个郡县相近似；在吞并的领土上授予士兵土地；容纳精英阶层的社会流动的改革。① 公元前295年起，特别是在前202年之后，罗马通常情况下不再面临具有相当动员潜力的国家级别的竞争者。这避免了对其他国家的旷日持久而没有结果的战争，因而大大降低了推动集中化和科层化以达到更深远的国内改革的需要。换言之，非对称战争的好处（对阵国家是更多地依赖雇佣兵的地中海东南部沿岸国家，很少对阵地中海北部和西部的复杂的酋邦和部落）使得罗马在更少地进行国内改革方面较之战国时期处于激烈竞争环境的中国更为成功。②

此外，原始的官僚主义在逻辑上与罗马共和国政府设置并不相容。罗马共和国政府被为数很少的世袭贵族所掌控，他们仰仗社会资本、赞助关系并基于仪节操持维系权力，且更加现实地吸收他们的朋友、门客、奴隶和自由民来参与关键行政事务。③ 组织紧密的大众政治参与提供了良性的仲裁机制，相当于为组织形态更传统的国家的行政部门配备了一个屠弱的君主。这需要有更大人力资本含量的财务管理，故大部分委托给了私人承包者。在此背景下，军队是仅有的达到一定专业化水平的机构。这反过来成为共和国后期军事力量自治权提升的基础，并且助长了军阀主义和军事的君主制的建立。

---

① 例如Cornell 1995的第12—15章，以及第7章中讨论到的通常被称为"塞尔维乌·斯图利乌斯国王"的改革。
② 关于罗马东方的竞争者，参见如Aperghis 2004：189—205；Chaniotis 2005。在公元前2世纪，大部分罗马军队的有生力量是在直接面对"蛮族"：Brunt 1987：422—34；到了前1世纪的大部分时间，与其他罗马或意大利人之间的战争对巨大的投入提出了要求：前引435—512。当Eckstein 2006声称罗马共和国发现自己处于异常竞争的无政府主义环境，他没能注意到在战国时期的中国所出现的性质更为严重的冲突。
③ Schulz 1997 and Eich 2005：48—66，两者提供了最好的分析说明。

一 从"大融合"到"初次大分流":罗马与秦汉的国家构造及其影响

依据迈克尔·曼(Michael Mann)对社会权力四种主要来源的划分,①只要政治、军事和意识形态权力紧密联系并被相同的贵族群体掌控,作为征服者的罗马的寡头制度即可长期存续。一旦军权从政治和意识形态控制中挣脱,集体的统治就会不可避免地转为军阀和君主统治。这些军阀和君王开始依赖完全职业化的军队,并通过传统的赞助和世袭制机制运作政治权力。与中国的主要差异在于,在中国,军队通常(虽然并非总是如此)被成功地控制并长时间地被政治—意识形态权力边缘化。汉代近乎完美的政治和意识形态力量的融合,是战国时代集权化改革和随后的儒法融合加强国家权力的结果。② 除了早期城邦阶段的政体,罗马政权从未从类似意义上的政治和意识形态力量中获益。中国比西方政府受到的经济权上的限制要小得多,这使得秦汉政权可以力求更大的经济目标,而此状态,直到公元 3 世纪后期才在罗马政府出现。

随着时间的推移,从复归中等的意义上说,两个系统都经历了国家控制程度的"规范化"过程,"中等"可定义为在大多数前现代帝国国家的观察条件的范围。不妨说,战国的秦国和罗马共和国起步自全然相反的两个向度:秦集权化和官僚化,相反,罗马则被集团统治,且依赖于私人的行政资源。这些巨大的差异可能致使发展进程呈现不同的进程状态,但并不影响到最终的结果,也就是最终征服和统治整个永久栖居区。经过一段时间,两个政治体系逐渐开始"聚敛化"过程。中国始于公元前200 年前后,罗马则在公元前 1 世纪后期开始。公元 4 世纪成熟期的罗马帝国,国家机构的实际情况与汉帝国最为相似。③ 两大帝国都被划分为大约 100 个有独立人口和军权的辖区,它们转而又由十余个巡察员

---

① 关于概念,参见 Mann 1986: 22—32. Cf. 现在收录于 Hall and Schroeder, eds. 2006 的第 6—9 章。
② 参见第 15 页注①中赵的论著。关于法家,参见 Fu 1996;关于法家对汉代儒家政治的渗透,参见 Lewis 2007。
③ 参比 Bielenstein 1980, Twitchett and Loewe, eds. 1986 一书的 7—8 章, Demandt 1989: 211—72 及 Kelly 2004。

("vicars"和"shepherds")负责监管,中央政府由一群内阁成员(包括罗马的 the praefectus praetorio, magister officiorum, praepositus sacricubiculi, magister militum;中国的三公、九卿)负责其运转。皇帝逐渐与外界隔离,内廷和包括太监在内的皇帝的代理者逐步僭取了其对正式国家机关的影响力。甚至像强有力的摄政者操控年幼的皇帝这种遍见于中国历史,但在罗马史上是很稀有的情况,最终也在罗马帝国晚期应运而生了。

归根到底,罗马和中国政体与行政上的主要差异,可以被归因为最初的制度类型之差。就罗马而言,贵族集体统治说明早期的兼并很艰难,因为缺乏官僚制的状态不仅仅是在共和国时期存在,还在整个公元1至3世纪的君主制时期中持续了,并且在此期间继续让贵族作为统治者的代表和军事指挥官。相反,在中国,集权化、郡县制的产生和贵族权力的丧失促进了领土和官僚机构的快速扩张。第二个变量是,国家间冲突的本质、间接的政治结构。转向"非对称"的冲突可能有助于延长罗马寡头政治的存续期,反之,在中国延长不确定性的"对称式"战争有助于专制主义和权力的集中化。① 但这并不是说寡头传统持续无限制地成为罗马国家结构的制约。一旦有了由3世纪中叶的军事和政治所提供的改革的原动力,罗马国家机构迅疾趋同于汉朝的状况:膨胀出数量可观的官僚机构,人口登记和赋税的均匀化,军政、民政的分离,正式的等级结构和行政参与资质范围的设立,切断了统治者及其王廷间和国都与其他地区间的传统纽带。②

一般而言,早期的中华帝国比罗马帝国而言具有更大程度的"科层化"。首先,高级职位的数量二者大致相当,各有几百个而已。其次,甚

---

① 在罗马,主要的反事实推理的结果是转向独裁政治以回应比历史上更大规模的国家间冲突(一种情况通过已被证实的在危机时期延长并扩大个人指挥权的趋势变得似乎可信),或者一旦寡头机构过于富有弹性,则政权失效。将现实情况类比于上述后者,可参考前帝国时代的中国政治中未能遏制贵族权力的事例。
② 参见 now Eich 2005:338—90。

至在古代晚期的改革之前,罗马当局依赖数以千计的借调士兵,以及他们的奴隶和自由民来运转,此时行政事务者和皇帝世袭工作人员包含了数千的奴隶和准奴隶。到了公元4世纪,罗马当局录用了超过3万名文职官员,这大概是西汉的四倍之多。① 早期到晚期罗马君主制的主要转变在于从运用特设士兵和依靠奴隶和准奴隶的强烈家产式官僚主义,转向使用受薪的平民劳动力。罗马和中国之间最明显的差异存留于城市层面。举个例子说,汉朝城市没有功能上自治的市政局或选举。另外最近的研究发现,地方档案表明自西汉结束以后,甚至是非常低级的政府官员都是从外地招录的,而中国历史上有记录的更晚、更佳时期也是一样。② 如此一来,汉朝政府中10万多个郡级官吏中的大部分具有相似的出身背景(地方精英或"乡绅"),类似的由10万人组成的罗马帝国市议会成员,两组人在相当不同的社会处境下运转,后者表现为自己社群的领袖,前者则属于更为分离的国家工作人员。此外,罗马城市更加依赖公共奴隶而非受薪官员。③ 仅到了很晚的时期,罗马城市方才指派一个公有物的保佐人(curator rei publicae)或城市的守护者(defensor civitatis)④。尽管如此,我们想要知道最终的差别是否巨大:罗马帝国中依靠地方精英充任资源保护者,及从外地调任的汉朝地方官,是否都妨碍了国家的税收征管?将早期中国官场的择优程度作过高估计是不明智的;不少汉朝官员获得职位是通过举荐,这与罗马相似,乃是通过简单直接的赞助来买官。⑤ 在数量上,帝国学院的教育是个边缘化的现象,它每年只产生相对来说非常少量的毕业者,即使在正式统计结果未知的罗

---

① Kelly 2004:111 and 268, n. 9;Loewe 1986:466.
② 参见 Loewe 2004:38—88, 其研究基于公元前10年以后的尹湾汉简。
③ Wei 2004. 关于汉代市级官员,参见 Bielenstein 1980:99—104.
④ Langhammer 1973:165—75.
⑤ 参比 Bielenstein 1980:132—42 和 Saller 1982. 到了帝国时代晚期,罗马政权已经产生了精英阶层,他们把持大量官方职位。汉朝政府虽然以精英主义为粉饰,但其实也倾向于招募有产阶级进入政府机构。这表明,通过有产阶级的精英运作的帝国的罗马与基于士族建立帝国的中国,(Wood 2003:26—32)二者的差异实则被夸大了。

马,特定类型的官员才从攻读法律中受益。① 甚至连号称军政、民政两分的中国,通过政治—意识形态力量牵制军权到最后也没能够免于失败。与中国相比,罗马的军权长期处于更具自主性的状态。然而到了公元2世纪末期,中国迅速地赶上并很快超越了罗马,并且同样受困于军事冒险家和阴谋家们。并且,在两个帝国中,我们都可以见到"蛮族"殖民者的渗透,诸如中国的匈奴、鲜卑、羌,西方的哥特、勃艮第人等等,这些族群通常接受帝国的统治,但越来越多地进行政治自治。② 同样在二者中,此类成分的引入扰乱了地方精英与中央政府之间的平衡,侵蚀了国家在销售保护上的垄断,干扰税收征管,并最终在中央政府之外暗地里与地方精英交易。东西两方随后的继承国中,将异族的征服者和当地人隔离并将二者分别造册登记被视为首要任务,前者是战士,后者则作为被榨取剩余价值的生产者。在两者中,随着时间消磨,这个分隔受到了侵蚀,是故我们可以见证到异族和地方精英的融合。③

5. 分流

国家机构的运行轨迹自公元6世纪以后开始了显著的分流。④ 那时候,查士丁尼重新恢复最初罗马帝国统一状态的尝试只获得了部分的成功,并且接下来的一个世纪见证了东罗马国家在波斯人、阿瓦尔人及最主要的阿拉伯人的影响下逐渐萎缩。由于被他们的地域性军队自治所拖累,阿拉伯征服者们并没有能够建立持久的世界帝国。⑤ 在查理曼帝

---

① Bielenstein 1980: 138—41; Ausbüttel 1998: 178—9. 通过在张家山(湖北省)汉代早期墓葬中出土的法典,表明了存在考试的范围要比之前预想的广泛得多。(Zhangjiashan 2001: 46—7, 203—4)尽管如此,通过考试获得资格的吏,仍旧不多见。(我的这种见解得益于Enno Giele。)

② De Crespigny 1984; Wolfram 1997; Heather 2006; Goffart 2006.

③ 最简洁的介绍参见; Wickham 2001; Graff 2002 第3—5章。

④ 有关更详尽细节的讨论,参见 Scheidel forthcoming b.

⑤ Kennedy 2001 第1—3章。

国复兴失败之后,整个西欧的政治破碎化在之后的公元第一个千年中愈演愈烈。此时西欧的各个国家丧失对人民的控制和征收赋税的能力,主权事实上变成由君主、领主、地方势力、半独立的城镇和神职人员所共享。中央集权政治的(重新)产生经历了漫长的过程,它主要出现在公元第二个千年的前半段。但在某些情况下耗时更长,这导致了一个政治集群,在其中平衡机制妨碍了一个泛核心帝国的产生。[①] 取而代之,激烈的国家间竞争、内部社会和知识的剧变、新式的海上帝国的产生,以及(最终的)技术进步导致了现代民族国家在 18 世纪(或者可能仅在 19 世纪)出现。与之相对,在公元 6 世纪的中国,帝国重新统一恢复了科层政治,尽管也有大量中断,仍旧在 1911 年之前维系了一个由汉族或异族领导的泛核心帝国。并且,其影响一直持续到今天。

这些现象是如何发生的？大体上,与各种各样的因素有关。举例来说,西方幅员辽阔的永久栖居区更有利于碎片化的发生。中国缺少像波斯人、阿拉伯人这样的国家级的竞争对手。公元第一个千年前半段的气象变化让中国北方较之欧洲受益更多。中国"蛮族"继任者的国家更善于草原的游牧生活,相反欧洲政权易受到阿瓦尔人、斯拉夫人、保加利亚人、马扎尔人和维京人的侵扰。中国逃过了蹂躏西方中世纪早期长达二百年之久的经常性瘟疫的侵袭。[②] 意识形态力量的贡献同样需要考虑。汉学传统习惯性地强调儒家精英传统的长期影响(或者是类似于西汉时期创生的儒—法形态),这种传统倾向于认为让学术性的文职官员运作国家有利于秩序井然。然而,观念力量的意义需要在比较性的背景上予以评估:在这种情况下,我们必须对后西罗马时期基督教统一体的思想的承诺缺乏实质性的政治影响,试图利用"永恒罗马"观念建构帝国(如查理曼帝国和奥托帝国时代),以及伊斯兰的乌玛统一体理念等的权重

---

① 关于这个进程,参见 Tilly 1992；Spruyt 1994；Ertman 1997；并见 Hui 2005,这是个将现代早期欧洲平衡机制及其最终失败与中国的战国时代相比较的新颖分析。
② 相关讨论,参见 Adshead 2000：58—64. 关于瘟疫的影响,参见 Little 2007 和 Rosen 2007.

给予适当的重视。此外,汉代以后的中国具有对抗性信仰系统竞争逐渐强化的特性,例如道教与佛教的竞争。北魏时期佛教寺庙的鼎盛更加表明在早期中古的中国与罗马后期和后罗马时代欧洲之间发展过程中的趋同措施。僧侣制度的建立积累了巨大的资源,在人力资源使用能力上超越了国家政府,并且最终成为国家主权的分享者。① 尽管如此,儒家学者提供了一套合用的国家运转手段也是千真万确的。相反,西方的基督教缺少能与之相对应的手段,使之更难支撑以后的罗马政权,或是重建一个"强有力"的国家:固有的自治和依派系分裂的基督教教廷向外部演化,并在某种程度上作为帝国政权的反对者,使之不能够如中国儒家那般为政权效力。在后罗马世界中政治与意识形态权力之间持久的摩擦,可能阻碍了国家职能的加强和帝国的建立。然而,一旦国家职能被这样那样的背景因素所影响,因果关系分析应当收束视野,集中关注在所有的国家形式中,与政治—社会构型趋势相关联的各个不同点。克里斯·维克汉姆(Chris Wickham)提出了一个解释模型,用于解释古代以后西欧的大部分地区的情况,也可用于使与之相对的东亚的状况变得更加容易理解。② 简而言之,"强有力"的罗马政府(它包含一个非军事化的人口群,政府向他们征税,以此供养大量的军队)被保持了相同赋税和职业军队力量的后续政权(东罗马帝国和阿拉伯政权)部分地继承下来。还有一部分被孱弱的或弱化的政权所承袭,在其中统治者渐次丧失对人口和赋税的控制(西部日耳曼继承政权)。而一些边缘地带,国家机构则完全陷崩溃(如不列颠)。在掌握户籍、税收和集权化军力控制的"强有力"的政权中,统治者在精英阶层利益中享有更多的自主性,而精英们则仰仗于在政权中获得显要的等级(如职位、薪酬以及其他收入)以维系其自身状态。在"孱弱"的政权中,精英阶层更多地仰仗他们自己所掌控的资

---

① 早期佛教的扩张史,参见 Demiéville 1986: 846—72.
② Wickham 2005. 我还在 Sarris 2006b 中撰写了一份便于理解的相关摘要。

源,并且在统治者那里享有更多的自治权。缺乏中央集权的税收征敛和强制力,统治者的权力要维系稳固,很大程度上依赖与精英阶层协商而达成的合作。从公众的视角来看,地方精英比国家统治者和他们的代理人更加居于支配地位,而封建关系只是个象征性的结果。与此同时,缺乏那种作为"强有力"政权特质的跨区域的整合能力,精英阶层更少倾向于获得多得异乎寻常的财富。这种情况对于经济成就而言有着深远影响,它侵蚀了"孱弱"的国家内部及其之间的贸易往来。久而久之,就连相对"强有力"的后罗马继承者政权也经历了国家税收、军队薪酬的衰减,最引人瞩目的当属17至18世纪的拜占庭。倭马亚王朝同样也由于税收和军力的区域化遭受了类似的情况。① 在这种国库减持和政治军事权力的去中心化的背景下,保持政权的控制力(特别是在军事领域)变得越发困难,而造就巨大而稳固的帝国的希望也随之变得越发渺茫。

就国家控制力而言,中国中古早期的发展情况较大多数西欧地区而言差异巨大。在5世纪后期和6世纪,特别是类似汉朝的政府机构的逐步复兴,包括使君主能够掌控增益人口并对之赋税,遏制精英自治,为军事行动调集更多资源,这最终导致了帝国的重新统一。② 对中央集权化的再度严重挑战,包括了游牧族群与为数众多的定居点要塞之间的激烈冲突,使得最终旨在保护(并强化地方控制力)农业人口定居点的防御工事以宗族或村为单位被当局所容忍。从后果上看,这避免了从根本上而言不同的结果,诸如全中国范围内的封建制和长期分裂,若返回到公元前8世纪早期春秋战国时代来看,在前述情景中这些真实的反拟法,实际上早已成为现实。③ 这引发了一个问题:为什么外族征服精英在巩固国家控制力上获得了成功,而他们的西方同行则遭遇了失败?前述的政

---

① 关于东罗马政治,参见 Haldon 1997.
② 参见 Eberhard 1965; Pearce 1987; Lewis forthcoming. 有关"分裂时代"持续税收的史证,参见 Yang 1961: 140—8; 官方行事连续性的例证,参见 Dien 2001.
③ Tang 1990: 123—4; Huang 1997: 77.

府机构的属性和军事力量补偿的差异(最显著者是东方有国家掌控的物资配给与部分西方地区直接分派土地之间的差异)和他们的组织构成(骑兵或步兵的优势)均有可能在其中扮演了决定性的角色。所有这些问题都应在日后有所讨论。比较的视角对于辨识东西方长时段意义上的明显不同的后果的成因要素而言是非常重要的,中国著名的"朝代循环论"和中古、现代欧洲国家体系的弹性多中心主义,就是其例。

二 古代中国与罗马的战争、国家结构与军事机构演变

[美]内森·罗森施泰因

1. 战争与国家结构

青铜时代中国,包括夏、商、西周时期(约公元前 2000—前 770 年)的战争构成了国家最为重要的两大要务之一——另一个是用人或牲畜进行的祭祀。① 这些"要务"是贵族的专有特权,也构成了其统治和自我界定的合法性基础。因此,当时战争成为了国家构成的核心要件。② 在这段时期内,贵族形成了宗族制度,即根据他们的谱系上与大宗的接近程度自我组织和等级化的宗族和家族群。③ 君主享有至高的荣耀,但却与贵族大致上处于同等的社会地位。贵族阶层的成员认为他们自己是共同的高贵身份的分享者,小心翼翼地保守每个自认为跻身此等列者的这种荣耀。这不奇怪,于是,真实的或想象中的对个人的轻慢,构成了无止

---

① Lewis 1990:17; Yates 1999:12; Chung 2007:46.
② 关于现代早期欧洲的战争与国家构成,参见 the classic account of Tilly 1992,14—15;古代中国方面参见 Hui 2005:54—108;有关罗马共和国的略微不同的视角观察,参见 Eich and Eich 2005.
③ Lewis 1990:28—29;关于商周时代宗族的发展,参见 Chung 2007:15—40.

境的世仇或经常发生于阶层成员中的战争,这大凡是为了自证其身而发生的。由于他们的政府领导的固有弱点,君主变得逐步不能够控制这些冲突。世袭宗族制度不仅构成了贵族社会的结构层次,同时也构成了青铜时代王国的政治景观。制度内谱系的等列决定了一个宗族可以掌控哪些朝臣位置和领地。这种地位基于血统世袭占有的,并可以以此在较小的范围内复制君主制的机构。宗族掌控了他们自己的宗庙、祭祀和可为战争而动员的贵族家属、随从的网状组织。事实上,通过既有的权利,他们构成了完全自治的政治体,因为贵族们完全有能力独立进行"国家的要务"。这样一来,青铜时代的国家结构可被描述为封建,因为此类"国家"不外是包括君主自己在内的"小国家"的集合体。王国依赖这些小国家来征集军事资源。那么不足为奇的是,行政上的和地缘上的世袭逐渐成长至与君权旗鼓相当,抑或是由贵族对轻蔑其荣誉之举的极度敏感而酿成族间仇杀和战争,这可能会是长达数个世纪的血腥流血冲突,且君主无权过问。接下来的春秋时代(公元前722—前481年;它与随后的战国时代[前453—前221年]与东周王朝[前770—前256年]具有重叠关系)见证了一个长时段的暴力冲突。由此,周贵族与与其所建构的制度一道,被其自身和超过100个的小国所摧毁。

　　由于这样的大战乱,一种非常异样的国家形态出现了。宗族间的剧烈冲突,促进了社会、行政方面进行革新,以期能够稳固抗争中的军事优势。① 第一阶段发生在公元前7世纪中叶,那时齐国废止贵族的军事垄断,以图扩张其军队。其他国家也被迫随之而动。最初,只有国都的非贵族人口参军,但大多数时候剧烈的冲突要求更大的军队,公元前6世纪中期晋国将征兵的主体扩展至各民族人民和农业腹地的农村人口。这一发展最初只是权宜之计,但战争的压力迫使晋和其他竞争国将这种

---

① 接下来的段落,大致均参照 Lewis 1990:96;Hui 2005:64—87;Lewis 1999:603—16;Chang 2007:40—64。

措施常态化,直到前3世纪他们已经有了成千上万人组成的庞大军队(如果文献材料可靠的话)。最终,秦国在法家思想家商鞅的指引下,于前4世纪中叶产生了典型的"战国"结构形态。目前尚不清楚是否随后每个国家都创建了完全与秦相同的管理模式,但他们所进行的各项改革或多或少有复制秦制的情况。秦改革的核心在于将人口设置为以伍为基本单位的组织,它们不仅各自负责提供五个兵员以组成秦军,还有相互监督的责任。家庭成员如果没有报告其他成员的犯罪情况,将对此犯罪负有连带责任。其次,因为秦国统治者将农业生产力视为强军之本,政府系统化地遏制其他形态的经济活动,例如施行了各种对商人和工匠的惩罚措施。为了确保最大限度地开垦土地,秦国同时还对成年子嗣不分家者进行处罚。这些刑罚则迫使子嗣建立独立的家庭并开垦属于他们配额的土地,以此来契合国家的农战政策。基于这个政策,秦也将其领土划分为网格块,其中各个都能有效地为在其中的每个家庭提供食品生产的保障。这种目的在于保障能为战争而最大程度地提取资源的对农村的重塑,可以形象地描述为通过遍布全国的阡陌系统。最后,政府财政通过加于民众的人头税为战争提供支撑。

秦国通过创造同样广泛的行政机构推行这种巨大的社会经济工程。整个国土被分为若干行政区划。县,等同于军事行政和征兵的单位。县以下的一级单位,成为地方政府的基础。为了整个体系的运转,秦国建立了一个能够将中央政府官僚职权扩大至地方层级的制度。不同于青铜时代的世俗行政,官员并非贵族,也不能世袭他们的职位。他们是普通人,也是专业人员,通过特殊的技法和能力或合于君主的喜好来获取职位。这些行政官员收集税赋,以供军需和徭役,并且,为了促进任务的完成,进行了详细的人口普查。他们还促成了一个严峻但看起来又相对公正的司法系统。最后,从农民那里征集来的税款不仅用于支付管理他们的当局的费用,也用于维系专职的士兵队伍。这不仅构成了秦国军队的核心力量,而且还为统治者提供了可用以应对反抗者的可靠资源。这些改革造就了"战国",正如马克·路易斯(Mark Lewis)指出的:"国家建立起军事征聘和控制的机构。这些国家的军事行为不再意味着仅是贵族用以象征其权威标示,而更是统治者用于组织化、等级化和掌控其臣民的最主要机构。"① 换句话说,军事上的需要,带来了这些国家的军事化。

在地方性战争的环境下,大规模的军队是每一个诸侯国得以存续的基础,为了动员这些军队,政府不仅仅依靠其官僚制度所提供的强制力,同时也需要对农民们完成税赋要求并在战争中被召唤的热情提供有形的奖励。这样说来,政府关注最大化其人口的农业生产力,并且,将兑现承诺的具体措施确定化,换个角度来说,也就是要努力确保其臣民的福利。如果臣民赋税,统治者就需确保他们不会因此而缺乏生计所需。另外,由于在这个时期土地资源尚且充足,统治者就不能够对他的臣民施以过重的压榨,因为一旦这样,王国域内的百姓可以很容易地移居到条件更为宽裕的地区生活。高度竞争化的诸侯国群体,各个都很希望能够吸引到更多的居民,这让臣民具有了一种"退出权利",这成为了君主专断权力的隐性约束。② 更有甚者,由于司法权掌握于由中央政府任命的受薪地方官而非某些地方权贵,法律尽管严峻,但至少施行得相对公正。而政府推出的大部分重要的鼓励机制,都是基于其人在战争中获胜,据此赋予之更高的经济和社会地位。战国各诸侯国国家功勋人员的奖励,特别是战争中所获者,建立了阶级或名分的复杂继承制度。在此方面,秦国又一次成为了典型。路易斯描述了十七等爵制体系如下:

> 用擒获敌首级的数量来衡量军功的等级,并按此行赏。杀敌五人为公士,赏军级一级。杀百人者,配齐部署百人。战死于沙场者可将其功勋传予后代。到达特定的等级意味着可以拥有一定数量

---

① Lewis 1990:67.
② Hui 2005:177.

的土地、房宅和奴仆。这十八种或以上的等级,同样可以通过指定数量的村庄的税收收入来获得。……在别处也见到说秦国军功体系的最高的四等是领主(jun?)和侯。等级序列中更低的头衔与军队和政府机关相对应,最低的四等相当于士兵,第五级以上相当于政府或军队的官吏。这些等级同时也包含了法律和宗教上的特权。在法律领域,放弃名号可以用来抵偿特定的惩罚,因此它们提供了一定程度的刑事豁免权。在宗教领域,名号的获得者在葬礼上享有特权,可以拥有更高的坟茔和在其上种植更多的树木。①

秦和其他战国诸侯国的臣民因此看起来似乎更积极,甚至可能更乐意投身战争,因为他们认识到这关系到他们自身的利益,也因为统治者会照顾他们的一般经济福利并提供公正的待遇。

罗马帝制国家的结构则呈现出惊人的不同,尽管它的起源也包含有相似的持久、剧烈的战争。② 意大利在公元前 6—前 4 世纪是一个由小城邦和松散的部落联合构成的区域,罗马共和国是其中较为强大的一员。渐渐地,罗马在公元前 4—前 3 世纪之间将其霸权扩张到覆盖了大部分的意大利地区,又在公元前 2—前 1 世纪覆盖了几乎整个地中海沿岸。然而,尽管罗马在这四个世纪中几乎每年都在进行战争,所动员的意大利人口在比例上看与中国的时期相当,但它从未像中国那样发展出一套倾全国之力以备战的行政结构。事实上,在罗马军事动员最盛时期的政府机构,也就是在公元前 3 世纪末到前 1 世纪这段时期内,也远比不了秦和其他的战国列强。到了公元前 49 年,贵族通过议会(元老院)控制公共事务,几乎没有正式的法律上的权力,但拥有大量非正式的权威。它同时还配备了通过竞争性选举产生的行政官,所有的罗马公民理论上都有票选的权利(尽管选举委员会的组织以及其他一些条件使得这

---

① Lewis 1999: 612—13.
② 通说可参见 Cornell 1995: 186—90, 226—30, 293—326, 345—98; Forsythe 2005: 150—54, 234—358.

些选举与民主制大为不同)。这些行政官处理国家的所有事务,但是由于行政官数量太少,所以他们真正能够处理的事务也有限。对罗马共和国公民五年一次的人口普查,旨在建立征兵和税收的义务。然而,尽管对规避行为有严厉的惩罚措施,人口普查的成功大体上还是取决于注册者的自愿合作。没有官僚机构能够施行强制措施加以推行。相似地,为了管理其城镇和农村地区,共和国依赖地方精英的合作,这些人的权力独立于中央政府。同样地,征兵也取决于新兵的自告奋勇的意愿,缺乏广泛意义上的官方或管辖强制力。从公元前4世纪开始,一种税收(the tributum)被征集以支撑共和国的军事活动,但这些从技术上说是共和国从公民那里得到的借贷,至少有些时候,会在战争胜利之后偿还。在公元前167年,随着马其顿征服,元老院完全废止了其征敛,此后罗马的公民享受了几个世纪的直接税的豁免权(尽管他们仍是一些间接税的缴纳者)。

　　罗马共和国和战国中国在国家结构形成轨迹上的分歧,也许在某种程度上可以归因于,两者所面对的军事挑战性质上有显著差异。战国诸强之间的战争几乎是持续性的。有人推算公元前656年至前221年间主要诸侯国之间的战争数量达到256次之多。① 在此时期内,几大诸侯国为了争夺权力而建立的联盟,在无常而又频繁地发生着变化。在超过四个世纪的时期内,没有一个能够获得不可挑战的优势地位来征服其竞争对手或是强迫他们接受其霸权。这些战争往往持续数年,结果造成战败王国的灭绝,胜者并摧毁其神坛和宗庙,将其领土吸纳入自己王国的版图。国家在如此危险的处境下,又不能够依靠超越其领土的资源来自我防卫,因此统治者采取建立强有力的中央集权、高效的行政机构,对其臣民加以广泛管理,以此实现对版图内的财物和人力资源最大化的征集,联系各诸侯国当时的处境来看,这些做法就不足为奇了。罗马战争的形态极为不同。罗马最初是拉丁平原占据统治地位的城邦,而它在成

---

① Hui 2005:242—48。

二　古代中国与罗马的战争、国家结构与军事机构演变

为意大利霸主的过程中,并未受到大的军事挑战,甚至连偶尔的严重挫折都没有。从公元前5世纪后期开始,它在亚平宁半岛接二连三地征服对手,且当它面对多个战线的战事之时,它通常能够有效地防止敌人联手对抗自己。到了前275年以后,它的存在方式表现为,仅在自前218—前207年这个相对较短的时期内受到过一次来自汉尼拔的进犯。(尽管汉尼拔在公元前203年以前并没有离开意大利,罗马在前207年击败由其兄弟率领的西班牙的增援,这有效地结束了他对罗马构成的任何威胁。)罗马并没有遭受到像战国诸侯国所面临的那种长期的挑战,这个情况可能在某种程度上解释了罗马共和国的领导人在共和国的体制结构方面作出广泛改变尝试为何失败(中国的统治者借此求得了存续)。

不过,过分低估罗马共和国所面临的军事威胁也是错误的。在公元前5至前4世纪,罗马面对一系列的强敌,其中的任何一个都有可能将之摧毁,公元前3世纪所进行的重大战争就遭受了失败的后果,这可能导致其在意大利霸权的崩溃,也很有可能导致共和国覆灭,致使其公民的死亡或被奴役。军事上的压力有时是非常严重的,这不容置疑,其艰巨性往往令人生畏。作为回应,罗马的领导者自然会试图增加共和国的军事资源。然而,罗马的领导人并没有扩张政府机关或向公民征敛财富,而是求助于结盟和扩大公民实体本身,以此来扩充其城邦的军力。这些措施实际上取代了中国的战国诸强通过权力加强国家领土的控制的举措。最初,就像早期帝国时代一样,罗马和它最亲密的邻居拉丁人一道构建了一个防御联盟。在公元前5至前4世纪,伴随着君主制的没落和共和国的建立(公元前509年),这个联盟提供了大部分的军力的基础。在此时代以及接下来的前3世纪,被罗马征服的大量意大利和其他地区的邦国都向其寻求保护,与之达成某种契约。共和国对意大利联盟(the socii)成员并不征收货币赋税;取而代之的是,要求他们为共和国军队提供特遣队,并且"将罗马的敌友视为自己的敌友",这就意味着他们要将外交权让渡给罗马共和国。渐渐地,包括整个意大利在波河以南地

31

区的那些同盟国,远远比中国战国诸强所建立的同盟关系更为可靠。还有几个相对来说实力相当的竞争国,因各自都寻求最大化其权力或是对已知威胁加以反抗,是故出现了调整的无限可能。罗马的盟友没有选择余地而只能默许,因为并无任何其他的意大利政权能够与罗马的实力相当。因此,罗马可以将压倒性的军事力量用于镇压叛乱。只有伴随着强有力的外部军事力量资源的援助,诸如公元前281至前279年的皮拉斯(Pyrrhus)或前218至前207年的汉尼拔(Hannibal),这些联盟才有望从罗马的统治中求得解脱,并且他们中的一部分也确实做到了。但是即使是在这些相对短暂的时期,足够多的盟国保持了忠诚,这使得罗马最终扭转局面,并且恢复了霸权。然而,如果在自由的机会呈现出来时对之厌恶且并不情愿为之,那么罗马霸权大体上仍然并非压迫性的。作为对其将军力交由罗马支配的回报,同盟国获得了对其地方事务的几乎完整的自治权。这些自治权由地方精英继续掌握,而且其军士和公民也有权分享罗马的胜利果实。

鉴于在扩大其同盟数量方面的成功罗马共和国,可以从中获得用于战事的必要资金,通过扩大国家机器来强化来征集就是不必要的了。罗马统治者在共和国内采取了同样数量而不是质量的方法。从公元前338年开始,随着镇压拉丁和坎帕尼亚地区一系列的同盟叛乱,罗马通过扩大其公民身份范围来确保意大利的各种非罗马团体的忠诚和支持。这造就了新的族群,以适应这些新获得选举权的罗马人,并将之纳入共和国的市民和政治格局中。公民权并非是纯粹的福祉:它意味着兵役和赋税的义务,且诸如票选或获得公职的利益大大出乎了新公民的掌控范围。但是在公元前4世纪后期至前2世纪,新的公民已经与原有的公民完全合二为一,被同等对待了,而且他们之中也再没有表现出抵抗或叛乱。罗马稳步地扩张其领土(the ager Romanus),到了前3世纪晚期,已经囊括了意大利中部最好的地域。在那时,公民的群体大约有300000名成年男性,而在波河以南的亚平宁半岛此类的总人数大约为970000

人。罗马人因此就在那时意大利的总人数中占据了不少于3成之多,这使得他们成为意大利最大的群体,所以能够战胜任何一个单一群体,这样就很难有某个单个的政权敢于挑战他们的宗主权。①

与意大利的同盟一样,公民群体承受军事负担的能力被分派向占领土地的殖民的赋敛这项社会工程形式加强了。② 这个基金的主要目的是军事性的,殖民地位于最近被征服的战略重点地区,用于作为事实上的驻军地或桥头堡。殆至2世纪初,其参与者,包括罗马公民和一部分同盟者,获得了与以往那些罗马的拉丁邻邦(他们在叛乱被镇压后成为了公民)同类型的拉丁权利。在汉尼拔战争之后,新的殖民者保留或获得了罗马公民权。早期拉丁殖民地的公民们较之一般同盟享有一项特权,这将他们与罗马母邦紧密联系在一起,并使之成为罗马共和国最可靠的同盟。这些公民群体使得罗马的军力有了至少150000人的潜在提升。一些人被选入参加任何殖民地的基础是缺少足以供养他们自己及其家人的农耕用地。这样一来,殖民一定程度就避免了缺乏土地的公民和同盟们无法为军队提供税收和兵役支持的局面(因为罗马与古典时期的希腊城邦一样,对成为步兵、骑兵都有最低额度的财富限制)。特别是那些本就财产不多者,若是划分给他们为数众多的继承人,则财产会少之又少了。这些殖民政策、联盟建立和扩大公民权的后果是,当罗马最终在汉尼拔战争的前中期面对一个比较长期的军事危机时,能够从其公民与拉丁同盟并其他同盟中获得数量巨大的兵员,以此来镇压、防止叛乱,并且通过牵制逐步消耗汉尼拔的军队。

罗马在意大利的霸权及其巨大的公民群体,同时为战争提供了大量的资金支持。③ 罗马的盟友的军队对共和国的军队作出了贡献(罗马为这些军队提供了免费的粮食配给)。同时罗马公民体意味着战争带给其

---

① Brunt 1987: 44—60; Lo Cascio 1999: 166—71. 我倾向于将此数值和比例估算得更高一些。
② Salmon 1969.
③ Nicolet 1980: 115—17, 149—206.

原有人口的经济压力被大大分散了。更为重要的是,当罗马开始寻求对意大利半岛以外版图的控制时——最初是萨拉丁和西西里岛,而后是西班牙、法国南部、北非,以及希腊东部的大部分地区——它开始向行省征收货币或粮食税,但并不定期向之征兵,这与其对拉丁地区和其他同盟的政策并不相同。这些区域为罗马财政贡献了大量的资金,其中短期者是最初征服时的战争赔款,长期者则是罗马逐步开始征收的定期赋税,这将更加削减摊到罗马公民头上的财政负担。然而,罗马共和国依赖罗马及意大利的地方人物、机构或私人机构的合作来征集行省的赋税。并且在意大利,行省的行政机构是非常小规模的。尽管强势统治的王朝被消灭了,但构成原先王国的城市实际上仍处于自治并对其腹地施用行政权。罗马派遣的总督只行使一般性的监督权,例如在某些案件中担任法官,确保所包含的城市遵守条约,维持行省的秩序等。

就像战国时的中国,罗马共和国能够调动大量军队,乃是通过对受征召提供奖励,以确保他们在意愿上的顺从性和参与战斗的热情。起初,这些刺激措施看来采取了政治权利的形式。甚至在共和国建立以前,当罗马依旧处于君主统治之下时,塞尔维乌斯·图利乌斯(King Servius Tullius)就在前6世纪中叶创制了与建立新型军队相关联的百人大会(comitia centuriata),基于扩大公民实体并在对将来战争是否进行和何处进行以及何时议和等问题上尽量满足他们的愿望。随着共和国的建立,百人大会同样获得了选择罗马军队领导者的权利。根据大多数,尽管并非所有关于早期共和国的研究,当城市由于邻邦的挑战陷入危难之际,平民威胁拒绝服兵役时常发生,以此从罗马贵族统治者那里谋求各种形式的好处。① 这包含了作为公民权基础的申诉权(provocatio),也就是将死刑的判决诉诸民众决断;认可平民保民官的权

---

① 关于平民抵制参军的威胁(secessio plebis),参见近著 Raaflaub 2005. 有关此时期的利益让步与政治斗争的一般情况,参见 Cornell 1995:242—92, 327—68;Forsythe 2005:234—67.

力,以对抗贵族的任意逮捕与处罚权;通过称为平民大会的机构参与公共事务的处理;取消债务奴役;还有作为向平民中的富人开放首席裁判官和祭祀职位的结果,在统治阶级本身的构成上作出重要改变。可是,在公元前3世纪的前25年以后,共和国统治者向公民的政治让步变得越来越不频繁。一种可能的推论是,这种让步始终令贵族不满,因为他们在国家的权力被公民以这样或那样的方法侵夺,而军事形势使得罗马的统治者又几乎没有选择的余地而不得不如此。但军事形势的转变,使得罗马统治者准备改变通过施以各种形式的让步以换取普通公民服兵役的情况。

共和国公元前295年在乌姆(Sentinum)战役的大胜,打败了罗马在意大利的主要敌人,即萨莫奈人(Samnites)、伊特拉斯坎人(Etruscans)和高卢人的联盟,伴随着前280至前279年的皮洛斯(Pyrrhus)胜利的势头,公元前275年打败并野蛮镇压了Epriot王。此后,共和国再未遭受到意大利对手的严重挑战,并且这种威胁度减低的半岛形势有可能使得贵族更少地将政治权利与权力让渡给普通的罗马公民。但是,也有可能到后来在集体决策进程中获得更多的话语权或充分确定的公民权对他们而言已经缺乏吸引力,因为共和国的领土扩张和随之而来的公民群体散布范围的急剧扩展,使得市民的和政治的权利缺少直接的价值,它们在很大程度上已经只能在罗马本地行使权利。取而代之的是,对普通罗马人而言重要得多的是通过战争获得个人晋级的机会。在战争中,将军们定期接受检阅军队,并对奋不顾身地取得高于或超过其本职任务的步兵、骑兵们授予奖章。这些类似于战国军功爵的奖励,增进了他们的社会地位和特定宗教身份。如波利比阿(Polybius)所云,只有这类奖章才被允许在宗教仪式中佩戴。通过在战场上不断杀敌获得的战利品被悬挂于得胜者的屋外。这是一个军人得之于沙场的世俗生活中的永久性威望的标志,因为甚至房屋易主,但战利品依旧留存。① 但一个更为强有

---

① Polybius 6.39.1—11; Gellius, Attic Nights 2.11.3.

力的诱因是掠夺财物的诱惑。早在公元前264年,执政官就通过战争中"很明显每个人都可以掠夺以获得巨大的利益"来煽动选民在百人团大会上批准派遣部队去救济西西里的马墨尔丁人(Mamertines)。古罗马史学家法比乌斯·皮克托(Fabius Pictor)确定无疑地刻画出来的这番景象也印证了波利比阿所言。① 将近一个世纪之后,当执政官征召军队以抗击波斯之时,志愿者涌向了罗马,因为在他们看来,那些参加前两次东方战事者都因之而变得富裕。② 当在皮德纳(Pydna)击败了波斯,罗马将军埃米利乌斯·保卢斯(Aemilius Paullus)却让他们掠夺马其顿皇家府库以致富的希望落空,这些士兵差一点就否认了他的胜利。③ 与此形成鲜明对照的是,30年后,当罗马正在西班牙发动艰苦的毫无战利品可觊觎的战争时,兵员极不情愿开赴战场。④ 此外,尽管并非全部如此,一部分老兵仍可指望得到在殖民地中的自留地,元老院曾一次次地在意大利祭出此举以图巩固罗马的霸权。在分配这些物质奖励方面,罗马的意大利同盟的军队显然与共和国的公民获得了同等待遇。

因为罗马能够整饬满足军事挑战所需的钱财和人力,它面临的是建立自己的帝国,而无需为了征集所需资源创建一个庞大的国家机器。其他因素能够发挥决定性的作用,确定共和国行政机构制定,或者说是如何失败的。其中主要是罗马贵族在维护其霸权国家,并确保其凝聚力保护其合作者的利益方面的需要。中国诸强与罗马共和国政府的最显著差异当然是后者缺少君主制。对罗马国家结构而言君主的角色的最重要方面,明显归因于国王塞尔维乌斯·图利乌斯(Servius Tullius)在公元前6世纪中叶共和国中创制的一系列关键制度,包括新型的军队、扩大化的公民群体以及国家议会。⑤ 君主制曾在大约公元前509年崩溃,

---

① Polybius 2.11.2.(tran. Patton).
② Livy 42.32.6.
③ Livy 45.35.5—36.10;Plutarch, Aemilius 30.2—32.1.
④ Polybius 35.4.1—7;Appian, Iberian Wars 49;Livy, Periocha 45.
⑤ Cornell 1995:173—97.

上台的贵族努力确保没有人再能够获得类似的君主权力。公职的共同掌管制度和一年的任期,是限制每个执政官积累和行使权力的途径,但是元老院拒绝支持任何职业官僚的创制,尽管其已经被具有贵族气的公职机关做了意识形态上合法化判定,这实际上也阻止了可能对贵族在政治上的权威产生竞争、可能作为君主统治的工具的机构的设立。

然而,在元老院聚敛国家领导权与战争可能引发的实施紧急措施的要求之间的紧张关系从未得到解决。这在结构上反映出专制的制度。在公元前4至前3世纪,军事上的紧急情况每每导致独裁者的任命,他握有完全的、不受约束的权力以处置危机。然而,独裁者只会任职六个月,而非如一般执政官那样任职一年,这一限制显示出贵族们对集中太多权力交给他们之中的任何一个成员都有深深的疑虑。从思想意识上看,确保权力运行于规定范围内的需求,被表达为像辛辛纳图斯(Cincinnatus)那样的神话中的理想状态的英雄,他被召唤自他的农场,被指派为执政官以拯救陷入敌人重围的罗马军队。然而一旦辛辛纳图斯完成了他的使命,他便放弃自己的职位,并在仅仅离开了15天后又重操旧业,进行耕作。① 就共和国的大部分历史而言,危机中对有效军事领导权的需求与其对贵族集体掌权所构成的威胁之间的张力,由于军力的深度储备措施而被预防,由是罗马可以实现步兵作战的高效战术体系(关于此点,详见下文)。总而言之,这些因素确保了常规性的胜利,并足以允许将指挥权置于政治上成功的贵族成员的手中,哪怕他们只具有微乎其微的军事才能,或者曾让罗马军队吃过败仗。换句话说,军事效率倾向于要求将公共事务和荣誉授予在贵族中广泛分配,以图促进其成员中的凝聚力,并防止单个或一小部分人通过他们在战场上的反复成功累积的声望成为罗马公共生活的主宰。② 罗马政治形态中政治优于战争的

---

① Livy 3.26.7—29.7.
② Rosenstein 1990.

模式，在公元前1世纪后期君主制重新建立以后仍旧存续。① 公元前49至前31年，内战席卷了罗马的大部分地区，尽管战事并不持续。这些战争被罗马的第一个皇帝——奥古斯都所终结。他随后于公元前27年起建立了长期的统治，而这成为了帝国政制在接下来的几个世纪的基础。在这种情况下，奥古斯都创制了行政和财政官僚机构的萌芽，这构成了政治制度的基石。同时他也调整了罗马的军制，以长期服役的职业军人取代了共和国征召平民士兵的做法。其目标在于通过进行此项改革巩固他对权力的掌控，而非旨在提升军事效率。奥古斯都在罗马占据主导地位，是通过获得名义上在参议院或他的对手控制之下的军队的忠诚，这不仅使他能够在当时致命的纷争中生存下来，更使他能够最终战胜所有的对手。通过以职业军人取代征兵制，他试图强化这些军队对他和他的家族的忠诚度，以此确保没有潜在的挑战其统治的人有可能获得超过他的对军事力量的控制权。因此，奥古斯都承担了支付他所派遣的每个军团的大量奖金的责任，而且他对几乎所有的军团都保持了名义上的控制权，这些权力日常由副官们来操控。是故军人每年都要宣誓效忠他本人，而战役胜利后的奖章和奖金则以他的名义颁发。这些举措为后来的所有皇帝所践行。②

不过这些变化发生时，外部军事威胁对罗马帝国而言几乎为零。奥古斯都统治时期表明，与一个以定期的、大规模的战争为特点的共和国形成鲜明对比，奥古斯都试图扩大自己的帝国，但到了公元2世纪后期，除了相对短暂的时期以外，罗马参与战争的频率和规模大大减低。尽管战争的频率和强度放缓，但此时的帝国官僚机构享受了长期持续发展和增长。奥古斯都在行政方面的目标很明确，旨在增强他对其所获得的辽阔帝国的控制力，且不过分借重他不能确定其忠诚度的贵族。在政治层

---

① 关于此点的一般情况，参见 Bowman et al., eds. 1996：1—197 中的部分章节。
② Campbell 1984。

面,尽管他成功地摧垮了军事上的对手,他的地位仍有些脆弱,因为他无法在缺乏元老院贵族的至少是默许的情况下有效地统治。而这些元老们对君主制有一种发自内心的仇视,并且其中的一些自认为有与奥古斯都获得一样的霸主地位的资质。结果,他努力想为其君主独裁的事实蒙上"恢复共和国"的盖头。起先他创制一个显要的配备了由他任命成员的带有皇家意味的行政机构,转而代之以在他的权限内用自己的家奴和自由民协助他掌管数量巨大的行政和财政事务。同时他也开始使用富有且并非元老贵族的骑士阶层作为他在地方行省的代理人。接着,皇帝的位置被认可为永久性的,皇帝们推广了这些举措,最终造就了具有固定职责的宫廷行政部门的结构形式。久而久之,皇帝得以将上层阶级迅速吸纳为帝国统治的合作者,结果充任宫廷机构和行省行政职位者的社会地位急速上升,直至成为由社会顶层而非底层者所构成。① 战争的需求与此变化关系不大。

  但是,这些行政改革并没有像中国的战国诸强那样彻底深入地进行,特别是在帝国的省级行政改革上尤为不彻底。② 有一些行省理论上说处于元老院掌控之下(尽管多少有些改变),但这是一种皇帝们所保留下来的共和国时代的制度,所以它就是完全服从皇帝的意愿。元老院成员统治着这些行省,不过这些总督实际上是由帝国任命的,因为皇帝有能力控制元老院的决议。当帝国版图中迅速增长的部分成为皇家机关所有,这一些行省由皇帝通过他们的副官(legati 或 procuratores)直接统治。同时,这些区域也为帝国所任命的官员(也称为 procuratores)掌控。承受着持续的战争压力的中国,发展出了一个专业的公务员队伍,他们最终通过严格的考核制度选任,并且完全不同于以往周代的贵族。罗马的民政机构在社会地位上则保持了共和国时代的状况。元老贵族阶层

---

① Wallace—Hadrill 1996:296—306;Eck 2000a.
② Eck 2000b.

充任帝国当局的最高层职位(尽管到了公元1世纪,几乎所有共和国时期居于领导地位的家族已经不见于元老贵族阶层,新的家族升至突出地位)。其中少部分职位由富裕的骑士阶层充任。并没有对单个元老或骑士充任特定职位的客观的评定体系;出身和庇护人是确保被任命为帝国行政机构顶层职位职权的前提条件,也是这些职位,甚至其他一些职位的前提资格条件。[①] 而且,罗马并不存在秦所推行的那种深远的社会经济改造工程。充其量,能够指出数量有限的以帝国为基础的殖民地,在围绕之的乡村设置统一勘察网格,据此在殖民者中间分配自留地。大多数情况下,当局的权力不能延伸至地方一级,但是,在共和国时期,中央政府依靠地方贵族来征税和执行其政令。在罗马的首位皇帝治下,伴随着罗马公民群体扩大,人口普查拓展至行省一级,以图确定税收义务的型制。不过,这个时期并没有出现在全国实施统一法律体系或政治制度的尝试。那些生活在罗马统治下的人们处于各种各样的法律和制度安排之中(尽管这在帝国的东部比西部更加明显,在那里帝国政府建立了多个城邦,并得以在其内部安排上更多地实施统一化)。

2. 战争和统治阶级

在共和国时期,战争是罗马贵族的身份和合法性的一环,这与春秋时代及之前的周贵族非常相似。到了公元前1世纪早期,罗马贵族只有在完成了十年的兵役之后,才有资格竞选政治职务。英勇的声望和从卓越武功中获得的荣誉,在执政官选举者的眼中最受青睐。[②] 这种军事与政治成功之间的关联起自两个因素。首先是贵族服务于国家高于一切的意识形态,此为个人威信的最重要来源。其次是源于一个简单的事实,即共和国历史上的大部分时段,国家所面临的最关键的危机来自战

[①] Saller 1982.
[②] Rosenstein 2007.

争。因此很自然地,战争中的领袖与获胜的罗马将军们随即成了对国家最有功劳者,并且因此更富荣誉和盛名。那些赋予共和国福祉的军事领袖,因其美誉而在公共事务中享有巨大的权威。这种战争、个人威望和政治影响力之间的关联,常被认为是公元前 4 至前 1 世纪共和国好战天性的一个关键因素,尽管事实上恰恰相反。[①] 然而,即使是在 1 世纪,当个人声望的其他来源重要性增加,军事荣誉的纪念意义仍旧强势,同时共和国的军队依旧由元老贵族阶层成员所领导。在这一时期,罗马军事专家阶层最类似于军阀(viri militares),服役中的贵族们经常处于其命令之下。但他们绝不是职业军士;他们仅是争夺类似元老贵族高位公职和政治影响力的政治阶层的成员。他们的策略很简单,即将其努力集中于获取军事成就这一罗马传统的荣誉之源上,而非像公开演讲或获得法律上的专门知识等类型的各种努力——这些后来在罗马逐渐成长为与军事声誉并列的声望之源。

政治的首要性超过严格的军事需求,同样在策略层面也可证明。[②] 军队的轮流司令制度印证了上说:共和国的首席行政长官,即两位执政官,被罗马选民选出并只在位一年。在变得完全违法之后,连任在公元前 300 至前 151 年间逐渐变得罕见(尽管例外的情况时有发生)。这个体制意味着自证了具有相当的指挥天赋的将军们也很少有机会能够再次领导军队。他们的继任者可能在二十来岁时有丰富的军旅经验,但此后他们充任的公职却主要是民政方面的。他们接受领导军队的任务时,并未在有关指挥能力的方面受到过任何实践检验。这其实不足为奇,因为罗马的步兵战术基于大批步兵支队构成的军团,这在共和国时期大体上从未改变过。甚至于在军团构成方面由过去的步兵支队改为大队,都意味着对早期技术的重大改进。罗马人的战术体系非得足够简单易懂,

---

[①] Harris 1979:17—41,相反者见 Eckstein 2006:194—200.
[②] Rosenstein 2007.

这样才能保证一个从未指挥过军队的将军也能操作。(纵使以前的经验可能已经向其明示体系如何运作。)诚如共和国时期的多次胜利所证明,支队组成的军团在战斗中十分精锐,取而代之的由大队组成军团的情况同样也是如此。因此,并没有什么特别的动因致使要去改变此制度。结果是,对战斗中获得成功的期许基础于一个行之有效的战术体系直白地强化了上述趋势,即在罗马考虑优先贵族政治的需要,在任命将军时无需过多地参考其经验和以往的军事成就。

这种整合民政与军事领导权的共和制与其贵族气质一道被带入帝国时代,以此来契合奥古斯都声称要"重建共和国"的主张。因为皇帝决定谁把持公共权力机关,贵族们想要寻求公共权力,就不得不成为皇帝的合作者,以此来保持他们的荣誉,而这也恰好可以使其由继承或获得或有志于谋取的精英社会地位合法化。尽管所有罗马军队的指挥权都是皇帝的既得权力,但实际上日常的军团指挥掌握在帝国的委任者们手中,这些委任者也被称为 legati,他们来自那些被允许占据公共地方行政官位置的贵族元老阶层。这些人并不比共和国的前任们更具军事专业技能。在被任命为一个军团或两到三个军团组合的特使之前,他们通常占据各种较低的民事和军事职位。使之能够巩固其职位的原因在于:第一,忠于在位君主;第二,赞助能够影响到皇帝者或与皇帝本人建立友谊(尽管明显的无能不会被容忍)。但是,在此背后存在着一种从共和国时代带来的贵族意识形态,即贵族固有的个人品质,特别是他个人的优点或美德——而不是专门性的训练或才能,是民政或军政领袖的能力基础。①

罗马民政与军政的整合表现在皇帝本身的权位上。罗马的皇帝们是所有军队的首席司令——不单单名义上如此,在现实中也常是如此。当有重要战争需要面对,皇帝们通常处于他们军队的首领的位置,尽管

---

① Campbell 1984:325—62.

他们并不经常在战役中领导行伍,而是依靠他人来掌控战役的战略、战术和相关细节。如果皇帝们没有亲自露面,在这种情况下通常会代之以他们的近亲属,如儿子和继位者等。胜利被归功于皇帝的圣明和天分,并且以他的名义来庆祝,哪怕他未曾露面。实际上,皇帝的称号来自大将军(imperator),这是共和国时期对凯旋将军的溢美之词。随着君主制的出现,差异表现在,此时有一位唯一的皇帝在位,取代了以往若干贵族同时拥有大将军头衔的状态。军事声望转而在帝国统治的意识形态基础建构方面显得至关重要。在共和制的观念中,服役于国家基于政治权威和领导权,君主制则通过帝王垄断这些权益使得这些服役止于为帝王效命。与在共和国时期一样,因为在战争中获胜对罗马而言仍旧意味着至上的服务,皇帝的军队所获得的每一个胜利都将为皇帝巩固其日后统治的合法性。①

中国的战国时代,平民精英和军事领导人之间的关系与罗马的情况形成鲜明的反差。② 春秋战乱时期周贵族的衰落和大规模军队作战的崛起提出了与凭借个人战斗力开创的军事专家阶层的路数完全不同的技巧设置的要求。他们是普通人和专业人士,如同他们在官僚机构的同行。与之相似,军队的指挥官通过训练和已获得确证的资质来获得其职位。在战国他们不仅仅指挥军队,同时也常常撰写军事理论著作,有如《孙子兵法》。实际上,能够指挥获胜的能力与掌握这些理论文本密切相关,而非将军的天生的个人能力。这些作品不仅强调管理大规模军队的纪律,而且强调诡计和欺骗在军事行动中能够穿透敌人的战略,或掩饰自己。在罗马,赢得军事胜利的能力构成市民领域权威的基础,但在中国这种方法并非统治的合法性基础。正如刘易斯(Lewis)所言:"君主,无论是儒家意义上的道德典范还是法家眼中的赏罚的分配者,只有在他

---

① Campbell 1984.
② Lewis 1990:97—135.

的命令值得信赖时,才可能行其统治,因此,欺骗和诡计而行的政令乃是削弱统治基础的方式。"①为了解决这一窘境,一些中国哲人争论说,战争和军事构成与民政世界完全不同的领域,因此在这时使用诈伪对统治者而言是可以容忍且不会造成影响的。结果,他们认为,将在外军令有所不受,否则将会导致灾难。当统治者通过在祖庙举行的隆重的拜将并转授斧钺的仪式正式授予一位将军军权,他也就同时准许了他们在其所指挥的战争中拥有绝对的完全自主权。为了进一步强调区分,军队本身就要使用不同于民政世界的衣着、语言和仪式。

然而,法家与儒家对此都持反对立场,他们坚称"通过恰当的法律和适当的仪式来维系社会秩序的统治者应有毋庸置疑的霸主地位"②。出于种种原因,这个前提使得每个学派都否认单独的军事领域由一类特殊的规则来统领的恰当性和必需性。他们在任何情况下的争论都始于一个居于正确政制下的国家的有道之君,不需要军事著作家所坚信的战争所需的聪明的谋略和诡计的主张。对儒家和法家而言,战争行为仅仅是社会关系的一个侧面:"一个恰当的被统治人群是军力的基础……通过政府的政策表现的统治者的德行促使战场上的成功,就如他们在国都筑起城墙是一样的。"③对儒家而言,这意味着国家以统治者及其臣民的和谐为特点,并且在其中存在一个适当的等级结构。因为军队与人民一体相同,军队中恰当的等级和形式能够造就一个秩序井然的社会。士兵们可能处于同一服从关系的连结下,或是与一个大的家族有关。另一方面,对法家而言,"军队是组织民众的原型,因此这是维护社会秩序和保持军队纪律的共同技术,因此不需要单独的军事技艺"④。这一系列思想的后果是降低了出现于战国时期的军事专家的重要性,区分了军队与民

---

① Lewis 1990:125.
② Lewis 1990:127.
③ Lewis 1990:129.
④ Lewis 1990:131.

间社会,并且和罗马一样以君主为两者的天然领袖。这种思路逐渐占了上风,最终深切地影响到汉及其之后朝代的军事指挥。

因为哲学家们坚称社会秩序仰仗统治者行其仪轨或处罚时的可信度,基于操控和诈伪的技法(例如命令)被称为是当然不可接受的。这种张力反映在汉代史上的官僚群体中,在那里强权的、半独立的内战中和建国初期几十年中的军事精英指挥官被逐渐由无军事经验的王廷特使取代,军事指挥最终成为帝国贵戚的势力范围并且王廷因其忠顺度而非其军事技能作出选择。为专制政治辩护的胜利压制了对专业技术重要性的强调,致使中国军事指挥技术价值的长期贬值,并且催生了文士在紧要关头能够运用其一般知识与技术承担军事指挥并取胜的理想模型。①

这种反军国主义的文化在很大程度上是可能的,因为几个世纪以来都追随秦王朝在公元前 221 年所奠定的基础,在那时,随着长时期内战的结束,中国建立了汉王朝,并没有受到足以威胁其生存的严重外部军事挑战。在此时期,汉帝国潜在的最大对手是匈奴这个居于中国北方草原的游牧骑射民族。② 他们的流动性和火力对秦汉帝国移动缓慢的步兵军制而言呈现出不可逾越的挑战,并且匈奴人在危险迫近时能够简便快捷移动畜群的事实,使他们面对中国可能进行的任何军事行动时在经济上刀枪不入。因为草原太过干旱,不能够支撑作为中国社会经济基础的农业,故帝国无法通过农民的殖民占据这些领土以支持驻扎士兵,而食品和其他必需品从帝国腹地到大批外围部队的运输成本被证明是高得惊人的。尽管匈奴人军力强悍,他们却并不对帝国政制的存在构成严重挑战。中国大得多的人口数量使他们的数量相形见绌,更重要的是,匈奴统治者战略的中心目的并不在于占领中国的领土——因为匈奴并没

---

① Lewis 1990:132—33. 关于西汉那些很能胜任并成功地担负军事指挥之任的官僚的情况,参见 Chung 2007:271—92.
② Barfield 2001.

有成为农业居民的愿望——而在于从帝国获取物资。匈奴统治者的地位取决于再分配他们从中国皇帝那里获得的奢侈品给他们的精英支持者的能力,以及强迫皇帝在边境地区向匈奴常规性开放市场的能力,从那里他们可以用自己的乳制品换取他们自己无法生产的中国的谷物和其他物品。匈奴国家实际上是中国的寄生者,因为没有固定的奢侈品供应,没有能力确保供应日常用品的市场的存在,统治者将失去他的支持者,他的"帝国"也将随之土崩瓦解。尽管从匈奴那里"购买"和平的事实对帝国王廷而言令人颇为不悦,汉武帝(公元前140—前87年在位)统治期间,通过巨大的努力,借由大规模的军事战役和广泛的殖民打败了匈奴,但最终攻击匈奴耗费的巨大成本和最终的徒劳使得在西汉(公元前206—公元9年)及之前时代通过赔偿让匈奴不再攻击中国领土成为唯一可以接受的选择。① 这样一来,儒家和法家思想家中一种对战争和军事的哲学性厌恶得以在中国蓬勃发展,很大程度上是由于在帝国的北部边陲作出强有力的进击的军事反应既不必需,也不有效。因此,中华帝国,和共和国时期及公元1至2世纪帝制下的罗马一样,变得属于那些由他们的人品、文化素养和与皇帝的关系而获得高位的精英们,而非技术专家或在战争行为中表现出才华的人们所指挥。尽管两者达至这种类似状态所经的历程在细节上大相径庭,但在某种程度上它们有着相似的起源。在两种情况下,都出自政治权力要求的结果:在中国,意味着以牺牲军事专家来维护统治者的绝对霸权地位;在共和形制的罗马政府,任何可能导致一个贵族提升至国家指挥位置的事情被强烈反对,例如由于领导者的卓越才能而在战争中获得胜利并获取垄断个人荣誉的能力。同样,在罗马,任何证明了必要的个人品质被认为适合领导军队的贵族,被推定是被通过顺从的元老贵族阶层积极合作维系帝位的皇帝所抬举者,仍需通过为国家服役获取荣誉。但是,在两种情况下客观条件使得

---

① 有关汉武帝击败匈奴的努力,参见 Chung 2007.

这个发展进程具有可能性，特别是边境的局势。无论是汉朝统治者还是头两个世纪的罗马皇帝，他们的统治都没有面临来自境外的严重军事威胁。此后，两者均能够将指挥权分别建立在标准化——而非训练、技巧和对帝国军事地位而言少有价值的经验——的基础上。

3. 战争与政体

秦王朝及其后继者面对性质发生了改变的军事威胁，汉代达到了废除大规模军队的顶峰，并且他们在东汉王朝（公元 23—220 年）依赖的一般性男性征兵制度也废止于公元 30—31 年。① 战国时代的大规模步兵军队在列强争雄期间已经发展成为各个诸侯国用于征战的类似军团组织。一旦秦征服了它的所有对手并建立起中国第一个大一统帝国，除了在公元前 206 年秦亡到公元前 202 年汉朝建立这段时间内为了应付内战的需要以外，用于与国内敌对势力斗争的军备需求随之消失。但是新式的战争爆发之后，结果是相当需要大规模的军队和全面军事兵役的消失。取而代之的是，汉朝的军队将注意力转向北部边陲的匈奴。正如前文所说，与他们作战，使用大规模的步兵部队多半是徒劳的。针对这些具有高度移动性的敌人的防卫战要求长期驻军的要塞，以保卫遥远的边疆，并且理论上说，骑射的军队可以以匈奴的方式还制匈奴。作为战胜匈奴的努力的一部分，汉武帝开始改造帝国的军队，在他的征战过程中招募大规模的职业化军士组成的骑兵。② 然而，因为构成中国心脏地带的黄河流域在环境上不适合大规模豢养马匹，帝王们不得不从北方寻求马匹和骑手，这意味着与匈奴作战中最优秀的士兵其实也是匈奴人。故此东汉的皇帝们开始雇佣在反对他们的亲族北匈奴的内战中失败的南匈奴部落，他们在战败后随之投向东汉王朝并抗击北匈奴。要塞的职责

---

① Lewis 2000.
② Chung 2007：161—87.

既包括警卫边境，同时也包括监视帝国的蛮族同盟。从死刑判决中赦免而来的志愿者和罪犯被证明比从农民中招募而来的一到两年服役期限的义务兵更适合此任。这些部队和少量的精锐敢死队来保护帝国成为了东汉军事史的常态。这些组织提供了很多额外的好处。首先是安全，因为如同帝国时代的罗马，这类士兵避免了指挥者可能赢得他由农民义务兵组成的军队的信任并领导他们以图推翻皇帝的统治的危险。其次是经济方面。因为这些更小的武装力量运作起来更为廉价。就前一方面而言，与中国转用职业军士相并行，罗马的首位皇帝也进行了类似的改革：他的目标也更多地在于其政权的政治安全而非军事上的有效性。

到了公元 1 世纪末期，这个系统在击溃北方的匈奴的威胁方面获得了巨大的成功，但在东汉却被证明是一种灾难。① 与罗马帝国的军团不同，一旦北匈奴被击溃，帝国的蛮族联盟就失去了其对王廷的重要性并从此失去曾经作为他们合作价码的国家财政援助，由蛮族和罪犯组成的军队显示出对国家更少的忠诚度。结果，他们转向并开始抢夺，并且由于他们被引入帝国的数量如此之多，驻军并没有能力防止他们的攻击。更严重的事态是，公元 2 世纪对中国边境的主要威胁转为来自西方的羌人。苦心经营的边境防御工事，特别是长城，强化了针对北方游牧民族的防御，却在抗击源自西方的威胁中毫无用处。更为复杂的防御问题在于羌人并没有像匈奴那样的支配性的政治秩序并结成大的邦联。一旦军事胜利的影响被限制在仅仅是征服特定的部族，这些情况造成了谈判协商的困难。中国用农民在边境地区建立殖民地，以图保护被征服的部落并将羌人带入汉的经济和政治体系中的解决方案陷入困境，因为在面对羌人的持续劫掠的干旱的西部保持农业社群并在当他们不能自食其力时为之提供支持的成本太高。最后，在公元 1 世纪迁都位于帝国更东部的洛阳的决定致使东部人群在王廷中占据优势地位，他们对西部事务

---

① Lewis 2000.

仅表现出非常有限的兴趣。最终,因为汉朝政府丧失了对西部边陲的控制,地方官长开始在防御中采取先发制人的主动策略。他们领导的军事力量开始发展成受控于豪族的私人军队,这些军队仅忠于他们的官长。结果是汉朝的军事系统崩溃,王廷丧失了军事控制权并最终导致了王朝的覆灭。

汉朝控制其西部边陲的失败导致了严重的军事问题,结果给他们统治王朝带来了显著的威胁,尽管还未及其帝国本身。类似的问题在罗马表现得更为可怕。在公元2世纪的最后几十年中,北方边境的主要军事威胁开始出现,并且到了3世纪中叶发展成为空前的危机。① 就像中国西部边界的情况,罗马并没有面对权力足以控制罗马的其他敌对者或零散敌人,也没有遇到能够由礼物招安或其失败将会导致终止其人民造成威胁的敌人。取而代之的是,罗马面临多条战线的袭击,好比一系列的部族和原始国家利用帝国的分心展开攻击。另外,波斯帝国在东方创建的全新且充满活力的新王朝——苏珊王朝,在叙利亚展开领土扩张的积极政策,要求强力而有效的军事回应。本身已经很难解决的军事形势,由于在同一时间出现的政治动荡变得更为关键。整个1—2世纪,皇帝首要任务是让权力在他们的继任者中和平传续。

但是,从2世纪后期开始,内战开始取代权力的和平转移。在3世纪,许多皇帝、造反者和觊觎王位者争夺着王位,并且当这些发生于他们受到已经持续几个世纪的最严重的军事威胁时,他们相互间的战争严重地削弱了帝国的边防。结果一连串的军事灾难导致了罗马50年的政治动荡以及边防前线的崩溃。帝国之前从未置身这种长期、严峻和广泛的军事压力,它的反应是不仅在军事方面,而且在也出现在政治社会层面。

危机的严重性要求称职的将军担任指挥,并且范围不仅覆盖长期提

---

① Birley 2000:160—85;Drinkwater 2005。

供帝国军队领袖的元老贵族,也延及组成军官团中下层的平民。① 军事战争是人才的一大储备库,它提供能够将帝国从危机边缘挽救回来的指挥官们。在 3 世纪,就算皇帝们自己也常是出身卑微,并通过他们的军事才能在军旅中升至显要。这些军事危机为他们提供了广阔的展示舞台。这些发展始于帝国内社会和文化权利持有人之间的持久分裂:一方面是元老阶层成员,另一方面是军事领袖。在这些新的领袖领导下,军事行动急剧增加。在 3 世纪后期,当入侵者已经多点突破了前沿防线,并攻击帝国的不设防的核心区域,城市便开始囤积重兵。一旦危机过去了,边防也随之大大增强。与此同时,构成战略储备的移动野战军,被创立以用于解决麻烦和成为进攻力量。② 更为重要的是戴克里先皇帝(公元 284—305 在位)在公元 286 年作出的决定。这项决定创立了第二个,也就是共治皇帝去统治帝国的西半部分,然后提供他自己和他的共治者副长,并以之为最终的继任者,就像恺撒的风格。③ 这种被称为四帝共治的,在四个统治者之间分权的局面,比单一皇帝制允许对边防实行更为密切的监控;并且因为每个皇帝控制着自己的军队,任何边境的军事紧急情况都能更迅速和有效地解决。但是,这种政体不仅实现了对外敌入侵的威胁更好的防御,同样重要的是,它还产生了结束持续多年的内战的可能,因为一个潜在的篡位者此时面对着不仅是推翻一个统治者的挑战,而是还要面对他的三个同僚,否则无法稳固其权力。此外,皇帝的地位本身也因 3 世纪的军事者政治危机而作出调整。在奥古斯都和他的大部分继任者的治下,各皇帝和他们的臣民之间的距离,特别是在社会的最高阶层,并不令人满意,尽管皇帝们提出了一种类似与参议员之间的成员的友谊的图像,而且所有皇帝自称是军团的"士兵"。然而戴克里

---

① Campbell 2005:110—20.
② 如何理解这些现象还有争议:Luttwak 1976:127—90 认为是一种新的防御性"重要战略"的采纳,而 Whittaker 1994:206—9 认为这仅仅是一系列临时性措施。
③ Bowman 2005:67—89; Campbell 2005:12—30; Lo Cascio 2005:170—81.

先创始了一种对其臣民而言非常不同的皇帝立场。此时皇帝开始了隐居生活。接触他们受到了高度严格的限制，且被精心准备的旨在唤起其不同阶层臣民的敬畏和崇敬的典礼和协议所包围。其目标是将皇帝的人格提升到超越俗众的状态，并且基于并无凡人能够取而代之的预设，借此以抵御推翻他的企图。戴克里先的政治危机解决方式反过来使得共同掌权人们得以集中能量应对帝国的外敌，最终结束了军事危机。纵然共同掌权者并未在其创立者之后长存，内战再次致使单一皇帝制度的建立，戴克里先推行而引发的军事和政制的变化为帝国带来了一个世纪的保障。

然而，帝国在公元3世纪的危机的解决耗费了巨大的成本。① 为了增加移动野战军以抵御主要的侵略，军事花费在3世纪危机期间急剧上升，边防驻军同时也在抗击小规模的入侵。皇帝的军队扩建至两倍的规模，而这种扩建需要急剧增加赋税来支付其成本。皇帝个人地位提升至新的、至高的状态也意味着扩大王宫以承担此时伴随着皇帝的精心设计的仪节，所有这些当然也要花费金钱并要求额外的收入。为了保证税款的充分征集，民政当局也不得不扩大规模。帝国之前的行政单元被不断地细分以确保对民众更加严密的监管。更多的行政官员进一步加重了税务负担，随着政府在其支付时遇到增加的阻力，这都使它采取了对市民社会施加更大控制的措施。戴克里先不仅对帝国进行了一次庞大的人口普查以强化税收征管的效果，而且在他的治下税收制度自身的基础实现了合理化和统一。农业生产的标准化单元被建立起来，整个帝国的农田被按照这些单元加以分类，这样尽管大小有差，每个单元在理论上说都能够产出相同作物的能力。同样，标准的人力单元也随之建立，这样每个成年男性农民被算作一个单元，而妇女的农业价值可能会有所不同。所有这些都使得政府通过它的人口普查，基于在每个区域中所包含

---

① Jones 1964.

的农田和人力单元的数值知悉究竟有多少可以预期的农业产值，并基于农业可预测和可靠的产出知晓可征税收的情况。通过增加每个单元的税额，政府很容易就能增加税收收入的总数。随着税收负担越来越重且又无法避免，农民试图通过逃离来摆脱之，这使得政府提出了种种措施将他们与其劳作的土地捆绑在一起。帝国的非农业人口中的情况也相类似，子嗣被要求在职业上和传统上追随他们的父辈，以此来确保在其父辈退休或故去后税收还能够持续缴纳。长时期担负在其区内监督税收征管的任务的行省的上层阶级成员，现在对农民不支付税款事件的税款负有个人责任。此外，早先皇帝们由于军事目的或其他花费而减少货币的贵金属含量造成了通胀，为了将之消除，戴克里先颁布一项法令，试图设置整个帝国的所有商品和服务的最高价格。大体上，从公元3世纪往后，罗马的帝制政府对其所统治的社会日益渗透到了前所未有的程度，以努力保证所需的资源支持其庞大的军事努力和民事行政机构，这一点正与秦国和其他战国列强在数个世纪之前的所为相同。

但是到头来，这些措施被证明是并不适当的。到了公元5世纪，当罗马帝国一旦重新面对来自寻求迁移到帝国领土边界的部落的军事压力，帝国的西半部分证明了无法征集用于反抗或至少控制这些入侵的军事行动所需的资源，其原因则远远超出了本章所述的范围。然而，就像汉代中国，问题的一部分在于西方皇帝决定雇佣来自附近的一些野蛮人移民为军队，这些野蛮人在他们本族的社会结构中，并由他们本族人加以统治。皇帝求助于他们，因为鼠疫和其他因素导致了帝国的人口下降，使新兵难找到，而空置农田丰富。因此，决定允许野蛮人移民定居在罗马领土以换取其服兵役看起来能够一举两得地解决上述问题。但是，就像汉代的蛮族同盟，这些军队的忠诚度很难倚靠，并且他们的军队的作战效率通常也很成问题。最终，西方的皇帝们越来越不能控制名义上在他们统治之下的行省，甚至也包括意大利本身，直到最后当前任崩殂时新的皇帝连提名都已经很难产生了。取而代之，在西方的继承国家那里,非罗马的,移民王朝统治最终伪造与古罗马统治阶层在其领土上的关系。但是在东部,帝国统治更有弹性,甚至在公元7世纪尝试重新夺回西部的大部分领土,直到伊斯兰教的产生和征服夺取了它大部分的领土。相比之下,帝制中国则存续下来,因为其最强大的外部军事挑战来自那些生态模式迥异因而并不寻求入侵和占领土地,而是借此获取物质利益的对手,讽刺的是,这却给他们一个强大的支撑以确保帝国的生存。

4. 结论

显然,战争深刻地影响了中国和罗马国家形成的轨迹。然而,正如显而易见的那样,他们各自所面临的威胁的严重性强烈影响了这些轨迹。在春秋战国时的中国,一种各个国家享有一个大致同等的力量的多国体系没能够达至最终稳定的力量平衡。① 每个国家面对的联盟的不确定性和存亡威胁迫使他们全都用尽其所能以在财政和人力资源方面压榨臣民,借此达到他们自我防御和战胜其对手的目标。这些进程利用在其社会上加以高度官僚化的中央政府将政府的控制力向下延伸至什伍层面。拉丁平原在早期共和国时表现出一种类似的多国体系,它所包括的那些国家都面对共同的外部威胁的挑战。这迫使他们为了生存而寻求合作。他们建立联盟,以此来提高政府从其公民人口中挤出更多的人和金钱的能力。同时至关重要的是,罗马推翻了君主制(一般认为在公元前509年),而在中国,君主统治的形式依然不容置疑。按此,罗马缺乏一个能够整合官僚行政的中央权威。缺乏军事威胁的情况将迫使罗马照中国的模式发展,由于联盟在公元前338年及此后建立,诸多非罗马人并入罗马公民群体,使其能够成功化解其所面临的威胁,贵族自身的利益可以确定罗马政府如何演变。这些利益包括:其一,防止任何单

---

① Hui 2005: 67—79.

个或小派别的贵族获得罗马的控制权；其二，保持贵族整体基于其威望和恩惠统治全体公民。二者都强烈反对建立有可能取代其恩惠的垂直联系的官僚行政，这将普通罗马人系于贵族元老院的权威之下，而贵族元老院则作为控制公共事务的主导机构。只有贵族的权力被推翻之后，第一个皇帝才可以开始建立这样一个系统来控制他的帝国。但在罗马帝国最初两个世纪行政从未有像战国中国那样的深远进展，在很大程度上这是因为伴随恩德和意识形态，有限的官僚机构已经足够完成治理帝国的任务。直到第三世纪的军事和政治危机，战争需要再次成为塑造国家结构的主导力量，这才使得广泛的和侵入性的官僚主义出现，而此状况已经在几个世纪前的中国出现了。

　　帝国所面对的威胁的本质，它们的严重程度，以及政治因素也影响着谁来做战争动员以及他们动员和领导的方式。彻底毁灭的危险迫使春秋战国政府从精英垄断式战争转向大规模征兵的体系并提供潜在的物质奖励（及惩罚），以换取普通臣民参与到土国的战争中去。与此同时，一个军事专家阶层开始领导这种新型的战争，人们的血统和培养一并影响行政官僚的骨干的选拔。然而，一旦秦国的军队失去了对手，大规模征召逐渐被抛弃。因为帝制中国早期所面对的军事挑战虽说棘手却还没有严重到足以威胁政府的存在，由于征兵的官方机制已经设立，大规模的军队可以被弃置。来自中国最下层和从草原游牧部落雇佣来的职业军士在对抗帝国的对手时更有效率，这既减少财政负担，也减少对政权的威胁。与之相类似，因为不再忌惮失败的后果，掌控这些军队的人的遴选标准可以设置在军事经验和能力之外。在罗马，战争中的精英垄断也很早就终结了，但其原因仍不甚了了。取而代之的是大规模的征兵，然而，在共同体内发生政治权利斗争的情况下，作为交换，其结果与物质的激励机制一样，也提供了换取参与战争的政治的激励机制。斗争结束之际，伴随着最严重的长期的军事挑战，罗马霸权在半岛内结束，值此之故，如同公民体本质的变化，贵族政治向组成共和国军队公民的让步随后变得不那么频繁。职业化只有一次,即当政治格局发生大幅改变,需要新建君主制的安全性,以防止潜在的挑战者而必须创建一个军队忠于王朝统治时。但这一转变仅涉及行伍。在整个共和国和帝国的头两个世纪,贵族非专业人士指挥着罗马军队。只有一个比帝国以往所面对过的更严重的威胁出现,这一点强迫军官阶层的性质在公元3世纪发生变化,开创文职和军事精英之间的持久分裂,从而加速了西方帝国在两个世纪后的垮台。

51

三　帝国结构中的法律与惩罚

[美]卡伦·特纳（高道蕴）

> 法律是那么紧密地与文化纠缠在一起，对它所有的专业能力而言，可能实际上最好不是将之简单地视为一种处理纠纷的机制或执行的决定，不仅仅作为规则阐释或权力的证明……而是作为一种有序的关系体系的构架。
>
> ——劳伦斯·罗森:《作为文化的法律》(Lawrence Rosen, *Law as Culture*)

致力于发展民法是罗马古代传统的代表之一，国家以法治为基础，在帝国消失之后很久仍旧维护罗马法律理念和实践。但是，正如鲍曼(Bauman)在他关于古罗马犯罪与惩罚的研究中指出的那样，刑法的运作总是在"罗马法律史上微不足道"①。实际上，许多研究罗马法律的教科书并不重视刑法哲学和实践。② 与之相反，中国历史的观察者们认为，秦汉时代帝制中国关注刑法持续阻碍指向政治制度的法律改革，这些作为渊源的严厉的刑法被设计用于捍卫国家而非其臣民的权利。③ 诚然，

---

① Bauman 1996: 3.
② 经典的代表作可参见 Wolff 1951.
③ 代表者如 Liang 1989. Shen 2000 讨论了中国关于法治问题的争论。

就像马克·路易斯(Mark Lewis)所示,随着秦统一终归,一个神话、政治理论和历史轶闻的实体使得国家垄断权和强制管理合法化了。① 但这个基于儒家"人治"理念的"宏大理论"以中国的政治权力的本质的叙事为主,战国和汉代文人将法律看作是作为一种合法的制度化暴力的措施。

在本章中,我打算关注任何扩张中的政体都需面对的最敏感的问题之一:如何为国家惩罚精英和平民的权利提供法律根据,这些精英们的支持对政治存续而言是必需的,而平民的顺从和他们的劳力维系国家机器。从对两个帝国观察者的大量主题著作来判断,没有其他方面的治理术给目睹了绝对统治权出现的精英带来了更多的不安,除了皇帝和他的王廷有权决定越轨行为的类别和惩罚性措施的水平以维持统治和防止日后的暴力行为。沙维尔·艾森斯塔德(Shauel Eisenstadt)认为传统的官僚帝国处理平衡统治者的欲望和精英力保传统的共同困境,权力模式的归属,连同有抱负的"新人"依赖于官僚的立场和价值观提供一个有益的起点。他认为没有哪个帝国能仅靠强制的方式存续,但他的论证方案对暴力统治者的行动来管理国家过分倚重。② 更有用的是丹尼尔·艾伦(Danielle Allen)关于古希腊刑罚的研究,它表明在很多层面个体行为影响着国家机器的刑事政策。正如她所论述,非正式机构,如家族和公会,没有合理化他们的决定去触动其内部的成员。"与之相对,根据国家权威合法的处罚在政治共同体范围内必须正当。根据贯穿整个政体的公平和正义的定义,动用政治权力(或在古希腊城邦的力量)的刑罚必须是可辩护的。"艾伦在布迪厄(Bourdieu)的实践理论中发掘出更多的价值,这个理论认为即使在相对无力的情况下,个人可以使机构受影响和操控规则,而不像在福柯(Foucault)的政治戏剧模型中呈

---

① Lewis 1990.
② Eisenstadt 1963.

现的治理术和暴力戏剧脚本。正如艾伦所言,"有些规则比另一些更不灵活或需要更多的努力来操作,但战略参与者有时可能愿意承担这项工作"①。

值得注意的是,在一开始就没有制度性检查的存在来限制主权者在有关帝国生死存亡问题上的绝对权力。在致命的游戏中,皇帝举起最大的牌,劝说仍然保持限制统治者的酌情权的唯一途径。同样地,如我在结论中所强调,本章中我并不主张在中国,过去的模式没有影响培养近代法制改革的尝试。但在这个项目的精神下,我想要将关注点从当下重释早期帝国法律概念如何出现聚焦至帝国系统的长期状况。换句话说,我认为对政治体健康有益者未必获得其个体成员的支持。不过我也想说明批评者担心的汉代中国人治的后果,源自一个特定的文化和历史的交融"拼贴",他们试图减缓帝国权力的任意使用。实际上,从比较的优势来说,罗马精英似乎比他们的中国同行更少对抗衡绝对化统治权的法律后果有所准备。有些学者将这种不愿为帝国行为制定规则的情况归结于共和制利益在元老院中具有的持久性;②但是无论如何,正如吉尔·哈里斯(Jill Harries)在他对古代后期罗马法研究中所断言,一种法律和君权的制度性关联是在由共和理念向帝国现实过度的过程中缓慢出现的。③

1. 历史的模式

中国的政治理论围绕着致力于控制人、物资源的上层建筑和理解到干涉主义政治危害的地方精英之间的冲突而展开。公元前 4 世纪后在

---

① Allen 1999: 17.
② 对如何改变当代国家和独裁式领导的担忧影响到对奥古斯都的看法,以及蒙森(Mommsen)和赛姆(Syme)的经典著作如何阐释罗马帝国的转型的一个有用分析,参见 Raaflaub and Tober, eds. 1990 以及 the introduction to Mommsen 1996.
③ Harries 1999.

三 帝国结构中的法律与惩罚

战国诸王国包含了新的人口,产生超越地方习俗的法律以作为维持秩序并审理纠纷的标准势在必行。法家明确指出,公共的法律和一致的刑罚目的不在于保护臣民免于国家权力的伤害,而在于防止异议,并创建一个有效的机制来调动军队和劳役的人口。例如,战国法家并不像亚里士多德和儒家那样将国家视为道德教化的场所,而将之作为通过详尽的恩赏和严厉的刑罚来充分实现控制力的机构。文本中表现出的一些观点,在当时获得了大量支持的意见,可以作为法律渊源或法律改革的动因。到了公元前3世纪折衷主义的政治理论《管子》宣称,法律的存在是为了调动老百姓以履行国家职责,而非他们实现他们自己的喜好:"法重于民。……不为爱民枉法律。……故曰:势非所以予人也。"[①]在这部重要文本中关于"合乎法律"的论文扩展到法家理念,儒家的因素必须被减弱,允许法律为所有国家事务"划出界线":"宪律制度必法道,号令必著明,赏罚必信密。"[②]这篇文本重申了法家的观点:绝不能允许大赦。目睹了统一进程中更多的暴力战争造成的代价的儒家实用主义者荀子(殁于公元前238年)评估了国家对劳动和军事服务的需求:"国者,天下之利用也……大累也。"[③]早期儒家批评家正确地将法律认定为一种工具,法律化的官员能够以牺牲其自身特权为代价利用法律整饬人类事务,就像教育家和仪礼操持者那样。但是通过他们长期的在精神层面类似于柏拉图式的仁慈独裁统治,他们能够再造以往神圣的周帝国并在没有法律障碍的情况下司法,基于传奇式圣王活动来评断帝王每天的举止,儒家

---

① 四部备要[下文略作SBBY]版,上海1927—1937,16.6.5a—b. 有关所选章节的翻译和分析,参见Rickett 1985. 特别是专论法律和刑罚概念的文本"法法"篇。我曾留下了术语"道"(dao)没有翻译,因为我相信它并不容易译成英语。在此它意指事物自然、和谐的秩序。同样,关于如何恰当地翻译"法"长期存在争议,我将它译做"law",因为我认为当法与刑罚相联系时,国家的法律就是这个"法"。并且英语中的"law"可以自交通规则一直拓展为神法,而在中文中"法"有时也能够涵盖所有的这些意涵。参看我在Turner 1992中的讨论。
② 《管子》16.6.4b.
③ 《荀子》11.1a (SBBY edition). 翻译本见 Knoblock 1988—1990.

学者极好地定义了统治。① 实际上,孟子(殁于公元前 289 年②)声称一个国王的行为如果违背其职责就不再值得我们尊重他的统治,这与亚里士多德诛弑暴君的理由相印证。

秦帝国应该已经代表了法家通过包含脾气反复无常的统治者的政治机器造就官僚化国家统治努力的高潮。还有事实上,正如我们基于 1975 年在睡虎地发现的一个低级别的秦官方的法律材料所知,地方层级的政府中,文献中所说的一个非常僵化的官员自由裁量权控制系统确实存在。甚至是帝制中国历史上一般看来最极端化的暴君,也就是中国的首位皇帝,在作为证明其统治写照的碑刻中也承诺明晰法律。③ 在王廷政治的层面秦政制在其权力制度化体制内没有受到挑战,后续危机的出现来自于一些地位低微的平民为了逃离徭役而起身革命。秦帝国存在的先例使得汉帝国的缔造者获得了若干优势。在不断的战争中,帝国产生一个短暂的喘息,并建立了适合一个中央集权国家的扩展型体制结构。

按汉代对秦亡的叙述,秦朝的皇帝和官员被指控与制定法律和执行处罚"生杀自恣"④,同时也对当代统治者和他们手下提出了批评和略显夸张的责难。汉代的老一辈政治家陆贾提醒汉朝开国者,他们能够在马背上赢得王朝,却不能通过武力来统治王朝,皇帝明了了这个提示;在投身反秦之前,刘邦曾在秦的一个低级官署中供职。依据最近的出土材料可以知道,楚地通过一个下达至地方一级完善的法律体系与秦竞争,籍贯在楚的刘邦应该也受此影响而格外关注法律问题。高祖命令他的官员收集和保存秦法律,并通过建立在其礼仪基础上的仪式来强化自己的

---

① 参见我收录在 Turner 1990 中关于后经典时代中国和希腊关于王制和法律的概念的比较的论文。
② 译注:原书中做公元前 389 年,有误。
③ 参见 Kern 2000。Kern 恰当地批评了"法家""儒家"等术语的实用,但又找不到更好的术语来类分这些思想家,故在本文中我将谨慎地使用原有的分类。
④ 这个论断来自《汉书》49. 2296 晁错之论。本论中我都将使用中华书局 1962 年版为底本。

地位,尽管他在争夺帝国的关键时刻承诺简化法律。于是汉朝的统治者和改革者从事权力集中化的事务——采用秦的法律并雇用部分秦时的官吏,甚至在对严刑峻法毁灭了秦朝的遣责声正盛时也是如此。但对于当时如何整合来自前朝的遗老有着不同的意见,汉学家们也对汉代究竟有多少来自于庶民阶层的异议有不同的意见。我赞同马克·路易斯(Mark Lewis)统一和完整性的信仰造就了困扰前帝国时代的长期持续的战争观点,我也认同内森·席文(Nathan Sivin)关于少数一些赞同恢复一个支离破碎的政治制度观点开始浮出水面的论述。[1] 席文主张,汉王朝在公元前1世纪的发展,"知识分子受制于天地和其间的人域政治的结构",并且将征服者的印象从斗士转化为慈善和生计的分配者。[2] 不过席文忽略了基于与中央君主共鸣的理论而创造的一个话语空间,在其中更明智的学者们能够在皇帝面前责难不合适的决定以及自然界带来的后续的遣告。此外,汉代的皇帝们不能简单地像施恩者(benefactors)那样行事,还需要承担立法与执法的任务。正如普特(Puett)所论,汉初作品中表现出的围绕对帝国怀疑的张力,在必要时,已由暴力建立起来并按照与本应为德治推行者的圣王不同的治理原则来维系。怀旧远达西周统一帝国的黄金时代。据说体现在这遥远的乌托邦中的"传统"在汉朝被操纵和改造,因为这个古老帝国的政治轮廓仍然具有方便的可塑性以适合于当时之需。[3] 因此,汉初的标志是声称有权管理"天下"的皇帝,和用历史的教训告诉、提醒他们刘姓的天赋王权实则是有条件的官员之间斗争。

但是在汉代并没有明确表现出关于一个在单一统治者治下的一统的政体,提供单一的可行系统会造成混乱的疑虑。野心勃勃的皇亲贵戚和官僚给皇帝带来的威胁,以及对文化和政治中央化的愤恨开始出现。

---

[1] 参见 Lewis 2006: ch. 5.
[2] Sivin 1995: 7.
[3] 例如 Puett 2001.

但很少有证据表明,这些雄心勃勃的反对派的任何一个真正想要建构多元政体。正如后来历史所明示,万能的君权本身就是奖品,叛乱者通过操纵汉朝的信条和机制来合法化他们自己的征服。中国古典时代没有像希腊那样出现其他的政治形式,或者如共和国时代的罗马,君主制被当作一种针对一时威胁到共和国的存在的内部冲突而行暂时的权宜之计而被接受。有趣的是,中国的历史学家注意到,一些同时代的人认为恺撒尝试在危机之外一步步延长他的独裁统治,对此的判断,与对取得了不可否认的功绩的中国第一位皇帝的敬畏与仇恨同样并无二致。在他的罗马法律与制度史研究中,库恩克(Kunkel)概述了凯撒的继任者面临的问题:

> 总而言之,罗马君主制的创造者面临通过或多或少满足共和国时期传统的和共和的模式来领导罗马公民的主体部分,以调和处境为重大任务。当凯撒失败的时候,还是在和平时一样地处理这些难以捉摸的事情,他开始了……建立一个明确的君主秩序的过程。鉴于他的养父失败的教训,奥古斯都已经寻求并找到了通过一种奇特的妥协方法来解决问题。……从严格的宪法学的立场来看,新的政令(前28—前27年)看起来要明确而隆重地恢复在公元前1世纪的动荡中根基已经动摇的共和国。……新组建的共和宪法确实赋予君权承载的一系列功能以伟大的政治意义……因此只有一种力量站在共和制的秩序以外,其信任的职业对之有所支持和补充,奥古斯都的创制才可以被理解。①

库恩克阐明了罗马皇帝被控试图维持秩序,但受到实际上不适合治理帝国的需要的法律和宪法的遗存的阻碍。

尽管共和制的机构和价值取向继续存在,奥古斯都渐次采取措施控制一切民政和军政事务的情况,这被罗马历史的编纂者们视为一种对共

---

① Kunkel 1966:47.

和理念革命性的改变的起点。到底哪位罗马元首真正标志着新的政府形式,向来都存在争论,就像中国的史学家不同意战国末期王国之间和秦汉帝国的系统的差异程度一样。不过从比较的视角来看,似乎罗马从基于精英决定和发动惩罚的权利为基础的寡头政府向君主可亲自或通过国家控制的法庭行使判定犯罪和分配救济的权利的君主制过渡,在与过去传统的决裂程度上远比秦的中央集权式政权来得强烈。在共和国时期,除了诸如叛逆罪或损害公众福利的重罪,公民们可以决定何时诉诸法律并预期使用私人实施决策的手段。鲍曼(Bauman)在他关于刑法的研究中对此转变评估道:"当奥古斯都在公元前27年被立为元首,他为刑事司法领域做出与其他政治社会领域相契合的深刻改革创造了条件。"① 博尔科夫斯基在一本罗马法教科书中明确定义了这一变化的原因,尽管记住正式的体系只能渐进地被取代这一点很重要:"事实上民事程序的所有方面当时都牢牢地掌握在国家手中,并且倾向于愈来愈详细地规定,就像发生在现代法律体系中的情况那样……组成一个初步聆讯和充分审判的旧体系被废止了。案件现在包括了一个认知过程——它是由进行整个审理,并作出自己的决定的裁判官所展开的调查。"② 这个状态与现代体系的相关性是必须被限定的。在罗马帝国的法庭,民事和刑事程序二者最初都由公民提起,尽管行省执政官的职责在于维持秩序和打击严重的犯罪,同时也可以由国家提起诉讼,或者进行即决裁判。法律认知,这个源于由行省执政官主持进行裁判的情况,逐渐延伸扩展到罗马城本身。在那里由陪审团审判已经不再起作用(到了公元3世纪,通奸可能是最后一个脱离这种体制的案件类型),而由法律认知进行司法裁判集中在罗马城的城市长官办公室。虽说提供了关于罚款和处罚的法定指导,逐渐地随着时间推移通过帝国对整个体系的修改实现了

---

① Bauman 1996:50.
② 参见 Borkowski 1997:81.

颠覆,也就是自己对法院的判决,以根据已更改的关于刑罚的惯例作为答复。① 因此在古代晚期罗马帝国增多的"残暴司法"(judicial savagery)应当被看作不仅要归因于帝国的法令,也是由当地法官和法院裁决需要符合社会的期望。②

2. 法律与自由裁量权

著名的政治家和共和国早期的斯巴达人价值观的坚定信徒塔西佗(Tacitus)认为,作为一个精明的政客,奥古斯都终止了异议,但付出了高昂的代价。在聪明的皇帝和怯懦的元老之间的互动中,无论他如何愤世嫉俗,一旦以"法律的保护是无用的"掩饰他自己"没有怨恨或偏爱"的承诺,他将继续混淆对早期帝王的评估。③ 然而,一般而言,虽说罗马法史学者们对于奥古斯都在面对元老院时的角色存在歧见,早期罗马帝国通常不被指责为一个专制政权。④ 事实上,古代和现代的学者,无论亚洲的还是西方的,都指出"东方"法律系统是"苏丹主义"(sultanism)⑤的工具,它依赖于个人而非法治。东方的专制主义与距离东方较近的古代希腊和罗马存在联系,但对后世的研究者而言,帝制中国保留了依赖人而非法律治理的首要特征。然而个人性的专制主义是学者们的乌托邦。对于法律和诉讼的矛盾心理,即关于西方法治价值形形色色的争论,已经导致法律思想家转而尊崇中国对待法律的犬儒式方法。例如,法律现实主义学者杰罗姆·法兰克(Jerome Frank)在轻视诉讼和信赖良善法官的自由裁量而非白纸黑字的法律等问题上赞成中国的传统。⑥ 对于前现

---

① Harries 2007: 35—8.
② MacMullen 1990: 204—24.
③ Annals 1.1 (trans. A. Church and W. Brodribb). 奥古斯都统治时期历史编纂,参见 Raaflaub and Toher, eds. 1990.
④ 参见 Raaflaub and Tober, eds. 1990 书中的讨论。
⑤ 例如 MacMullen 1990: 214.
⑥ Frank 1973.

代国家的奠基人而言,现实远更复杂,因为他们并没有在一开始就享有一个坚固的法律制度。① 没有一个现代学者像荀子那样明确地阐明了这种窘境:"法不能独立……得其人则存,失其人则亡。法者,治之端也;君子者,法之原也。故有君子,则法虽省,足以遍矣;无君子,则法虽具,失先后之施,不能应事之变,足以乱矣。不知法之义,而正法之数者,虽博临事必乱。"(《荀子·君道篇》——译注)②

普鲁塔克(Plutarch)对理想的立法者——梭伦(Solon)——活动的描述,改变了亚里士多德"法律必须统御裁判官"的名言。关于梭伦,他倍加赞许地写道:"据说他曾用含糊不清的措辞描述他的法律,旨在提高法庭的荣誉;因为人们之间的差异无法通过言辞加以调和,他们便会将所有的理由都向法官陈述,这样一来法官就在某种意义上成为了法律的主宰者。"③中国的儒家已经对理想中的立法者的情况有所共识,在他们看来,法官应被训练成以保护一般福祉为己任,且并无个人私利掺杂其中。战国和汉代早期的其他文本声称,统治者和他们的代表应当在动用国家力量发动战争和惩罚不轨行为时分清个人行事和公共利益——"去私而立公"④,因为"天下非一人之天下也"。⑤

甚至是主张加强君主制的法家也将国家的健康置于君主个人的冲动欲望之上。给予了秦国在列强竞争中的优势的早期法家改革者商鞅(殁于公元前338年),将开明的君主定义为遵守政府所有法律者。⑥ 他认为制度的连续性远比睿智的君王更为重要:"故圣人明君者,非能尽其

---

① 参见德沃金 Dworkin 1986 关于司法态度重于法律规则的讨论;哈特(H. L. A. Hart)将法律视为规则的经典的定义被广为使用,参见 Hart 1961.
② Xunzi 8.1.
③ Plutarch, Solon 18 (trans. J. Dryden).
④ Jingfa 1980.(《皇帝四经·经法·道法》——译注)
⑤ Lushi chunqiu 1.8b (SBBY). 对此文本的翻译和研究,参见 Knoblock and Riegel 2000.(《吕氏春秋·贵公》——译注)
⑥ 参见 Shangjunshu jiegu 4.9a—5.7b (Chengdu 1935). Duyvendak 1928:274—31*. 另见 Turner 1990.

万物也,知万物之要也。"分歧集中在法律的适当基础上。裴文睿(R. P. Peerenboom)指出,黄老哲学这种用于纠正归因于秦政权的干涉性政策而盛行于汉初的务实的道家思想,代表了一种在理论上通过将君主约束到一个道德秩序中的制约君权方案。① 对黄老学文本中道的概念代表了永恒的、普遍的律法的意见,我表示同意。但查看文本,其所表现出的目的更多的是面向务实层面,而不是道德问题。在《经法》篇的一开始说道:"道生法。法者,引得失以绳,而明曲直者也。……法度者,正之至也。而以法度治者,不可乱也。而生法度者,不可乱也。精公无私而赏罚信,所以治也。"②这个理论将实在法从属于基于如同四季轮转般的永恒不变的标准的更高级的法,目的在于削减统治者的个人影响力。不过,对权力加以评判,在汉代文献中极少见到。比照圣王的决定被用于指摘当下政治事务的经常性,实际上更加深入人心的是人类活动影响了自然世界运作的信念。③ 作为管理大一统帝国的最重要著作之一,公元前239年在秦国丞相督导下撰写成书的《吕氏春秋》描述了统治者的义务,同时也是他的首要动力:"令出于主口,官职受而行之,日夜不休,宣通下究,瀸于民心,遂于四方,还周复归,至于主所,圜道也。"④

中国思想家从未像罗马共和国的法学家那样将城市的法律与外部人的法律区分开来。罗马法学家从特殊案件中提取一般性原则,将市民法(即罗马公民的法律)与其他人的法律相区别。似乎帝国晚期的罗马出现了一个更大的法律概念。像阿米安(Ammianus)、西马库斯(Symmachus)等学者在他们对个别皇帝的批评中展示出了他们对皇帝不应凌驾法律的理解。⑤ 不过其他人在更大的范围描述了法律问题。例

---

① 参见 Peerenboom 1993.
② 《经法·道法》。有关这个概念作为法治的具有可能性的组成部分的更完整讨论,参见 Turner 1992.
③ Durrant 1995 讨论了司马迁关于人类权力矛盾性的问题。
④ Lushi chunqiu 3.3.5.(《吕氏春秋·圜道》——译注)参见 Sivin 1995:22.
⑤ 参见 Seager 1986:40.

如,根据 5 世纪普里什库的论述,法律服务于正义,确保国家功能在整体上的平衡,并适用于包括皇帝在内的每个人。① 很明显,这对构建了一个务实的、整合性的政治理论的汉代思想家而言似曾相识。著名的法学家乌尔比安认为,3 世纪建立的法律不应当在没有好的理由的情况下发生变更并成为人们界定帝国的负担,如他所说:"我们需要用道德(good)、正义(just)的进一步的知识来满足司法的需要,区分正义与非正义,将合法与非法相判分,不仅用刑罚的震慑,而且通过激励,使人致善……"② 根据哈里斯(Harries)所述,就像将法律与自然界相关联的中国思想家们那样,乌尔比安构想法律要扩展到所有的生灵。在实践层面,当罗马皇权受惠于国家发展变得更加制度化和官僚化,立法也变得更加常规化和法典化。她写道:乌尔比安的尝试是"将限制皇帝行为的影响力作为一般法律运作的一部分,且皇帝倚靠这些法律来进行统治"。她总结说,到了帝国晚期,"皇帝不再是帝国唯一的制度基础"。③

3. 帝王与法律

罗马和中国帝制法律教科书通常将皇帝视为至高无上的立法者。诚然,制定和变更法律的最终决定权掌握在皇帝们的手中,但是历史展现的是一个运转中的更为复杂的情况,经常涉及众多的参与者和议程。在塔西佗和后来的阿米安笔下,皇帝的个性突出,因为他们是经营着巨大城市政治舞台的公众人物。根据塔西佗所述,在帝国早期,皇帝本人直接引导法律制度,但至少还口头承认元老院的权威。汉朝皇帝更多隔离在宫内的墙壁长大成人,故出现了历史上最常见的一系列重要现象,如委派贵戚控制帝国、澄清法律,以及将审理疑难案件等任务委派给官

---

① 参见 Harries 1999:6.
② Harries 1999:7.
③ Harries 1999:20,26.

僚,让他们作为人民福祉受托监护人而占有高位,以便调整有需要改善的严厉惩罚。汉代统治者这种不注重直接干预的情况,可能部分由于对历史学家将治国无方的责任归咎于统治者的恐惧。不过一般来说,根深蒂固的、直接的、个人性参与法律的改变似乎构成了汉帝国的立法态度的特点。汉朝皇帝鼓吹法律应被澄清以消除混乱,支持关于最严厉刑罚法庭辩论,但这些并不通过特定的法律(像是奥古斯都惩治通奸的法律)来确定;汉代历史学家和官员在引用先例时提及条例和法规,似乎是将之视为永恒的、通用的,与人类的授权无甚关联。

然而,正如我们从传世历史文献和1983年张家山出土的汉代法典片段中所知,汉朝保留和扩充了秦朝的法律。而在汉代法律数量激增的过程中,一个连贯的法典在唐代以前一直没有出现。我们大多从对政府官员的消极描写中了解立法和改革。杜周(殁于公元前95年),由于他的阿谀谄媚的态度而被司马迁列为汉武帝时期的酷吏,他务实地宣称:"三尺安出哉?前主所是著为律,后主所是疏为令,当时为是,何古之法乎!"①在司法长官的任上成为汉武帝朝最活跃的立法者的张汤(殁于公元前116年),解释了法规和条例,并将叛逆的想法添加到处以死刑的罪行之中。他由于冲击帝国王族们的特权被憎恨,被他的同僚以篡改旧律名加以谴责,并最终被迫自杀。大部分的这些官员不是简单的技术官僚,而是被那些能从最神圣的文本推断出法律原则的博学之士所庇护。例如晁错(殁于公元前154年),由于他对刘氏家族的忠诚和对经典著作的知识而享有帝国的支持,不过在提出三十条新法后,他最终遭到了竞争官僚和诸侯王的痛恨,被斩于东市。② 他的命运并不非同寻常:从商鞅时代到汉朝,胆敢承担修改法律任务的人的行为经常招致如此的结局。

在这种保守的态度下,改变法律反映了普鸣(Puett)所称"矛盾创造"

---

① 《史记》卷122:3153(中华书局本,北京1959)
② 《史记》卷101:2746. 参见Puett 2001关于晁错和其他改革者的讨论。

经典思维的特征。就像那些具有道家倾向的折衷文本所包含的,改变总是带有不可预见的危险。当然,法律是在改变,但是对"旧的法律"的深深依恋和不愿将统治者与立法相联系,遮蔽了对实际改革过程的记录。我们知道张汤收集汉武帝的敕令作为日后判决的先例,但却没有关于这些判例如何影响最终判决的文献证据。在被亨利·梅因(Henry Maine)称为"法律拟制"的作品中,新的法律根据只是增强传统价值观的神话构建。① 班固在《汉书》有关刑罚的专论中,完整地概述了如何在制定切实可行的法律的同时,真正保留传统:"故略举汉兴以来,法令稍定而合古便今者。"② 在帝制中国早期,公共性法律远没有完全取代家族法和军事法,而同样在罗马帝国的过渡时期,裁判官司法庭制度化的过程和皇帝在立法和司法事务中的作用进展缓慢。但在狄奥多西(Theodosius,公元379—455年)统治时期,特别是在帝国的东半部分,法律越发变得官僚化,日常法律事务和刑罚更少取决于皇帝的直接参与。罗马和中国一样,在危机时期后才开始大规模和有组织地编纂法律,危机分别是罗马帝国东西部之间的分隔,以及汉代衰落和随后中国的分裂时期。第三代汉朝皇帝汉文帝(公元前180—前157年在位)统治期间,皇帝和王廷官员之间关于统治基础的事项的争论有着特别丰富的记载,这些争论从如何平衡皇族利益与国家需求到界定皇帝在宗教仪式和法律决断中的角色。③ 文帝不需要为自己不够重视法律去辩护,因为立国者减轻秦严厉的法律规定的承诺成为了后来的皇帝获取荣誉所需完成的任务。但法律并非是他唯一关心的:在宗室和领土内的张力,继任者问题,不安稳的边疆,以及建立一个可行的制度和宗教仪式,更需要他作为国家元首去集中其注意力。

---

① Maine 1888:20—28.
② 《汉书》卷23:1102.
③ 文帝被认为是一位圣王,但我在早期的著作中曾经称他为"学习型圣王"(studied sage),因为我相信他犬儒式地倾向于集权于他本人这一点要远超过已知的认识。参见 Turner Gottschang 1983.

在中国个案中有趣的是,究竟有多少人能认同国家利益必须优于统治者和他们的亲属的利益。在史学家笔下一段著名的论述中,文帝刚毅无畏的廷尉(司法长官)张释之——帝国的最高法律官员,清楚地表达了他眼中的皇帝和法律关系。当发怒的皇帝拒绝从轻的判决,张释之阐述了他自己的责任:"廷尉,天下之平也,一倾而天下用法皆为轻重,民安所措其手足?"他接着澄清统治者在法律制度中的地位:"法者天子所与天下公共也。"张承认如果皇帝下令当场处决犯人,则司法程序就此终止。然而一旦正确分配的处罚事务进入了他的职权范围,他一定会坚持自己的职责以维护公正。甚至,他威胁说:"今法如此而更重之,是法不信于民也。"文帝让步道:"廷尉当是也。"①

4. 批评者

罗马帝国早期最为著名的批评者大多与斯多噶学派(Stoic school)相联系。当尼禄(Nero)试图转而复兴叛国罪以作为惩罚冒犯者的方式,斯多噶主义者特拉塞亚(Thrasea)反对死刑,其论据不在于追求宽大处理,而是为了捍卫合法性。皇帝的动机似乎在于为自己获得威信;关于特拉塞亚的抵制,鲍曼写道:"宽恕已经成为朱利亚-克劳狄王朝世袭君主制的特权,特拉塞亚同时也反对这个理念。对那些原则上不喜欢这类统治者的斯多噶主义者而言,法律是反对暴政一个屏障。"②韦纳(Veyne)业已声称将斯多噶主义者当作罗马的原始官僚主义者,因为他们轻视个人崇拜而看重法律制度规则的约束。③ 不过,有时候虽然与斯多噶学派有关的个别人挑战皇权,但与汉代官僚不同,他们的权力往往

---

① 《史记》卷 102:2754. 对他传记的翻译参见 Watson 1993:466—72. 张氏的负面看法源于皇帝有权在没有调查取证的情况下处决罪犯,参见 MacCormack 2001:108;关于法治的含义,参见 Turner 1992.
② Bauman 1996:85.
③ Veyne 1976.

是个人性而不是制度性的,并且他们更倾向于共和价值而非为了维系帝国的安全。

就在此后,当官僚制开始发展,公元 4 世纪罗马历史学家安米亚努斯·马尔塞里努斯(Ammianus Marcellinus)笔下出现了一个看似与张释之对峙文帝相同的实例。当因患中风而广为人知的瓦伦提尼安一世(Valentinian I)皇帝认识到某些罗马议员使用巫术和宗教可能有害他的位置时,他下令在其统治下所有这类行为都应被列为叛国罪进行严厉的惩罚。如安米亚努斯所述:"所有那些按照已经免除了审讯中酷刑使用的古代公正法律和前朝皇帝的决议的审判,如果需要,都应该复用刑讯。"①经过一系列的审判和处决,三名高级元老院成员对他们的统治者表达了愤怒:"刑罚不应该出离于与罪行相应的程度,并且元老院成员受到酷刑,这种程序既不合于传统,也有悖于法律。"瓦伦提尼安首先否认他曾发布此法令,并且抱怨这样的指控近乎诽谤。但是欧普拉可秀(Eupraxius)巧妙地反驳了他,而安米亚努斯报告说:"他的直率带来恐怖到无可比拟的残酷的法令的废除。"

正如哈里斯的评述,当这些人由于作为元老身份的特权获得了听众,令人厌恶的暴力的结束取决于检察官的勇气和机敏的口才。不过是元老而非官员明确地陈述了法律在他们诉求他们曾经在共和国时代享有的远离身体伤害的自由时的角色。②还有一次,当皇帝命令处死来自三镇的地方精英时,欧普拉可秀介入了:"显示更多的约束,殿下。这些在您的命令中要被当作罪犯行刑的人将荣幸地被基督徒视为烈士。"这些直接对抗安米亚努斯的故事,就像在汉代的历史中一样罕见,但有趣的是,欧普拉可秀的建议似乎更倾向于战略而非法律的考量。在几乎不容忍来自任何高级官员干扰的汉武帝继位以前,司法长官享有比在安米

---

① Ammianus Marcellinus ＊＊＊ (trans. W. Hamilton) 1986,353—54.
② Harries 1999:40—41.

亚努斯时代的检察官更高的地位,而且在某些案件中更加依靠文学才华而非法律知识。①由于狄奥多西治下东罗马官僚制的发展,检察官开始负责规范法律。②随着汉王朝的发展,一个职位的法律权力的监管变得更少。汉武帝实践了一套派遣特派员去惩罚的制度:"侍御史有绣衣直指,出讨奸猾,治大狱,武帝所制,不常置。"③这些专员有权运用军事法并携带象征他们具有生杀大权的斧钺——这个形象,与拥有帝国罗马裁判官陪同的随从也承担权威的标记相印证。

秦汉时期的出土材料证明了历史学家关注的王权与法律之间的关系是由于政府对依法管理帝国的重视。但是归根到底,如果仅从有限的优势来看,这些法典是显示政府如何在法律框架下执行更重的威胁,以及历史学家的叙述提供给我们的理想如何与现实相辉映的最好的图景。正如罗宾逊(O. F. Robinson)在她关于古代罗马刑事政策的研究中所指出的:"……我们的消息来源都太局限、太偏颇了。不过,也许这也有其积极的一面。我们有对特定的事件态度的印象……根据定义,我们记录在案的案例本身就是不寻常的,否则就不会被记录……他们不会描绘一种始终如一的图景,但它们由于所反映的对于其记录而言重要的东西而令人瞩目。"④甚至在专制统治者的逼视下工作的汉代历史学家,也不自觉地流露出对他们漠视法律和权力的态度。司马迁和他的父亲创作了一段关于秦亡和汉兴的叙述,但这些秦政权的失败政策历史叙述的功能之一应该是作为一种对试图追随秦制的汉皇帝的警告。司马迁由于质疑了他所供职王朝的合法性被武帝下令施以宫刑,有一段在监狱中的恐怖经历。一个在位供职之人与皇帝意见相左而罹受身体上的伤害,他对法律在此时徒为具文感到愤恨。他的《循吏传》中那些供职

---

① 参见 Honoré 1993.
② Honoré 1998:12. 并参见 Harries 1988.
③《汉书》卷19:3—4.
④ Robinson 2007:5.

于武帝朝的官吏,都是具有良好道德行为的人,无论身处何位,他们都永远不会出问题;且在普通百姓中,法律和惩罚只会鼓励好讼之风的儒家信念。部分章节谴责严厉的法律适用,而另一些段落则承认官员面临一项艰巨的任务,即实施法律来使老百姓保持一致,并承认法律确实是必需的:"法令所以导民也,刑罚所以禁奸也。文武不备,良民惧然身修者,官未曾乱也。"① 大约两个世纪之后,汉朝经由一段政权空白期而得以幸存,大型土地豪族挑战权力中心,加之经济和社会分歧扩大,此时编纂成书的《汉书》依旧关注法律问题。而且,事实上班固(公元 32—92 年)还在其中添加了一篇有关法律从远古时代到他所处时代的发展历史的专论。但与时代相同步,这位后来的历史学家对严厉刑罚显示出比司马氏父子更宽容的态度,尽管他本人具有儒家倾向。在班固看来,国家暴力的起源时代,圣王须充分利用法律和刑罚而不是美德和模范行为来确保秩序。

在安米亚努斯·马尔塞里努斯生活的时代,有着比前汉更好的文献记录。作为一个来自安提阿城的希腊人,军事参谋、战争和迫害的第一手证人,安米亚努斯具有王廷政治圈以外的人的视角,希望有足够的经验来控制强大的野心。他与塔西佗之间的关系并不明朗,② 但是他看起来更不关心作为一般性原则的自由,而更加专注于行为的模式。正如西格尔在关于安米亚努斯语言的研究中总结的,对他而言文明人必须知晓他在世界中的位置,必须避免走上愤怒之路。皇帝的无上权力使得他的嗔怒格外危险。③ 安米亚努斯并没有质疑刑罚的必要性或统治者保护自己的福祉免受威胁的权利。困扰他的是暴力的滥用:"在这些令人不快的事情上不宜给放肆的欢愉让步;它使人们看似受制于专制主体,而非

---

① 《史记》卷 119:3099。
② 参见 Matthews 1989:470—71。
③ Seager 1986:133。

法律的权威。"①他将他所处时代与共和国后期的实践作了比较,并呼吁效仿西塞罗(Cicero)。在安米亚努斯看来,西塞罗说:"当在他的权力范围内足以宽恕与伤害时,他自己情愿为宽恕而非惩罚寻找理由;这标志着冷静和审慎的司法裁判。"在他所处的时代,他比较并指出了战争中迅速而光荣的死亡比在法律的名下不公正判决的死亡更优。

5. 致命的后果

罗马帝国与中国一样,大部分文士接受存在死刑的事实。在罗马共和国期间,一个标志人道主义美德的行动是让被判死罪者通过自愿流亡逃脱惩罚并重新获取充分公民地位的实践。不过在共和国时代死刑本身从未被完全拒绝。到了帝国时代,根据鲍曼所论,争论集中在执行方式和精英对身份将不再成为免于不光彩的刑罚的护身符的担忧上。②尼禄早年的导师塞涅卡(Seneca)相比较于当时其他斯多噶学派的思想家更为温和,但是反对给予已经认定有罪的人以赦免,理由是罪有应得的惩罚必须进行。他认为,在审判之前应结合外部因素考虑到各种情况,诸如犯罪情节和被告的精神状态,并认真加以权衡。但他却对制裁过多倚重法官有矛盾的看法,哪怕是按照条文行事。③塞涅卡的作品从无节制地使用暴力的行为中区分出了当它捍卫公众利益即能够被合法化的严厉性行为。看起来他更关注偏爱使用暴力者的性格,而非暴力受害者的治疗。说到底,保持精英价值比保护脆弱的个体更加重要。根据鲍曼所说,"罗马社会面对一个窘境。公平可能在没有太多不适的状态下被吸收入私法,但在刑事层面则对原本的根基产生了威胁"。④

---

① 参见 Ammianus Marcellinus, 183.
② Bauman 1996: ch. 12 讨论了从共和国后期到帝国早期关于刑罚的争论。
③ Bauman 1996: 78—81.
④ Bauman 1996: 161—62.

在中国,那些被认定为战国法家作品的著作集对减轻严厉惩罚表达了强烈的反对。其他一些现实主义的文本强烈地支持刑罚一以贯之的实施,以阻止越轨行为。例如《管子》的作者,声称坚持法律的掌管者绝不应该动用赦免:"杀戮必信,民畏而惧。"(《管子·版法》)汉代最重要的思想家董仲舒(公元前195—前115年)采用儒家立场,认为在政府中教化必须大于使用武力,但他也同意死刑一旦经由审判决定必须永不予以赦免,并针对未能保持一致性,而非太过严厉的刑罚批评了秦朝:"诛名而不察实,为善者不必免,而犯恶者未必刑也。"①事实上,汉代的天才思想家,特别是董仲舒,都认为保持国家刑事制度最好的办法,是一致、适当的处罚与强制帝国管理不善会导致进一步混乱的论点二者相关联的关系式。叶茨(Yates)语言与宇宙"等距拟合"(isometric fit)的宇宙论图式主张,采用正确的刑罚种类去除越轨行为的污染,官员和皇帝负责维护人与自然世界之间的和谐。根据叶茨所论,早期中国的定罪观念在于,只有通过道德边界方能反过来保证违反它们即扰乱了正常的人类和宇宙的模式的节奏:"天、地、人彼此紧密相连,被认为是同源性;他们也同样构成和照应彼此。三个不同领域的每个元素在自己边界内都应该保持自己指定的功能,若非如此则整个系统都将受到影响。"②董仲舒被描述为皇权的仆人,但是实际上他的有机的方案整合了人与自然世界之间的关系,将统治者作为人民之心并将人民作为统治者的躯体。他警告统治者,他们的情绪和行为会影响到整个宇宙,因此在决定关乎生死的选择时他们必须使自己与自然世界的周期保持一致。③

刑罚必须与犯罪相应的观念贯穿于每个层次的文本中。文帝本人

---

① Hanshu 56:2510.

② Yates 1994:69.

③ 在早期关于汉代的研究中,我认为基于《汉书》卷56(参见 Turner Gottschang 1983:pt. 3:"Dong Zhongshu's Theory of Monarchy")中的传记来看,董仲舒实际上是从一个大传统中推演出帝国的合法性并限制统治者的权力。Arbuckle 1995 已经用一个有趣的说法表明董仲舒实际上是企图颠覆王朝来为自己获得王位。

宣称,"法正则民悫,罪当则民从"。① 晁错(殁于公元前154年)从允许琐碎法令数量激增和未能控制"乘其乱法,以成其威,狱官主断,生杀自恣"②的执法者等方面严厉批评秦政权。秦汉两朝的皇帝们面对着一个危险的窘境:一方面他们企图将所有宗教及各类社团活动集中于政府管理之下,以防止地方邪教挑战其优势地位;但是另一方面,当上天显示出失衡并导致灾异迹象时他们使自己成为了唯一的责任者。贾谊(公元前201—前169年)告诫用权力施加刑罚来发泄个人怨恨的统治者,他们反过来也可能变成复仇的对象:"诛杀不当,辜杀一匹夫,其罪闻皇天。"并且上天会有让天下之人皆能明了的徵验:"故秦之盛也,繁法严刑而天下震。及其衰也,百姓怨而海内叛矣。"③

尼禄统治时期,围绕着城市行政长官提督塞坎得斯(Pedanius Secundus)家的谋杀行为导致的不安时局,一个大规模刑罚体制似乎已经在罗马创建起来。审判包括他的家庭的所有四百个成员,包括奴隶,县至叩以把他们作为共犯折磨死亡,而无论其个人在犯罪中的角色。根据鲍曼所论,"强硬"的斯多噶主义者卡西乌斯(Cassius),同意一些奴隶可能是忠诚的,但认为只有恐惧才能使之保持一致:"无辜的人无疑会死去……这是每个不公正的先例中的共有元素,但公众的利益远远超过个人。"④塔西佗对现场的描述是:"确实没有人敢反对卡西乌斯的意见,但与此相对的是出现了不和谐的声音,它们来自对绝大多数显然是无辜的人的同情,也来自对受难者数量、年龄、性别的同情。但是,赞同处决者占了绝大多数。"不仅是众多元老,还包括根据反对决议的理由站满行刑路线的公众,而最终不安的皇帝尼禄对这些人中的自由民显示出仁慈。但法律本身并没有受质疑或更改,早些时候曾建议年轻的尼禄做有利于

---

① 《史记》卷10:418—19.
② 《汉书》卷49:2216.
③ 《新书》7.4b.
④ Bauman 1996:82.

人性化的决定的塞涅卡保持了缄默。出乎意料的是,考虑到将呈于皇帝面前,且皇帝厌恶这个大规模的刑罚,塔西佗没有提到因恐惧而激起的公愤。如鲍曼所说的怜悯或恐惧而激起的公愤,还不如特殊经济利益起的作用。① 提到公愤,最典型的莫过于对在宴会上犯了读讽刺诗消遣皇帝错误的城市执政官(Antistius Sosianus)定叛国罪时激起的那一次。根据塔西佗的记载,参议院坚持让其流亡的决定,而不是对罪魁祸首行刑,因为"有些人怕皇帝暴露于激起公愤之中"②。还有其他关于不公正刑罚及其激起公愤的表象的联系,例如行政长官布鲁士(Burrus)坚持尼禄应对行刑负全责——为了从公众意见及其激起的公愤中解脱自己。③据鲍曼所说,"转移对死刑判决的公愤是公众反感死刑的一个指针,但最后它必须被视为少数意见;塞涅卡对执行模式的攻击未能减少竞技场的诱惑"。④ 按此,公愤与死刑裁判的关联能够在罗马思想中被察知,而且皇帝们确有扭转死刑核准后果的尝试。如罗宾森的检视,共和国时期并没有将宗教意义的刑罚附加于世俗惩罚的传统,且至少直到基督教皇帝的时代,皇帝成为至高无上的裁决者之后,仍然如此。⑤

6. 叛国罪

如何界定和惩罚叛国罪的问题困扰着东西方的早期帝国,因为这种最可怕的罪行涉及与竞争对手中的精英之间的争斗。哈里斯指出,新的、更宽泛的叛国罪法律是寡头统治的后果:"尽管无法预测,缺乏定义,而且还不能限制滥用,但对于皇帝要向他们的士兵、统治阶层甚至他们的朋友来证明他对自己的保护措施而言,叛国罪的立法是必要的。……

---

① Bauman 1996:162—63.
② Annals 14.48—49.
③ Bauman 1996:86;Annals,14.49.
④ Bauman 1996:162.
⑤ 参见 Robinson 2007:185.

然而叛国罪的法律还是一个把精英带到越来越明显的日益严格的专制控制之下的手段。"①东西方的早期帝国,皇帝们都在这个微妙的问题上采取了谨慎的态度。汉文帝在公元前178年特别下诏说,那些十足的叛逆的主张不会被采纳,理由是此措施会扼杀合法的批评,比如老百姓太无知而不能意识到其行为的严重性,或者官员不能够从诉状中准确地辨识出虚假者。但是像卡里古拉和尼禄这些有着过剩声望的罗马皇帝们,对可能是叛国罪的案件显示出一种较为宽厚的态度。通过减少死刑判决是传达信息更微妙的方式,皇帝含蓄地声称他握有生杀大权,正如瓦伦丁尼安在同意叛国罪案件中的无罪判决后,巧妙地提醒元老院的议员们:"元老院议员,铭记这一次宽赦中那些被释放的人;这个宽赦带不走丑恶罪行,而减免惩罚只是一种恩惠。在只有一个或两个被告的情况下,这可能是正确的。"②在帝国的早期,大逆(perduellio),这个用于指示威胁到社会福祉的行为,也可能包含军事无能或背叛以及官方财政管理不善等意思的古老术语,与叛国罪的概念相合并,也能用于指有害于罗马人民的高尚与主权的行为。根据甘西(Garnsey)所述,当皇帝的利益和尊严反映国家的健康状态时,对于如何确定为叛国罪的解释不存在限制。③ 当时塞涅卡相信,区分真正威胁到公众利益的罪行和实际上只是冒犯了皇帝一个人的尊严的行为,实际上是可能的:"当君王一旦确信他符合公众利益,他就相当于开始将人民推向死亡,因为暴君是残忍的。"④但是,也像哈里斯指出的那样,当王廷政治总是过于平常地为了政治利益而不是保护皇帝和他们的权威提出指控,问题就在于如何定义公共利益了。哈里斯描述了共和国传统中叛国罪概念是何等的模糊,以至于在帝国时代常被滥用:"当帝国的安全并没有受到来自外敌的威胁,以大逆

---

① Harries 2007:85.
② Robinson 2007:147.
③ Garnsey 1968:145.
④ Bauman 1996:81.

为名的叛国罪情况要远远少于皇帝(和他的近臣们)自己的安全和地位的痴迷。"①

在中国,从战国到大一统帝国的转变过程中,精英阶层并没有太过堕落。早期哲学论著,要求处罚的一致性中不含有粗暴、草率的情绪,也很少看到有引起强权者不悦的任何人被草菅其命的情况。到了汉代,一旦刘姓王朝将他们自己的统治合法化,它的创始人,先祖、宗庙以及在位的皇帝,绝对不能被侵犯。两个帝国的共同点在于阐释叛国罪指控时充满了歧义。汉代的历史提供了可被当作叛国罪加以惩罚的行为样本。一位因为未能在宫廷门前下马而冒犯帝国威严的侯爵被指控为"大不敬"并遭到降职处分。其他一些相似位阶者在祖庙中醉酒歌唱(一个比安提斯提乌斯〔Antistius Sosanius〕在宴会上不合时宜地唱歌更加可怕的不敬信号),或者穿着不当的服饰抑或是批评已故的皇帝,受到了更加严酷的惩罚。咒骂皇帝构成了最严重的反逆(大逆)并受到如同十三侯爵案那般腰斩两截的惩罚。② 汉代关于叛国罪情况的历史叙述,显示出在特定犯罪如何被归类这一问题上很少有一致性,但是,对抗皇帝和王朝权威象征的罪行被等同于对抗自然秩序罪行(不道)的理念,在如《经法》等理论文献中获得了支持。《经法》定义了侵越保持社会和国家内的层次关系的最可恨的违法行为的边界。实际上,如汉代历史所示,皇帝、王朝和神圣性制度的关联通过一个又一个的个案被呈现出来。在文帝统治时一次著名的案件中,我们能看到无畏的司法长官张释之再一次为案件而争论。争论的对象,是一次从高祖宗庙中盗窃玉环的行为被等同于叛逆的犯罪,被看作为"不道"(unnatural)。皇帝要求使用最重的刑罚,并对罪犯家族中的三代人处以死刑,但张释之主张更轻的刑罚。他争论说,行刑于闹市仅应当适用于当事人。最终,皇帝认同了张释之在

---

① Harries 2007:83.
② 参见 Ch'ü 1972:69.

技术上的正确性,同时也明确了从轻审判足以平复对神圣之域极端恶劣的侵犯。张释之的论点很简单:"法如是足也。"①中国皇帝的两面——主张保护王朝利益的严父和与民仁恩的慈母,在此敏感问题上出现了冲突。汉文帝统治早期与官员们发生了有关是否有必要株连罪犯亲族的争论。广为人知的来自官员的反驳认为,对不幸的无辜者行刑并不能与实际上的犯罪相联系,基于这"使得一般民众会去权衡违反法律的后果"。但这些反对者屈服于皇帝的请求后,认为正确的刑事政策将有助于对社会负责。在皇帝威胁错误的刑事政策将连带负责官员后,这些反对者屈服于皇帝的请求。在盗窃玉环案中,盛怒中的皇帝能够放弃株连的刑罚,是因为他相信一个平民家族永远不能造成足够的影响来煽动起对刘氏家族的仇恨。尽管汉文帝时还有有说服力的论据反对集体惩罚,但从汉代历史文献中可知对罪犯亲属的刑罚仍在继续。还有,秦汉对标准化的热情并不适用于集体惩罚,正如路易斯所示,有关这种惩罚的血亲群体的成员已经变化了。② 有叫能当汉文帝鼓吹消除构成"善举"(euergetism)的集体性惩罚时,他试图以看上去无害的理由施加他的权威。正如保罗·韦纳(Paul Veyne)只有一个领袖权力过剩时方可以随意提供施舍的描述。③ 但是就像历史上许多名目的刑罚经常未经审判而发生一样,重罚盗窃玉环的平民证明当皇帝的权威受到威胁时,皇帝成了一个最严厉的刑罚的无情倡导者。汉代著名思想家董仲舒的事例是很有启发性的,他生活在一个既畏惧又需要像他这样的文士支持的专制统治者治下;并且他操纵法律的两面,在需要时为存疑的法律案件提供咨询意见,而当他被怀疑利用其天人方面的知识在宗庙里生火时又遭受皇帝的监禁。如果加里·阿巴克尔(Gary Arbuckle)论说董仲舒确实用能力反叛属实,皇帝有足够的理由去怀疑这个操纵历史循环理念以"宣

---

① 《史记》卷 102:2727.
② Lewis 1006:97—100.
③ Veyne 1976.

示刘氏家族统治宇宙论意义上死刑"的人。① 阿巴克尔指出,董仲舒在自己心目中只作为一个新王朝的创始人而存在。无论董仲舒的动机怎样,破坏王朝最有效的手段向来不是与皇帝作对,而是证明支持王朝的统治权的复杂的象征不再可行。

7. 肉刑

在战国时的中国,虽有"不对贤者施用酷刑"的传说,实际上,精英没有享受法律的特殊保护而免受最严厉的惩罚。不仅仅是任意而为的统治者,文献中的故事显示出有地位的人们也用创造性的方法去伤害彼此——活烹就是一种很有知名度的方式。② 汉代的皇帝并不是要去和预期可以豁免于不光彩刑罚的阶层作斗争,就像我们在元老们诉诸瓦伦丁尼安皇帝的案件中见到的情况一样。帝制中国的问题与罗马一样,在于国家现在独自承担其臣民的身体受到玷污的后果。汉代文献显示出皇帝在使用残害罪犯身体的刑罚时考虑是何等细致。一段文帝朝的记述表明改革的动力并非来自皇帝或其官员,而是来自一份请愿书,它来自一个年轻女子,她的父亲是负责省级财政部门的一位官员,被控犯罪并要被施肉刑。她提醒当权者不仅她的父亲被错误地指控,更有普遍意义的是必须小心使用国家的权力来惩罚其臣民:"死者不可复生,刑者不可复属,虽后欲改过自新,其道亡繇也。"作为一个孝顺的女儿,她通过自愿

---

① 皇帝对东西方两大帝国使用法术和巫卜的担心值得进一步研究。阿巴克尔的讨论见 Arbuckle 1995: 593。
② 在内战中,处于优越地位的汉高祖的主要竞争对手项羽特别喜欢这种方法。最著名者是项羽绑架了汉高祖的父亲并威胁要活烹他,但也有记载说这是在其他情况下实施的。

为官奴隶来为其父亲赎罪,因为父亲也没有儿子为之传宗接代。① 文帝读过信之后,宣布断肢或穿凿人肉体的刑罚看来特别不公,并且还有古老的先例,例如罪犯身着标志着其罪刑的特殊服装而不永久毁损他们的身体。在完全了解了反对意见中的良性解决方案之后,他向官员指明,自己实际上并非意在创造以往圣王统治那样乌托邦式的无序。他打出了王牌,提醒听众,自己作为民之"父母",对整个世界的福祉负责,掌握决定生死的大权,并不能允许对他的臣民施以不可挽回的伤害。此外,他告诉他们,最近严厉惩罚没有抑制犯罪的趋势。

一个矛盾的"传统"允许两个已知的强硬分子主张相反的论点,哪怕圣君已经批准了对某些罪行的肉刑,以作为保护秩序的手段之一。这并非一个新的现象;荀子已经基于为保证秩序和社会阶层结构而赞同使用肉刑,批判了上古象刑的功效。② 不过最终,文帝朝的政府并没有选择余地,而只能屈从于皇帝的意愿,以显示皇帝的权力授予巨大的宽悯。他们还反过来建议肉刑应被废止,并制定新的规定来确定如何根据罪刑标记不正常的人——通过剃发、铁枷或笞打——不含有对其身体永久性的损害。然而事实上肉刑从来没有消失,笞打经常使人致残或致死,而有关考虑到刑罚的严酷性修改法律的持续争论贯穿于整个帝国早期。文帝试图结束肉刑的动机是一个有争论的话题。根据陈立强(Charles Sanft)所论,士大夫贾谊在文帝朝曾在一篇文章中讨论酷刑不应被应用

---

① 更完整的叙述参见《汉书》卷 23:1097。对这一重要论述的翻译和讨论,参见 Hulsewé 1955。关于汉代奴隶制的经典论著尚有 Wilbur 1943,在这个问题上的新材料还有许多工作要做。从秦代法典中可知在法律上奴隶被大大低于一般人来对待,但不能在没有地方官员许可的情况下将其杀死或加以伤害。官奴隶被当作一种资源,因此他们的命运乃国家的事务。更有甚者,认为这个案件中的官员的女儿沦为官奴隶的年轻女子揭示了汉代社会的流动性,并重申奴隶制有降临到任何卷入法律体系之人的可能的观点。例如对罪犯的亲属处以刑事惩罚往往能为政府提供大量的官奴隶。秦朝以及按照推测包括汉朝的法律体系是允许赎买的,通过降低官爵或以之替换。但是国家谨慎于欺诈,而妇女,除非因为在特殊工作中拥有技能而使她获得价值,否则将不被当作一个健全的人来看待。
②《荀子》18:6。

于对皇帝的权力构成严重威胁的地方郡王,与此同时他倡导削减他们封国的地盘和权力。这个精心的计算转向安抚这些麻烦的精英们,并不是建议取消死刑,但赋予他们自杀的特权而不是肉刑或执行死刑。① 但是事实上,正如历史所展示的,精英们从没有因特别保护而远离酷刑,而且一些案例显示出为了将其强大的敌人斩尽诛绝而在摧毁其生殖力方面付出极大的努力。根据可能使得上述孝女的请求没有被置若罔闻的一个理由在于她的父亲是一名官员,这就像加内森(Garnsey)所论,罗马帝国往往可以通过财富和地位来赎免身体刑,②而中国的官僚阶级和皇室成员理论上在没有通常被称为能够量刑公正的皇帝批准的情况下不能被用刑。③ 儒家学者支持在使之经历战争和刑罚的危险之前教育人民,而不是将刑罚作为改造罪犯的手段。实际上,柏拉图有着古代世界中为数不多的关于刑罚改革的讨论,但是罗马人并没有采纳他的看法。两个帝国的关注点都在保存身体刑上。当时正如我在下文中将要解释的那样,汉朝相信单个人的身体的边界是可以通透的,外在的物质性的身体反映了内质,人类是有可塑性的生物,这就强化了任何一个对身体的外部表现的改变的意义,因此哪怕仅仅是象征性的改变也需要谨慎为之。④

与罗马一样,在中国,为了获取"真相",强迫认罪的酷刑总被视为无可非议。尽管两者都对强迫得来的信息的不可靠性已有了相当的认识。根据我的理解,看起来罗马帝国面临的问题集中在酷刑如何可以合法应用到社会高层。在中国,刑讯造成的酷刑被认为需要认真地监督和规范。1984 年出土于张家山,被用作记录从地方官到司法长官的请求的工

---

① 参见 Sanft 2005.
② Garnsey 1970.
③ Hulsewé 1955 观察到决定哪些阶层享有这种特权是困难的,但是从历史中我们可知如果皇帝决意用刑的话,没有哪个阶层可以幸免,特别是在叛国案件中。Yates 1989 讨论了秦朝普通人的法律地位,并且解释说在整个汉代,术语"士伍"是指作为对犯罪的惩罚被剥夺了军衔的人。
④ 关于战国至帝制时代早期有关人类内在与外部物理世界的关联,以及他们对于与外部世界交往观念的变化的分析,参见 Csikszntmihalyi 2004.

具书的汉代历史文献显示出，关于酷刑和上诉的规则是相当到位的。①一个最好的例证是在被苏珊·罗斯福（Susan Roosevelt）译作"疑难案件集"的《奏谳书》中，记载了一名官长被错误地定罪并施以肉刑。《奏谳书》是旨在指导向上级——有时是廷尉本人——提交难以决断的案件的一本手册，成书于吕后的助手鲁侯在位并实际控制朝政的前188至前180年期间。许多这样的案件是为了社会控制，但另一些意在参加调查犯罪，审问证人，确定先前责任、动机和从犯并应用酷刑的程序。其中有个案例，一个已经被判处劳役并被认为是作为盗窃罪的帮凶的乐师上诉了案件，经重新调查发现果然另有真正罪魁祸首，但乐师已在酷刑之下认了罪。廷尉官虽以"毫无道理"为由重新审判了案件，并下令将他已经被卖的妻儿予以赎回，但是因为他已经受过肉刑，只能被派遣去做一些处于公众视线之外的工作。② 这些手册是否代表了真实情况而非中央政府关于控制官吏的忧虑，且这个过去三十年最重要的出土法律材料在多大程度上反映出作为诸侯国的楚地的情况，对于缺乏文献的历史学家而言同样构成问题。③ 关于审判如何运作的一个更为愤世嫉俗的观点认为，从历史文献中少数几个有记录的审判中的一个，可以找到司马迁对一只老鼠和年轻的张汤相遇的丰富多彩的描述，在司马迁的笔下，张汤注定要成为汉武帝朝的一名"酷吏"。随着故事的进程，在他父亲因为疏忽而让老鼠在他的监管下盗走一块肉而责打他之后，他展开报复：抓住老鼠，痛打之，并记录下它对罪刑的坦白，又将之与已有的证据相比照，提出刑罚方案，然后当场执行。当史学家借由张的父亲之口强调他的天才审判像一个"老练的监狱官员"，很难知晓他在多大程度上有所夸大，为了突出汉武帝的官员行事的冷酷无情和在正常程序之外的操作，这样

---

① 张家山2001. 关于张家山出土的汉代法律文献材料的概述，参见 Li and Xing 2001.
② 也可参见 Lau 2002.
③ 关于楚国的法律，参见 Weld 1999.

的情况或许就是常态。①

8. 经济上的处罚

汉代皇帝的道德姿态和官僚僵化的行政法规之下潜藏着经济利益的考虑。当缺乏像现代国家那样行之有效的组织化技术和人口规训之时,中国的皇帝们所引领的法律体系事实上高度重视其在劳动力方面的法律主体的分类。事实上,我认为在比西方早得多的时候,中国已经发展出了福柯所说的生命权力(biopower):分类、规范、控制和调动个体为国家服务。② 中国的例证挑战了福柯的论点,组织机构为其生产能力所刺激导致从古典到现代的系统中政治生活的转变。在中国,显示出世袭制统治者在惩罚上的强大权力和官僚制的强制的持续存在,特别是在底层社会。公元前 217 年被埋藏于地下的秦国下层官僚手册清晰地展现出,统治者在官吏和控制政府资源方面的自我约束机制。这些材料中我们可以看到,政府对犯罪与刑罚相匹配的关注在最底层的行政机构中失去了作用。其中一段关于秦国法规的答问,国家的正义观念被阐述为:"论狱〔何谓〕'不直'? 何谓'纵囚'? 罪当重而端轻之,当轻而端重之,是谓'不直'。"③在秦国的行政手册中详细地说明了罚款和劳役的细节,精确地描述了对于国家而言,普通人在身体素质和才能方面的有用性。罪犯最终被分配到的劳役可能使之致残,但最强壮的人,如城墙的建造者,通常是完好的——通过剔除须发和身着异装来标示。严格的规则支配着资源的使用;基于劳力的程度和工种,食物配给被限制在刚好维生的量,并且官员非常严厉地惩罚政府在储备或提供劳力上的玩忽职守者。马克·路易斯(Mark Lewis)总结,罪隶构成了一个较奴隶或有偿徭役更

---

① 《史记》卷 122:3139。
② Foucault 1990.
③ Hulsewé 1985:144.

有效的方式:"有如此之多类型的犯罪,以至于整个帝国可加利用,罪隶的人数提供了一个无穷的劳动力供给。"根据刘易斯所论,在已出土的秦汉墓地中,这些工人受到虐待且营养不良。①

福柯的模型应用于经济和政治的领域,但是人类学家在关于象征个体、社会和政体之间的关系方面提供了有益的见解,如席文(Sivin)关于中国的身体(身)的概念和希腊术语 soma 之间的比较,古希腊的身心二元性异于早期中国。"身包含了个体的人格,并一般指人而不是身体。它同时也关乎(现在仍是如此)法律身份。……身体被定义为与内心和环境动态联系的不分割的整体。"②栗山千对汉代医疗文献的研究说明了为何汉代的身体和心灵被定位于一个稳定的政治体系之中:"(身体)是习惯性不服从的状态……人类需要在每一年的每个时节应当如何行为和感觉的精确指导,正是因为他们行为和感觉容易与四季风神产生分歧,甚至背道而驰,所以,个人因他的倾向陷入特殊节奏成了个体的人。"③道德完满对秩序的贡献与肉体的调和是一样的。如路易斯指出,在更大的图式中,"心灵与宇宙之间,关键的再现单元是身体。"此外,人类身体和外部世界之间的边界体现出具有缜密思考而成的可渗透性:肉体自身并不与外在环境相分隔。④ 个人并不拥有他们的身体。保持身体完整性与孝的义务相关,这要求他们能够在死的时候保持父母所赋予的身体的完整。就像身体的完整性是履行社会责任最重要一个必要条件——在生前死后均为家族作出贡献——一个完整的身体更好地服务国家和社会的需要。在更高的层次上,例如政治性的伤残肉体,在反叛的形式中,威胁着正确的秩序,就像肢体残缺创造世界上没有一个处有生和死的生物,如同我们在隐藏在正常的社会中被实施肉刑的乐官的案

---

① Lewis 2007:250—52.
② Sivin 1995:14.
③ Kuriyama 1994:31.
④ Lewis 1006:23.

例中看到的那样。文帝关注阻止在多个级别上实施的肉刑：关注面对可能的政治分裂的象征性的整体需求，以及经济上的必要性，即为了完成巨大体力劳动而所需的完好的身体。①

罗马帝国中，罪犯的身体更多地被视为报复性惩罚的对象，而非经济资产。迈克穆勒(MacMullen)将君士但丁的刑罚描述为"戏剧性的适当性"，他说："提供邪恶建议的人要被熔铅窒息；虚假承诺的卖家，'空谈'，将被慢火窒息；相似性的断肢，如逃兵断去一足……又如（在查士丁尼一世治下）鸡奸者要被毁伤性器官，这些宣示一种象征性，即特别邪恶的犯罪要受到惩处。"迈克穆勒指出，在帝国后期对犯罪的报复性惩罚越来越多，同样，由皇帝支持的死刑场面越发惯例化。② 经济需求的重要性居于次位。例如福格斯·米拉(Fergus Millar)注意到对劳动力的需求并不是定罪时的主要考虑，那些被定罪的罪犯遭受殴打和撕裂，所以时常表现得不适合劳动。更有甚者，采矿的劳力并不限于罪犯，而是包含具有特别颠覆性的或危险的群体，包括基督徒。③ 然而即使基督教皇帝也不豁免信徒被分配到矿山和采石场。④ 假如我们将刑罚看作表征，将罪犯的身体看作镜子，或者社会的缩影，那就会展示出在一个竞技场中的残酷性：每当帝国将以前的敌人大量纳入其公民体的时候，实际上等于将越轨者作为局外人来对待了。⑤ 或者按照韦纳(Veyne)的图式，皇帝为了公共竞赛贮藏大量的人，从而可以用来展示和分享只有具有一个世界帝国统治者才有能力召集的过剩的人力资源。多纳德·凯勒(Donald Kyle)关于古罗马人死亡境况的著作描述了进出罗马竞技场的人类和动物的数量造成的问题，并确定这种人力资本的来源："对罗马来

---

① Turner 1999.
② MacMullen 1990：212. 并见 Kyle 1998.
③ Millar 1984.
④ Gustafson 1994.
⑤ 我尚不能仔细查阅数量巨大的罗马帝国关于身体的文献，不过可以从 Wyke and Hopkins 2005 获得启发。

说,罪犯是过剩商品,一种奢侈的资源,帝国主义的副产品。"①

但是,我们可以有不同的理由,来解释为何早期中华帝国建设者认真掌握和管理他们的囚犯劳工,与此同时罗马皇帝们却在浪费这种资源。在中国,最常见的公开刑罚,目的在于羞辱罪犯并制止将来的犯罪。但是一般的公共生活并不像罗马帝国那样以皇帝为中心。罪犯的身体在中国并不被看作是直接增加皇帝威望的媒介,而是作为创造和维持帝国重要制度的标志,诸如庞大的帝王墓葬和长城的大规模劳动力资源的一环。

9. 遗产

在罗马法史学中,奥诺瑞(Honoré)和哈里斯(Harries)认为,限制皇帝权力的新动力到3世纪开始出现:私人法律著作坚持将客观标准扩展到公法和皇帝身上,法典化缩小了自由裁量权的范围,基督教教廷造成了对皇权制衡,并且使之以更为民粹主义的帝王形象出现。② 两位学者都注意到,尽管受基督教和皇帝支持法典化和阐明法律等事实的影响,刑罚政策在此过程中并未有人性化的转变。甘西(Garnsey)指出,"中央政府在执法领域活跃度增加,但是效率持续低下;去除在司法系统内替代刚性程序灵活性的限制,以及刑法的扩张",并没有改变刑事政策的严酷性。甘西和迈克穆勒都将精英对最弱势群体看似缺乏同情归因于帝国晚期社会向更加分化的方向堕落这一特质。③

汉朝早期的社会呈现出非一般性的社会流动的属性,在其中低级官僚如刘邦甚至成了皇帝,高级官吏可能由于失宠沦为奴婢,更严重的境况是,同情苦难的下层很有可能成为对酷刑发生争议的理由。随着汉代

---

① Kyle 1998:92.
② Honoré 1998.
③ Garnsey 1968;MacMullen 1990.

帝国的成熟,且社会阶层的分化变得越发严格,政府对待刑罚的态度同时也变得强硬起来——尽管官方已经接受了儒家作为帝国正统的意识形态。汉武帝以后的中国,皇帝继续把自己塑造成代表人民的福利的法定监护人。例如汉元帝在公元前47年宣称,他旨在澄清法律,因为它们已经变得非常让人困惑,以至于既不能清楚地被理解,也难以被一致地运用。一代人以前,汉宣帝表达了这样的情绪:官吏滥用法律,损害了老百姓,因此统治者的责任在于给予一般性的福祉,改革法律和管理官员。① 尽管帝国言论赞成简化和规范法律的惩罚,事实上法律在汉朝呈现激增之势;到了东汉时期,在记载中出现了针对犯罪的610项罚金刑和1698项劳役刑。② 班固显示出在法律与刑罚方面较之力主宽容态度的汉代早期学者更加严厉的立场。他描述的景帝(公元前157—前141年)时一次关于刑罚的争论,显示出皇帝和他的官员争论刑罚的确切数字,以及应将肉刑运用到罪犯身体的哪一部分,对此,皇帝的结论是:"笞杖是教化的手段,因此需要规范刑具的尺寸。"很难知道这段记载的历史真实性如何,皇帝所采取的更严厉的态度又在多大程度上是班固自己的信仰,即严厉惩罚必须合法化。但是关于肉体伤害可以借由用刑的细致标准化达到合理化的争论,指出了官僚制与人身刑罚关联的危险性。关联韦伯式的"合理化"的价值,诸如一致性、明确性和标准化,经常造成具有夸张"战斗力"的批评声音,以此挑战汉朝皇帝绕开规则解决问题的尝试,同时将对犯罪者的身体采取更务实的态度合法化。这在一定程度上去除了干涉臣民生活的任意性,但是法律机制旨在保护资源和秩序,不是个人权利。并且,官僚骨干们把国家利益放在反复无常的统治者和他们雄心勃勃的亲属之上,但不可避免地,皇帝成为被安置于政治"内廷"并具有蔑视官僚制影响的离心力所在。③

---

① 《汉书》卷 23. 参见 Hulsewé 1955.
② 参见 MacCormack 2004.
③ Lewis 2007 强烈地表达了这一观点。

然而平衡世袭制和官僚制利益的蓝图在汉代早期被创制出来,为日后的政府和统治者提供了获取他们的建议和决定的支持提供了丰富的资源。例如,文帝朝的著名官员张释之,他在处置平民惊吓皇帝坐骑的案件时,有能力顶住帝国的压力和他人的指责,挑战支持在现场处罚平民的权利,这经常被后世的改革者所称道。① 这段记载显示出皇帝之于法律制度的职责仍在被实践,并且提供了一个丰富多彩而又矛盾的先例的基础。汉代灭亡以后,甚至是非汉人的统治者在开始他们统治的时候,都会要求官员校订法典,②并且对他们在死刑判罚中的表现存有顾虑。史景迁(Jonathan Spence)提供了一个非常易懂的图景,关于满族皇帝康熙(1662—1722年在位)反复思考送给他批准的死亡名单:"我依然习惯于遍阅宫殿里每年的死亡名单目录,核实每个被判死刑人的名字、注册和身份,被判死刑的理由。接着我又与大学士们以及他们的工作人员在觐见厅再核实一下这些目录……我们将决定谁该赦免。"③成文法在多大程度上影响这些判决,取决于皇帝想传达的信息和案件的政治影响。在帝国体制存续超过两千年的进程中,居于顶端的皇帝扮演着作为父母的角色,因此,合法的必要性与作为权宜之计的仁爱并存。④ 在更低的层次,饱受经学而非法律训练的地方官长,为了维持秩序及保有其官职,忽视或操纵法律条文是有必要的。当代法律改革者和学者贺卫方比较了英国普通法与帝制中国的法律,总结认为,中国从未秉持先例拘束原则,法官"从一种大的伦理和法律原则出发,将其作为尺度衡量他所面对的案件事实,从而得出最终判决。他不必研究以前的判决,也不需要辨别手边案件与前人所判案件之间的异同"。⑤ 儒家训练的裁判官不必为他们提供工资、福利和地位。再者,汉代以后儒家家族集团受到法律

---

① MacCormack 2001.
② 参见 MacCormack 2004.
③ Spence 1988:32—33.
④ 其例证可参见 Bartlett 1994.
⑤ He 1990.

的支持——族长受益而妇女儿童承担可怕的成本。最终,汉代理论家以人类受制于共同的普遍道德原则为前提,事实上,他们的认识论中关于人性的假设仍然比希腊和罗马盛行的那些狭窄。诚然,在西塞罗(Cicero)眼中,能够参与政治生活的"理性人"被限定在一个小城邦的小群体有产者之中。但是随着时间的推移,一种更加宽泛的参与者理念发展出来了,即在治理和审判水平较高的基础上形成的一个独立的司法制度,即在地方一级的陪审团议罪制度。有如贺卫方所叹,"我们的观念中从来没有产生过英国那种以平等的人来充任司法官的思想,英国历史上屡屡出现的那种民众与握有司法权的贵族联合起来以法律手段与王权作斗争的情况也不可能出现,更不消说英国式的通过陪审制度而由目不识丁的平民直接参与司法活动的实践了"。① 鲍曼在总结他关于罗马犯罪与刑罚的研究时指出:"刑罚并没有像罗马后期私法那般获得荣耀,这并不令人意外。"②然而,在我看来,过去和现在,对程序正义的共和理念的坚持为日后法律系统重建留下了积极的遗产。甚至当一位"残暴"的皇帝在位,通常被告的权利仍然被理解——审判必须公开进行,伴有可信的机构来组织判决,并且有机会进行辩护。在相对开明的时期,一项按罗马人的标准视为不公的审判所提供的更多选择的机会代表被告的声音,也要远多于中国的有地方官主导的调查,在其间被告从一开始就被作了有罪推定,并不允许辩护。贺卫方教授注意到中国政府从未承诺维护以保护权利或财产为宗旨的法律体系。法律作为维护秩序和获取资源的工具,需要保持帝国的机构、精英,无论是儒士还是共产主义者,置生死于不顾。这个体系持续运转了两千多年。但是实际上维系之的人力成本相当之高。

---

① He 1990:83.
② Bauman 1996:164. 我想向提供极具价值的比较视野的沃尔特·施德尔及ACMEI研讨会的参与者表达由衷的感激,并对彼得·甘西(Peter Garnsey)、吉尔·哈里斯(Jill Harries)和拉斐尔·希利(Raphael Sealey)对本文提出的意见表示感谢。虽说包含了他们的极佳建议,但我对本文中的解释负全责。

四 宦官、妇女和帝廷

[德]玛利亚·H.迪滕霍夫

就像古代欧洲一样,宦官在中国古代具有稳固的立足之地。更有甚者,他们似乎是不限于古代世界,且不限于特定地域或文化的普遍现象。许多社会都认同他们,并且在数个世纪中使用他们。在中国、印度、波斯、①阿拉伯、罗马帝国、拜占庭帝国和俄国有许多成例可见。宦官实为一种普遍的人类学现象。

1. 古代世界宦官

宦官见于很多不同的文献中。例如,他们出现在《圣经》中。在《马太福音》中,我们可以看到这样的话:"因为有阉人是从母胎生下来就这样的,有阉人是被阉的,也有阉人是为天国的缘故自己阉的。"②而许多教派和邪教也有太监,诸如古希腊和罗马的西布莉邪教(the cult of

---

① Herodotus 8.105—6; Xenophon, Education of Cyrus 7.5.62—3. Llewellyn-Jones 2002.
② Ringrose 2003:115.

Cybele),①18世纪俄罗斯基督教的斯克普奇(skopzi)教派,②以及印度教中的海吉拉斯(Hijra)教派。③ 阉人最主要的功能是充当仆役。作为仆役,在家庭内他们做了非常具体的事务:作为女子的监护人、床伴或提供特别的色情服务。但是,只有中央集权帝国的王廷方能提供一个让这些人获得巨大政治影响力和无穷财富的环境。宦官系统帮助保持统治者的神秘感及其与臣民之间的距离。对此具有很好的文献支撑的古代例证是公元4至5世纪的东罗马帝国④和从秦始皇到1912年为止的中华帝国的王廷。但是什么让这些阉割的男人在政治体系中如此成功,甚至在此体制中还发展出了为贵族服务的复杂的职业生涯?为什么这些男性世界的官僚和贵族的同行能够变成完美的朝臣?并且,是什么使得他们如此特殊,以至于在古代王廷中建立起牢固的权威?

1.1. 成为宦官:方法和原因

所有宦官所共同的一点是缺少生殖器,在绝大多数情况下是由于不可逆转式的阉割法所致。在此让我们先对型制各异的阉割法做一细致观察。其中,我们会遇到部分阉割,即只有睾丸被摘除。整体性的阉割可以作为另一种选择:需要去除阴茎(阴茎头)和睾丸。施行的方法从用刀割除到用两个石头砸除,不一而足。⑤ 整体阉割的死亡率较高,似乎已经在中国成为常态。年龄对于阉割而言也发挥了重要作用。绝大部分的宦官似乎都在青春期以前产生,因为在童年时代进行阉割的危险性较小,证据显示青春期后的死亡率较高。然而,也有几种原因致使大量的

---

① Pindar Fragment 77, ed. Bowra; Aristophanes, Birds 877; Catullus 63; Ovid, Fasti 4. 181ff. Nock 1988: 58—69.
② 斯克普奇(skopzi)教派将生育视为最大的罪恶。它在1775年左右被发现于俄罗斯,持续存在到苏联时代。这个教派存在各种级别的阉割,其中"小封印"(small seal)只有移除睾丸,而"大封印"(great seal)则移除整套性器官。参见 Wolkow 1995.
③ Nanda 1998.
④ Tougher 1997.
⑤ 有关中国的情况参见 Jugel 1976: 15—17.

太监在成年以后产生。在古代中国，阉割是传统的刑罚之一，例如对待战俘或叛徒。① 甚至是高位阶的官员也可能面对这种命运。② 在罗马和拜占庭帝国情况也很相似，宫刑被当作针对战俘、政治对手、性犯罪者、不听话的奴隶等的刑罚。③ 它还能是用作酷刑的一种手段。④

如果是在青春期之后去除睾丸，尽管不能生育，宦者是仍然能够实现自勃起，因为他仍在持续通过肾上腺获得睾酮。⑤ 大量的材料表明宦者是备受重视的性伴侣；而且，与他们有关系者涉及男女两性。在罗马，奴隶被阉割，这样一来他们可以被用来满足主人的性欲；因此已经被阉割的年轻人被看作对家庭有用的附加物。⑥ 同性恋者不得不扮演被鄙视的被动角色，并因此被称为"pathici"，意思是"像女人的男子"。⑦ 在中国也一样，宦者是皇帝最顺从的性伴侣。同性恋是一个王子生活的一个正常部分。王子和太监一起长大和受教育。⑧ 但在东西方世界中，宦官色情服务都不限于同性恋行为。⑨ 富有的女性更喜欢和被阉割的奴隶性交是有道理的：没有怀孕的风险。⑩ 到了公元4至5世纪，妇女与宦官的交往已成为一种普遍的公众争论的话题。⑪ 中国皇帝宫殿里的妇女似乎也依靠太监来满足他们的性欲。⑫

---

① Mitamura 1970：55—58.
② 对高位阶之人施用宫刑的最著名的例证之一就是史学家司马迁。在受刑之前，他一直担任王廷的史官，记录汉武帝的言行。汉武帝将司马迁投入监狱并对他施了宫刑。司马迁并没有像人们想象得那样选择自杀，而是身为宦者之后仍然坚守他对同为历史学家的父亲的承诺，忍辱生活并完成了历史著述。
③ Guyot 1980：26—8. 并见 Appian, Civil Wars 3.98.
④ Suetonius, *Life of Domitian* 10.5.
⑤ Bullough 2002：4.
⑥ Seneca, *Controversies* 10.4.17; Seneca, *On Anger* 1.21.3："libido ... puerorum greges castrat"；Quintilian, *Oratory* 5.12.19; Petronius, *Satyricon* 23.3.
⑦ Vorberg 1932：439ff., s.v. "pathicus."
⑧ Jugel 1976：122ff.；Mitamura 1970：115.
⑨ 例如 Guyot 1980：63 所举的例子。
⑩ Martial 6.67, 10.91, 12.58; Juvenal 6.366—77; Guyot 1980：63, 65.
⑪ 参见 Guyot 1980：65 和注释 109.
⑫ Jugel 1976：122.

1.2. 阉割程式:一个现代解说

十九世纪的记录说明中国阉割过程是如何进行的,在那里整个过程非常严格是常态,而"阉割者"(eunuchmaker)则是一个特殊的职业。手术的准备过程中,把病人的腹部和大腿用棍子或绷带紧紧绑定,使阴茎和阴囊暴露出来,然后让病人坐在一张被中国人称为炕的半卧位可加热的家具上,把这些部位用辣椒水反复刷洗三次。阉割者会一再询问他是否真的想让手术进行下去。如果病人加以确认,他会被助手牢牢抓住,剃刀般锋利的镰刀形的刀,把他的阴茎和阴囊切断。尿道被插上并锁闭,伤口被用冷水浸泡过的纸所覆盖,还要用绷带缠紧。在允许病人躺下之前的两三个小时,助手需要一直搀着他走动。病人在三天内都被禁止进食流质。过了这个阶段,尿道堵塞被移除,如果尿液涌出,手术可被认为成功了。如果出现无尿的情况,则可以预见那个人很快就会痛苦地死去。去势之后,宦者的生殖器放在容器中腌制,而后送回给他们自己保管。宦者会给它们以头衔,到了宦者死后,它们会与主人尸体合葬。[①]伤口通常能在百日内复原,此后新的太监将获得被引荐进入皇室之前的指导。第一年的末尾,这些太监们将被转移到皇宫接受他的新职业。[②]

1.3. 宦者的来源

除了一些其他部族的贵族青年在被俘并被作为人质的情况下被阉割,其他的大部分宦者都来自于社会底层。供应来源与奴隶大致一样。罗马帝国中的宦者的市场很兴隆,因为去势的价格很高,事实上要远远高于一般奴隶。这并不令人意外,因为从公元1世纪后期罗马开始禁止阉割。图密善皇帝发布了一项禁止违背当事人意志施行阉割的法律。

---

① 参见 Stent 1877:143—84;并见 Bullough 2002:2.
② Mitamura 1970:32—34.

违者处以严惩。① 诗人马蒂尔（Martial）称颂了这种限制家父权力的法律。② 在此后的几个世纪里，不少法律都或多或少地重申了这一禁令。因此，大多数宦者显然是来自帝国以外：那里没有针对他们的所有者的惩罚。③ 这些人大多是奴隶或以前是奴隶。④ 中国的宦者来源似乎也很复杂。最初，宦者通常都来自帝国以外。⑤ 但是到了东汉王朝末期，似乎存在数量不菲的自宫之人。自愿被阉割是基于经济供求的原则。需求强大到足以鼓励男性接受阉割的风险，希望在职业生涯中作一个太监。一个有教养的人通过多年的学习通过国家考试才能达到官员的位置。一些缺少进入儒家学校和考试系统的机会的低阶层的个人选择了其他的途径来获得影响力、财富和社会地位，其中之一就是将自己或子嗣阉割。在后一种情况下，父亲通常是负责作出这项决定的人。作为一个宫廷太监的人被预期能够供养他的家族。⑥

在上述两种文化中，阉割都是获得在皇室就业的一种手段。东罗马朝廷的宦官被大量用于国内的行政职能机构，组织在一个单独的层次结构内，并遵循其独特的职业轨迹。同时西方的宗教动机也发挥了重要作用。前基督教时代里，古代圣母崇拜西布莉教派的追随者有时就自愿地自宫；早期基督教中，也有实行阉割以确保贞操的情况。"教父"奥利金（Origen）是最著名的例证。⑦ 令人惊讶的是，这种模式在基督教教会中没有未来；去势随后受到谴责。无论在中国还是在罗马帝国，主权者的宫殿，迅速成为太监最有前途的地方。

除了作为一种惩罚方式，阉割也是欧洲以及中国古代复仇及征服的

---

① Cassius Dio 67.2.3；Ammianus Marcellinus 18.4.5.
② 参见诸如 Martial 6.2.2，6.2.9，9.7.8.
③ 相关细节参见 Guyot 1980：45—51.
④ Hopkins 1978：172 and n. 4.
⑤ Jugel 1976：31—35.
⑥ Jugel 1976：91—120.
⑦ Stevenson 2002.

象征。希罗多德(Herodotus)举了一个佩里安德(Periander)——科林斯的暴君,与科林斯之间恩怨的例子:他在征服的城市之一柯尔库拉抓住了贵族家庭的300个儿子,他们被送往荣狄并被阉割。① 通过切断男子气概的象征使得战俘们完全地屈从。在中国可以找到类似的模式。我们知道的一个就是在西部边境楼兰的年轻王子的悲惨故事。在汉武帝统治期间,他被掳为人质,并受阉割。随着楼兰国王在公元前92年死去,全国人民要求返回王子继承王位。但是,汉朝的统治者拒绝了这个要求,因为如果王子的同胞已经发现他是个太监,将会无比尴尬的。② 尽管出身高贵,王子无法回到自己的祖国,因为他可耻的畸形,他也无法进入外国社会。汉武帝完全征服的渴望是显而易见的。使用阉割除了政治缘由以外,也见于中国早期的刑事法律:财产犯罪判处的死刑可以减为宫刑。③ 相比之下,宫刑在罗马从未成为一种标准化的刑罚。

2. 宫廷宦官:旧中国的传统

2.1. 特殊技能与职责

正如乌里克·荣格(Ulrike Jungel)所示,汉语提供了大量关于宫廷太监的非常详细的表达式。④ 一般来说,宦官这个词可一般性地指任何"阉人",或特指在皇宫中的特殊阉人。⑤ 事实上,宦官是用来描述那些被阉割,被朝廷聘用为公务员的确切的和官方的术语。"官"是一般意义的"offcial"在汉语中的表达。即使皇帝的仆人也是公职人员,即某种类型的官。这为我们说明了他们的社会身份。宦官又被称作寺人。在"寺

---

① Herodotus 3.48—49;另一个例子见6.32.
② Mitamura 1970:45—46.
③ Jugel 1976:57.
④ Jugel 1976:9—11.
⑤ Mitamura 1970:21.

人"这个词中,"寺"意味着服务,而"人"始终代表人类。一般而言,寺人指的是那些服务于其他人的群体,但在我们的上下文中则专指宦官,他们是因受阉割而能够为皇家服务的群体。太监的书面语叫作阉人。但是意思表示阉割的"阉"很少使用,除了试图诽谤的情况。例如,官员在与宦官的纠纷中可能使用阉贼(被阉割了的窃贼)这个词。我们可以看到,这个词的现代内涵,反映了主体的历史。

宦官能够对天子发生强有力的影响的原因之一在于,太监和皇帝之间的亲密关系早在童年已经建立。当长大至离开保姆身边时,帝国的王子会被要求在太监的陪伴下学习言语、餐桌礼仪、仪态、礼仪和常识。① 此外,太监也会对自然科学和技术感兴趣。公元105年发明造纸术的就是一位宦官。② 王子从师受教期间,太监是他的伴从。甚至他的第一次性经历也经常是与太监共享的。③ 宫廷太监参与了皇帝生活最私密的时刻。帝国的王子(或幼年皇帝)被太监和妇女所包围,主要是他的母亲和外戚,几乎没有机会接触其他独立的男人,特别是宫廷外的人。即使行政长官也被排除在密切接触的范围之外。理论上,皇帝应是至高无上的,不过在实践中,由于他的深居简出,天子的生活几乎完全依靠他的太监和皇后,或更通常是摄政太后的亲戚。④

即便是强势的皇帝也会受到宦官的影响,尤其是在涉及性方面活动的时候。就像大多数的中国皇帝一样,著名的汉武帝这个把汉王朝带至巅峰的帝王,也是个双性恋;在他最宠信的妃子死后,他的兴趣转向了一个名叫春陀的英俊太监,这个人熟悉魔术技法。在提升他的等级并授权他前所未有的荣誉和威望之后(包括让他获得降侯爵并食邑于数以百计的家庭),武帝还送给他一座宫殿,好马车和无数的奴隶。他甚至给了他

---

① Mitamura 1970: 115.
② Balazs 1967: 189—91; Jugel 1976: 105—20.
③ Hinsch 1990: 34—54.
④ Chien 1950: 31.

女儿作为新娘,给他一个正式的题名"天道将军"的玉印章。后来,让武帝略有失望的是,这个太监胆大到尝试欺骗天子。

大多数关于中国宫廷太监的故事来自 23 个正史。① 但是史学为占据中国官场的儒家学者所垄断。宫廷太监和受过儒家训练的官员共同左右了皇宫的政治影响。作为君主的个人助理,太监又总是在他耳边的好位置,甚至比最有权势的官长有更大的影响力,也更便于积累财富。史官的观点深受掌权的统治阶级对自己轻视的对手的怨恨的影响。加之,皇帝经常用宦官来平衡儒家官僚的权力。结果就造成了对宦官普遍地否定性的看法。有一个重要的故事,即中国历史上第一位权倾朝野的宦官赵高的传说,为上述的见解提供了非常完美的例证。

2.2. 中国首位著名宦官:赵高的故事

秦王朝(公元前 221—前 206 年)有很多的宦官役使于雄心勃勃的秦始皇,这位皇帝被认为在皇宫中保有超过三千嫔妃,他还设立了一个全新的名为中常侍的机构。该机构的唯一目的在于管理数目不断增加的宫廷宦官。公元前 210 年,始皇帝死于巡狩途中。旋即,关于谁是他王位的继承人的担忧开始出现,而随行宦官赵高建议对公众甚至皇帝的长子,也就是合法继承人扶苏隐瞒皇帝驾崩的消息,直到军队能够安全地开赴至咸阳。赵高诱使秦始皇的幼子胡亥一起,偷偷地下令建造一个特殊的棺材来减缓皇帝的尸体分解,并且掩盖它的气味。就像皇帝还活着一样,他们支搭帐棚,享用带来的饭菜。与此同时,太监赵高和丞相李斯成功诱使秦始皇的幼子密谋杀死原本的继承人扶苏,以便并使秦朝归于胡亥。赵高被提升为宦官管理机构中常侍的首领。在他的建议下,年轻的皇帝下令让先帝的所有未生子嗣的妃子殉葬,并采用同样的方法对待修治兵马俑的工匠。在获得了新君的信任之后,赵高感觉到丞相李斯知

---

① Tsai 2002:221.

晓了太多有关他的秘密,以至于成为新朝廷最大的威胁。有年轻皇帝站在他一边,赵高无情地替代了李斯,又有条不紊地清除了李斯的助手们。然而,仅仅在几个月内,民众的不满发展成为全国性的叛乱。公元前206年初秋,当叛军开始进军渭河流域,赵高谋杀了秦二世胡亥。但在一个月之后,汉朝的建立者刘邦所领导的军队击溃了秦朝的防御。赵高这个中国史上首位当权宦官,最终成为这场冲突的牺牲品。① 一位安设了傀儡皇帝的宦官势必成为所有官员的梦魇。赵高永远与篡夺、政治阴谋和谋杀联系在一起。这段故事主要由汉代史学家司马迁和贾谊提供记述,二者都生活在公元前2世纪。作为儒家后学,他们都反对作为秦朝官方意识形态,为集权化提供理念支撑的法家学说。② 因此他们将秦始皇描绘成未能以人道和正义实行统治的谋杀者和暴君。但官僚和宫廷宦官之间发生的生动的竞争同样形成了历史学家对赵高的看法。他们的叙述中的证人以定型化的角色出现,其中宦官在中国史学(在其他帝国的历史中也一样③)中扮演皇帝替罪羊的角色。当时替秦始皇承担了很多激进政策实施的赵高,也为皇帝背负了很多骂名。在相当长的时间里,他的名字被用作对中国皇帝的一个可怕的警告,以此反对给予太监任何权力。

3. 妇女和太监:"天然"的同盟

宦官制度的弊端在中国史学界一直是备受争议的话题。根本的成因在于帝国宫廷中广泛收罗的妇女。从中国的历史中,可以轻而易举地得出这个结论。尽管如此,对这个现象的一个比较式的说明还是必要的。尽管欧洲已经在数个世纪前放弃了一夫多妻制,宦官还是在东

---

① 《史记》卷87. Anderson 1990:33—41.
② 据说秦始皇活埋了460位儒生并火焚了众多儒家典籍。参见 Eberhard 1971:76.
③ 关于东罗马帝国的情况参见 Hopkins 1978:174ff.

罗马帝廷开始掌权。与此同时，不可否认，无论在中国还是欧洲，妇女和宦官形成了一个特殊的联系和共同利益的连结。秦以后的所有朝代的统治者那里，宫廷太监的数量和影响力持续增长，最终，成为中国的帝国统治者的重要组成部分。一开始，汉王朝的奠基人汉高祖时，宦官们遭受了打压。汉高祖充分意识到宦官给秦王朝造成的破坏，故此对这些宫廷的仆役加强了控制。在他当权期间，宦官很少被提及。相反，他逐步发展了一个基于儒家信条的官僚机构。宦官重新抬头始于高祖妻子吕后。刘邦温顺而感性的儿子惠帝在公元前195年继承了高祖的帝位之后，他的母亲，也就是此时的皇太后开始摄政。当他的母亲运作政府的时候，年轻的惠帝却只是"双手合十，身着盛装"地坐在王座上。① 每当日常听取官员议政之时，吕后一直小心翼翼地隐藏在屏风或帘子后面。她坚持不让阉人与帝国的妇女之间建立起亲密接触。这样一来，那些宦官为她向政府官员传递信息，发布帝国法令，批准或否认对她的觐见；作为回报，她赋予了她大部分的太监慷慨的资助，包括税收在内。②

吕后统治的故事应当不仅仅被视为宦官在帝廷崛起的一种解释，同时也应看作儒家史官对妇女当权的反感。而且，他们怀疑宦官和妇女之间存在同谋的关系。到了吕后的男性继承者汉文帝那里，尽管宦官仍旧存在，但情况有了好转。③ 很明显中国的儒家史官认为妇女和宦官都会对政权发生非常不好的影响。

按照传统，帝廷妇女的数量非常巨大，因为每个统治者都在皇后之外蓄养大量的嫔妃。妇女面临两个关键职责：除了生下一个子嗣，她还需要促进她的家庭的男性成员在皇宫获得影响力的职位。然而，新人获得皇帝的亲密很是困难，因为皇帝的生活礼仪和程序由太监严格管

---

① Anderson 1990：45.
② Mitamura 1970：132.
③ Mitamura 1970：134—35.

制。他们不仅组织也参加统治者的夜间活动。有一个官员专门处理皇帝和皇后及他的妻子和嫔妃们的亲密关系。当皇帝与他的妃子发生亲密关系,日期将会被记录下来,作为日后回溯的合法性依据。此外,他每一次花时间与他的情妇相处也都由该官员记录。①

被阉割的男人被认为是女人完美的仆人和监管人。根据《周礼》(一本周王朝的礼仪典籍),国王有责任在内宫豢养一个皇后、三个侧室、九个妾、七十二嫔妃和八十一个仕女。结合该系统,周王还采用阉割的男人监督皇家,警卫他的后宫。② 在妇女中,有不断的竞争,要生一个儿子,以及获取皇帝的宠爱。太监总是与宫中其他非正式权力中心有密切的联系,包括帝王的妻子、配偶和嫔妃。在周代,周王身边的妇女的数量总计是120名。接下来的数个世纪里,嫔妃的数量似乎有了稳步增加。据说武帝获得了成千上万的美女来充斥后宫,使之人满为患。按照皇帝开启的先例,风气开始蔓延到广大封建主和富裕的官员那里。③ 并且随着嫔妃数量的增长,宦官的数量也随之增加。

组织化的宦官权力到了东汉王朝已经变得不可控制。妇女的野心似乎应当再一次对此负责。④ 在此时期,宦官机构中常侍被重新恢复,这使得高位阶的阉人把持觐见皇帝、皇后的通途成为了可能。根据儒家史官所述,六个皇后先后将常侍这个宦官机构提升至大权在握的位置,无意中播下王朝垮台的种子。公元135年,太监被允许领养子嗣,并且他们的权力增长带来了财富的聚集,其中不少人拥有面积巨大的农田。早在公元189年,汉灵帝在32岁时崩殂,继位的汉少帝仅仅只有13岁,何太后开始以他的名义掌管全国政事。她旋即提拔了早期参与镇压"黄巾"叛乱的兄长何进,封之为大将军,并试图任命十二大宦官来掌控内宫

---

① Mitamura 1970: 111—13.
② Tsai 2002: 221; Mitamura 1970: 78.
③ 一夫多妻制需要金钱和权力,故此群众实行一夫一妻制。参见 Mitamura 1970: 79—80, 82.
④ Eberhard 1971: 117—20.

的中常侍。但是站在官僚一边的何进推动他的妹妹,即皇太后剪除宦官,并指控他们与猖獗的腐败和权力滥用有关。①

最后的结局是,到了公元189年9月,尚方监渠穆拔剑斩何进于嘉德殿前。作为报复,何进的副手转而带领军队进入首都洛阳并杀死了超过两千名宦官。首领宦官张让带着十几岁的少帝和皇太后,逃向黄河北上。在被他的敌人围困之际,张让投黄河自沉,而他的庇护人何太后则被鸩杀。随后少帝被废黜,取而代之的是比他年长18岁半的兄长,即汉献帝。而这恰好是汉王朝覆灭的开始。②

4. 罗马帝国的妇女和宦官

比较中国和古罗马宦官在实践中的职能很是有益的特别是,试图找出其与妇女联盟以追求影响和权力的异同。然而,因为罗马宦官在发展过程中所扮演的角色与我们在中国历史中所认识到的略有不同,所以有必要从考虑罗马女性的一般权力的历史与结构以及宫廷太监和(由奴隶解放出来的)自由民(Freedman)的前身等开始入手。

4.1. 罗马的妇女和政权

由于某些原因,罗马妇女较之中国的情况有实质差异。正式的一夫一妻制原则在希腊罗马从未遭到严重质疑。事实上,截至共和国后期,罗马已经为妇女制定了不同寻常的权利。通过解放,妇女能够独立于她们的家父或丈夫处置自己的事务。③ 即便如此,掌控政府的权力从来没有拓展到占人口半数的妇女那里。一个女人如果要寻求政治上的影响,为达到这一目标,只能通过幕后对男人发生影响来实现。关于女性在元

---

① Tsai 2002:223; Anderson 1990:83—97.
② Tsai 2002:223—24.
③ Kaser 2003:72,76ff.

首设立方面所产生的政治影响,我们的材料看起来更加敏感。从奥古斯都统治开始,妇女掌控家族事务吸引了众多历史撰述者的目光,她们甚至被怀疑在必要的时候会使用犯罪的方式操纵丈夫和儿子。这种传统的开始与奥古斯都的妻子和提比略(Tiberius)的母亲莉维娅(Livia)有关,到小阿格里平娜(Agrippina the Younger)时达到第一个高峰。两个女人设法(通过以前的丈夫)立她们的儿子作为王位继承人。作为皇帝,提比略和尼禄都被描述为遭受到母亲的阴谋算计。①

阿格里平娜是臭名昭著的卡利古拉(Caligula)的妹妹,也是日耳曼尼库斯(Germanicus)的女儿,因此是创始元首制度的奥古斯都的直系后裔。在公元49年成为克劳狄(Claudius)皇帝的第四任妻子之前,她已经有了一个名叫卢修斯·杜米仙·阿赫诺巴尔布斯·尼禄(Lucius Domitius Ahenobarbus Nero)的儿子。克劳狄娶她的决定是基于王朝的考虑。诚如安东尼·巴雷特所说:"克劳狄需要一个妻子,并不是为了性或陪伴……而是因为他需要一个政治盟友帮助他保持在海湾扬言要推翻他的元首地位的部队。……他曾试图寻求与贵族联合,但是失败了。他一定知道……唯一有效的安全将来自帝国内的姻亲联盟。"②除此之外,苏维托尼乌斯(Suetonius)声称克劳狄的决策一直受他的妻子和自由民的左右。③ 更有甚者,因为她的后裔阿格里平娜如果嫁到另一个家族,她可能成为对克劳狄的一个危险。争论归因于自由民(freedman)和他的知己帕拉斯(Pallas)的影响。④ 家族的联系已经非常致密了:克劳狄是阿格里平娜的叔父。几乎是紧接着婚姻,她让她的儿子和克劳狄的女儿奥克塔维亚(Octavia)订婚,一年以后,也就是公元50年,她接受了"奥古斯塔(Augusta)"的名号。她是第一位在皇帝有生之年能够与之分享这

---

① Suetonius, Life of Tiberius 50.2, 51.1; Perkounig 1995: 149—65; Barrett 2002: 146—73. Suetonius, Life of Nero 9, 34, 35.3.
② Barrett 1996: 95; Eck 1995: 38.
③ Suetonius, Life of Claudius 25.6. Friedländer 1922: 41, 46—67.
④ Oost 1958; Tacitus, Annals 12.2.3; Eck 1995: 38.

个头衔的皇后。① 而且,她获得了另外一个重要的荣誉,即参与每日的会众致候(salutatio)。当朝臣和门客每天早晨向皇帝致敬时,他们也会同样对她如此行事。② 她甚至设法能够在元老院的会议期间出席,"他们的会议专门在帕拉提姆宫(Palatium)召开,这样一来她能自己站在一个在他们后面新添加的门之后,窗帘的厚度足以掩盖她于人们视线之外,但不能阻止她听会"。③

作为一介女流,阿格里平娜不能够获得衙署,但是罗马元首实际上从来没有真正意义上的办公室甚至没有一个明确的法律地位。元首建立在财富、门阀、军队的忠诚和奥古斯都的名声之上。在这种情况下,如果一个女人借由她的朱利安的背景获取了合法性,为什么不能发挥官方的作用呢?在任何情况下阿格里平娜都不寻求自己去统治;相反,她打算通过她的儿子尼禄发挥影响。公元50年2月,克劳狄收养了尼禄,尽管他已经有了一个更加年少的儿子布列塔尼库斯(Britannicus)。在公元54年克劳狄改变主意,想把布列塔尼库斯推到聚光灯下之前,尼禄已经成为了继承人。阿格里平娜立即采取了行动,对她的丈夫下了毒。借助阿格里平娜的随从布鲁斯(Burrus)、警卫长和塞涅卡(Seneca Burrus)的帮助,27岁的尼禄继承了他的继父的王位。事实上,受到自由民支持的阿格里平娜、塞涅卡和布鲁斯的影子团体掌管了皇宫秘书处(他们是皇帝的家庭及屋苑的管理负责人)。在接下来的若干年中,阿格里平娜在没有任何掩饰的状态下实践了她的野心:她的儿子"允许母亲对私人与公共的一切事务发挥最大影响"。④ 不过母子之间的隔阂已经出现。她的盟友弗里德·曼帕拉斯,一个负责账目的最重要的秘书处的首长成为了首个目标:在尼禄继位后不久,他被迫辞去帝国财政监督者的职务。

---

① Tacitus, Annals 12.26.1; Cassius Dio 60.33.2a; Barrett 1996:108.
② Tacitus, Annals 13.18.5; Cassius Dio 61.33.1; Barrett 1996:108.
③ Tacitus, Annals 13.5.1 (trans. J. Jackson).
④ Suetonius, Life of Nero 9.

最终在公元59年，尼禄下令处死他的母亲。他给的理由是阿格里平娜已经争取到了参与政府(consortium imperii)，并且她曾希望禁卫军以及人民和元老院宣示效忠一个女人，这些都是耻辱性的。①

4.2. 宫廷宦官的先驱：罗马宫廷管理者自由民

克劳狄将行政官手中的权力集中到宫廷，以此与他政治上的对手的元老们相抗衡。尽管自由民发迹时已经处于奥古斯都治下，②他们影响力显著提高则是在卡里古拉(Caligula)时代。一些帝国的自由民已经履行了裁判官的职责，并在紧急情况下受到官方委托。公元32年，自由民之一希波努斯(Hiberius)担任了埃及行省长官长达数月；公元48年，纳西斯(Narcissus)担任了一天卫队长。③ 当克劳狄在公元41年继承卡里古拉的皇位之后，他受到的是来自禁卫军和宫廷宦官的支持，而不是正在讨论是否废除元首的元老院。④ 禁卫军和自由民依靠着君权的特殊形制维系他们的生活，这让他们一开始就成为了克劳狄皇帝的盟友。帝国的自由民大多出生寒微但受过高等教育，大多数来自希腊，因此在当时被禁止担任公职。他们受到贵族的鄙夷并完全依赖克劳狄，因此他们只对克劳狄一人效忠。这意味着一种许多贵族可能仍然抗拒的顺从。克劳狄在他的家庭开设了秘书处，由奴隶和前奴隶们充任，强化了最受他信赖的自由民的权能。已经在卡里古拉治下拥有了影响力的帕拉斯和卡里斯图，以及波里比阿(Polybius)和纳西苏斯(Narcissus)是政府中最重要的首领。⑤ 作为财政办公室的首长，通过财政管理，帕拉斯占据了一个关键的职位。行动通讯总监(proximus ab epistulis)纳西苏斯，负责通

---

① Suetonius, Life of Nero 34; Tacitus, Annals 14.11.1. See also Eck 1995: 72—76.
② Boulvert 1970: 55—56.
③ Levick 1990: 47.
④ Dettenhofer 2003.
⑤ Levick 1990: 57; Suetonius, Life of Claudius 25.6, Life of Nero 35.4.

信并担任私人秘书。文书（libellis）部门负责呈请，先后有波里比阿和卡里斯图领导。根据研究，这里面包含了支持司法管辖权的知识。① 这些克劳狄时代的自由民的贪婪可谓臭名昭著：他们积累了惊人的财富，这成为他们最突出的标志。②

为了获得非凡的地位，并使儿子成为克劳狄的继承人，阿格里平娜同样也仰仗自由民的帮助。帕拉斯就曾是阿格里平娜的同盟，而且后来获得了尼禄的信任。③ 然而在公元62年，尼禄下令将他处决，以便获得他的财产。④ 纳西苏斯支持另一个贵妇成为克劳狄的配偶。公元54年10月，阿格里平娜在梅萨利纳墓前设计将他处死。⑤ 对自由民而言，似乎"元老制政府不能向妇人那样为他们提供好处……这使得妇女和宦官之间建立了稳定的同盟来对抗天然的竞争对手"⑥。我们可以得出这样的结论：他们在王朝政治的幕后战场分享成功和失败。历史学家苏维托尼乌斯（Suetonius）反复强调克劳狄几乎完全仰仗他的妻子和自由民们，因此认为他们是绝大部分政策的真正造就者。（Life of Claudius 25.6，29.1）

在目前情况下，必须注意到早期帝国的高位阶自由民是宫廷宦官的先驱。当被来自"骑士"（equestrian）阶级的出身自由的行政者取代的时候，他们已经为来自帝国之外的出身卑微的人们铺平了道路：到了古代晚期和拜占庭时代，宦官最终晋升到具有影响力的地位。就像芭芭拉·李维克所论，"如果拥有自由民可以像知己一样安全，是因为他们被排除

---

① Suetonius, Life of Claudius 28—29.1；Boulvert 1970：65.
② Suetonius, Life of Claudius 28.1；Life of Nero 35.4.
③ Tacitus, Annals 13.14.1. See also Suetonius, Life of Claudius 28.1；Tacitus, Annals 12.1，12.25.1.
④ Tacitus, Annals 14.65.1；Cassius Dio 62.14.3；Suetonius, Life of Nero 35.4.
⑤ Tacitus, Annals, 13.1；Cassius Dio 73.16.5.
⑥ Levick 1990：57.

在正式的政治之外,那么宦官更加安全"①。

4.3. 近古罗马帝国中宦官的权力

在罗马,阉割被认为是一只从东方传来的东西,并成了堕落的代名词。② 尽管如此,在戴克里先和君士但丁建立的新秩序之下,公元 4 至 5 世纪的太监在罗马宫廷中成为了一个很有影响力的团体,特别是在皇帝隐居生活于复杂的仪式之下的帝国东部。③

罗马宦官的关键特质与中国是一样的,或者说至少是很接近的。④ 接近皇帝和确保受到皇帝的宠信是宫廷宦官获得权力的唯一基础。就像卧室(帝国的寝室)中的仆役,他们与皇帝的私密领域紧密相连。他们控制觐见者朝见的途径,通过这个特权获得财富:这样一来,他们强迫觐见者缴费,并且,到了 5 世纪,向每个被任命到公职者进行摊派。宫廷太监在贪婪和积聚财富方面可谓臭名昭著,很像克劳狄时的自由民。然而他们的出身和生理缺陷造就了他们对罗马社会而言始终是局外人,没有一个正式的基地或盟友。统治者将之视为一种利益。虽说无法融入正式的贵族阶层,但他们不仅可以抗衡贵族和执政官,而且正如霍普金斯(Keith Hopkins)指出的,他们可以作为整个政治系统的"润滑剂"。⑤ 他们可以吸收那些本来会指向皇帝的批评。恶意太监们的宫廷阴谋是很容易被察觉的弊病。尽管对太监的权力系统有严厉的批评,致使朱利安(Julian,公元 361—363 年在位)和马克西姆(Maximus,公元 455 年在位)两位皇帝都试图将之废止,但没有谁能建立一个有效的替代方案,以

---

① Levick 1990:57. 斯维都尼亚斯(Suetonius)已经提到了克劳狄家中的两个太监:备受克劳狄赞誉的波西德斯(Posides,在克劳狄身边 28 年)和克劳狄的尝食官哈洛图斯(Halotus)(前引 44.2)。两人都属于自由民,并因此成为罗马公民。
② Horace, Epodes 9.13—14.
③ Guyot 1980:130; Dunlop 1924:178—79.
④ Hopkins 1978:172—96; Guyot 1980:130—80;以及更晚近的 Schlinkert 1994; Scholten 1995; Scholz 2001.
⑤ Hopkins 1978:196.

至原有的系统仍旧存在。帝国最有影响力的职位之一已经为太监所掌控,包括大管家(praepositus sacri cubiculi)、首席侍从(cubicularii),由此,随着时间的推移,内廷仆役中的阉人群体数量越来越庞大。① 在东罗马帝国建立秩序的优先序列中,有太监和曾经是奴隶之人(ex-slave)充任的大管家把持着王国的第四阶层,仅次于禁卫军长官、市政官和军士长。② 他的任期取决于皇帝的心意,且通常可以长过禁卫军长官一般情况下三年的任期。其中的一些人变得非常著名。曾经是奴隶的优西比乌(Eusebius)是皇帝康士坦丁二世(Constantius II,公元337—361年在位)时期的掌权者,并在当时政治中起过积极作用。他被康士坦丁的继任者朱利安皇帝(公元361—363年在位)判处了死刑。③ 曾经是奴隶的尤特罗庇乌斯(Eutropius),可能是亚美尼亚血统,在最早起步的阶段他就成为了太监。他赢得了狄奥多西皇帝的信任,并且成为了狄奥多西的儿子,也就是阿卡狄乌斯(Arcadius,公元395—408年在位)的侍卫长,并成为了皇后艾丽娅·尤多西娅(Aelia Eudoxia)的竞争者。一开始促成了皇帝与自己也是外国血统出身的美丽的皇后尤多西娅的婚姻的侍卫长,以及阿卡狄乌斯皇帝统治期间的禁卫军长官鲁菲努斯(Rufinus)可以视为真正的统治者。④ 最终,尤特罗庇乌斯被判处了死刑。正如克里塞欧西乌斯(Chrysaorius)所说:"如果你有个太监,杀了他;如果你没有,那就买一个来杀掉。"⑤

作为特例的侍卫长和作为一般情况的宦官队伍,都将他们的权力远远地扩张到了正式的宫廷管理这个限度之外。由此产生了进一步的后果:宦官开始被任用于宫廷之外的特殊任务。接受了帝国的授权和很高

---

① Guyot 1980:24ff.
② Guyot 1980:175.
③ Ammianus Marcellinus 14.11,15.3,21.15.4;Guyot 1980:199—201;Dunlop 1924:260—70;Wiemer 1997:338.
④ Zosimus 5.24.2;Dunlop 1924:272—48;Hahn 1997:374—80.
⑤ 可以 Dunlop 1924:284.为证。

的位阶之后,宦官被送去执行特殊的任务。按此,在高卢军队叛乱的早期,优西比乌被派去通过贿赂叛军领导者以平息叛乱。① 皇帝狄奥多西派遣尤特罗庇乌斯去咨询在埃及的一个神圣的隐士关于他与篡位的欧根纽斯(Eugenius)冲突的结果。②

基思·霍普金斯(Keith Hopkins)建议说持续将太监用作宫廷侍从和他们对权力的重复行使可能与宫廷的相关仪式有关,这大约可以追溯到公元3世纪末期,公元298年加莱里乌斯(Galerius)俘获了波斯皇帝的后宫,可能也致使罗马王廷宦官数量的激增。③ 与中国的情况不一样,罗马的宦官们并不由于单纯的原因而与妇女的居处联系在一起。然而,罗马的统治阶级似乎也从东方习得了某些习惯。卡西乌斯·迪奥(Cassius Dio)已经指出:当时塞维鲁皇帝(Septimius Severus)手下的卫队拥有数以百计的自由身份的罗马阉人,这样一来只有太监会伺候他的女儿。④ 朱利安皇帝用于遣散宦官的借口是他本人独身,因此没有使用太监的必要。然而,更有可能是它放弃了排场和奢华,以证明他不像他的前任康士坦丁(Constantius)受到同样的影响。⑤ 作为仆役,宦官试图获得接近皇后和女眷的通途。⑥ 因为他们与统治者共享私密的领域,所以看起来似乎在侍卫长和皇后之间存在着潜在的通谋关系。当然,这也只能终于惨烈的对抗。

5. 结论

采用比较方法研究罗马和中国的宦官揭示出一些结构上的相似性。

---

① Ammianus Marcellinus 14. 10. 5.
② Sozomenus, History of the Church 7. 22.
③ Hopkins 1978:192—93;Klein 1997:278.
④ Cassius Dio 75. 14.
⑤ Socrates, History of the Church 3. 1.
⑥ Ammianus Marcellinus 14. 6. 17;Guyot 1980:135.

作为一种与绝对权力关联的隔离，被统治者崇拜和宫廷仪式所增强，为上述两个帝国的宦官政治权力奠定了基础。控制接近统治者的天然通路加强了这种影响力。作为主权者和他的臣民之间以及在宫廷中的女眷们的中间人，太监满足了神圣皇帝对信息和对人的接触的需要。[①] 尽管这使得他们极至权威，他们的境况降低了他们的社会身份，这样一来统治者不会把他们当做竞争对手来看待：他们总是需要保持对统治者完全的依赖。他们表现为一个被轻视的群体，仅仅能存在于内廷，并在皇帝的庇护之下生活。作为个人，他们的权力是皇帝的恩惠的结果。在两个帝国中，他们都只能存在于统治者的荫庇之下。

宦官可能没有与任何一个皇帝的臣下或任何人形成共同利益，但很明显他们和其他的群体合作的情况仅发生于宫廷之内，包括皇帝的妻子、妃子和妾。这种共同利益最终看来使他们通过枕边风获取影响力，成为他们与统治者密切联系的工具，并且当受到威胁时，被他们用作对抗官僚的武器。两个群体都不得不面对和尝试许多权力被排斥的情况，以及随之而来的歧视。并且，至少在中国，被排斥者还包括正式的权力。但权力结构却远不止于此。阴茎一直被视为权力并作为一种权力工具被使用。这个视角将我们导向一种对古代太监和他们在权力关系中的位置的解释方式。是什么使太监如此特殊？为什么阉割会改变受影响的人的一切？男人的身份识别主要是基于他们的生殖器，而女性的身份识别一直与他们的父亲或丈夫、儿子相关。社会赋予重视男性的价值比女性的多得多，尤其是考虑到自己的性别带来的自卑已深深扎根于妇女所受的教育中。这意味着，女性的自尊和自我意识应该完全依靠男人，或者家庭，或者通过生下儿子而获得感激。[②] 这种对顺从的鼓励促进她

[①] Hopkins 1978：187.
[②] 顺从是儒家所崇尚的妇女的三大美德之一。中国传统妇女应当在出嫁前从父母，婚后从夫，夫亡后顺从长子。另外两种美德是忠诚和诚信。参见：van Gulik 2003：58—59；Tienchi 1984：105.

们融入中国和罗马社会严格的父系结构中。社会背景的差异造成了些许不同。事实上,很少一些妇女冲破这种束缚并获得政治上的影响力,通过作为母亲的身份形式,这经常以摄政的形式出现。

当一个人失去了他的生殖器时,他发现自己处于类似女性的情况。他有他的出身,但需要一个新的参考点为他未来的生活提供指引。因为他不再被其他的男性所接纳,①所以太监变得像父女那样依赖于父系结构。通过将自己的身体和灵魂完全托付给他们的主子,太监在中国和罗马都被看作是完美的仆役。

---

① 在英国的宫廷中同性恋倾向有着悠久的传统。这可以在整个王室家族中观察到。在男人中间,性取向和其在特定权力结构中的效用之间似乎有某种关联,这远比对政治对手的恐惧更为深刻。在此我特别要感谢为我的研究提供悉心支持的 Alaric Searle(索尔福德大学,曼彻斯特)、Pei-chuen Kao(北京大学)和 Uwe Dubielzig。

五 罗马和中国历史上的指挥型和消费型世界帝国、贡赋和贸易

[丹麦]皮特·菲比格·班

> 你是否意识到这些人……能从我们这里索取的贡赋,并不来自我们的土地或我们饲养的禽兽,而是来自我们的愚蠢?因为在动武时占了上风的人迫使战败者向他们缴纳银钱,这就叫作贡赋,而且这是一个象征:向他人支付贡赋的人既不勇敢,也不幸运。因为尽管没有人能攻击或迫使他们,但因为愚蠢和自我放纵,某些人将最高的奖赏、银两以及他们自己的意志力,送给那些远道而来,甚至漂洋过海而来,登上我们的土地的人,这种行为岂不是更加怯懦和不光彩?
>
> ——迪奥·克里索斯托穆斯(Dio Chrysostomus)

1. 导言

这一章有关贡赋和贸易、帝国与市场。这一系列问题在罗马和中国历史上不仅共同存在,而且还都成为各自经济史上巨大挑战之一。问题的核心已经包含在以上摘录于希腊化时代罗马演说家迪奥·克里索斯托穆斯的演讲词中了。在他的推理中并没有什么原创的或者特殊性的东西。其中反映出来的是古代道德和政治哲学所蕴含的古老主题。这正是为什么他将我称之为"农业帝国的悖论"的现象表达得如此清晰。

在征引中我们偶见迪奥·克里索斯托穆斯对海外贸易给罗马征服者性格带来的堕落化影响给予的激烈抨击。外国的珍宝和奢侈品的进口被描述为破坏帝国人民道德的力量。他们将罗马置于低三下四地依赖于她的下级的位置，这意味着向野蛮民族自愿交付耻辱性的贡赋。所有米堤亚、波斯和马其顿的帝国建立者都因为他们允许自己被渴望"悲惨和不幸的财富"所奴役而失去了权力，如果罗马人不想步这些帝国的后尘，人民必须摆脱这样的欲望。① 然而，从演讲中也可以清楚地看出，奢侈品进口本身就是帝国的利益之一。

政治性论说经常敌视并总是怀疑伴随着广泛存在的市场和商业构成的贸易和商业，如何整合它们成为了像罗马和中国这样的农业帝国历史上的一个大难题。学界也曾产生了一些最鼓舞人心的奖金，用于前工业化经济历史研究领域。由于涌现了摩西·芬利（Moses Finley）的《古代经济》(Ancient Economy)和伊懋可（Mark Elvin）的《中国历史之范式》(The Pattern of the Chinese Past)两部著作，1973年被证明是收获最为丰富的一年。两本著作都从一个相似的问题入手：为什么希腊化罗马时代和中国，无论它们辉煌和骄人的成就如何，都不曾发展出现代资本主义？芬利在希腊、罗马文化中找到了一种解释。② 伊懋可则认为中国已经进入了一个所谓的高级平衡陷阱（highlevel equilibrium trap）。受到亚当·斯密（Adam Smith）关于中国内陆广阔市场理论的启发，伊懋可将"天朝"视为达到前工业化的平衡状态，在其中传统的资源被最有效地利用，因此要想再进一步发展也是几乎不可能的。③ 在芬利的图式中，地主阶层精英的文化、政治观念和国家的掠夺性活动阻碍了发展；反之，伊懋可分析认为主流政治文化处于更为边缘的地位。除了间或的敌意和

---

① Dio Chrysostom 79.5 (transl. by H. L. Crosby) 79.6.
② Finley 1985, chs. 2 and 6.
③ Elvin 1973，特别是第17章的内容。亚当·斯密关于中国内陆市场和经济接近静止状态的研究，参见 Smith 1976：111—12, 680—81.

道德上的责难,中华帝国有效地容忍,甚至在一定时期内促进了商业化和自由市场贸易的发展。或是因为开明,或是因为默许,良性的冷漠和放任,以及破坏性干涉主义两种相反的解释表现出,现代学界已在农业帝国政治经济的争论中呈现出两极状态。

不过,这两种类型的解释看起来都需要调整。目前很少一些研习前工业化王朝的学者会愿意视国家为能够主宰和支配经济并能造成经济延迟的角色。个别政策能够对上述方面发生较为深远的影响,但是它们通常会受到限制,影响也会是被隔断的。对广大民众而言,帝国政府势必是一个相当遥远的存在,是一个相对较轻的负担;对大多数民众的日常生活而言,帝国政府缺少建立一种更强有力的发挥影响的途径。对于帝国政府角色的一种更为谨严的观点认为,它可以被视为各个自由市场的离场者。例如,王国斌(Bin Wong)将伊懋可的高级平衡陷阱发展为由斯密动力(Smithian dynamics)主导的经济概念。① 不过,交易成本问题严重削弱这一论断的确定性。中国和罗马帝国广袤的幅员,迟缓的通讯和交通,在中央政府之外缺乏能够强有力地执法和维持秩序的政府机构,地方社群通过根深蒂固的士绅群体行使治权——所有这些以及其他一些类似的因素无不在告诫我们,不要高估可能实现的经济一体化水平。强烈商业化的区域可能夹在一些没有接触到任何高层次的贸易区域之间。在帝国的范围内,这些经济受到违规行为及不完善、不对称性的影响。优化经济表现也仍然有足够的空间,至少大部分地区,甚至在人口稠密的中华帝国晚期是如此。② 然而,压迫干涉主义和相对自由的市场不必要被视为相互排斥的选择。两种现象似乎是已经形成的同一现实状态的不同组成部分。政治胁迫和商品化共存,应被理

---

① Wong 1997, pt. 1. 但很重要的一点是要将"斯密动力"概念理解为一个理想型。Part 2 接着探讨政治经济的重要性,换句话说制度因素,在塑造近代中国经济中的作用。这是波梅兰兹(Pomeranz)2000 在其进一步展开中未能重视的基本概念的一个方面。
② 一些简要说明,参见:Deng 1999: 13—16, 193—99;罗马的情况,参见:Bang 2004 and 2006.

解为与帝国的形成过程密切相关。按帝国主流话语的立场来说,迪奥·克里索斯托穆斯坚持强制和交流是密不可分的。罗马进口外国奢侈品被他嘲讽为等于贡赋的报酬。但这是在错误的方向行进。贡赋是一些附庸的、境外的蛮族人民应向罗马支付的物品,而非其他。从帝国的角度来看,与周围的世界紧密联系使他们置身于进贡和纳贡的关系中。从中国的历史也可以获得这样一个众所周知的看法,即随着汉代朝贡体系的建立,尝试在朝贡关系的层次结构范围的调节中实现中华帝国的利益。① 只是到了后来,也就是明清时期,伴随着(无效的)试图实现所有海运外贸的严格监管,这个系统才达到了它的巅峰。此后,贸易只是授予曾公开承认他们将向中国皇帝缴纳贡赋的外国人一种特权。② 很有趣的是与此同时的 15 世纪早期,由太监郑和率领的海军开始了大规模的远征。他们试图把印度洋沿岸的东南亚国家纳入中国朝贡制度的轨道,并载回外国统治者的回馈之声,以及奇珍异宝,以反映皇帝的强大而广泛的影响力。③ 罗马政府从不曾对其纳贡者采取类似的行动,将之纳入如此宏大的贸易政策之中。但在较小的规模中,我们也找到的它所使用的几种策略,尽管按照汉代朝廷的做法,可能会施以更系统的方式。④ 包括为了地区税务控制人和货物在边境流动的企图,通过授予或扣缴其人在帝国境内的贸易特权操纵接壤的部落。就像是一种潮流,对有战略价值的物品出口的禁令涉及铁、燧石、小麦和盐。罗马皇帝对于他们自己在宫廷上接受其他部族、王国的进贡感到非常自豪。作为回报,他们获得慷慨的赠礼,并经常获得将他们自己的物品在免关税的情况下带给其本族人使用的特权。⑤

---

① Yü 1986.
② Fairbank, ed. 1968; Wills 1984; Sahlins 1989; Hevia 1995.
③ Dreyer 2007.
④ Yü 1967, chs. 3 and 5.
⑤ Digest 39.4.11 (Paul, Sententiae, book 5); Cassius Dio 72.11.3 (这个皇帝拒不承认蛮族有贸易的权利,他害怕这会让蛮族建立起供应体系)。受研读中国历史启发而对罗马边疆问题采取的新理解,参见 Whittaker 1994。

贡赋对帝国来说是控制和分配财富的一种方式。它旨在为统治阶级、群体或人民提供扩大水平、范围和多样性的资源。在为罗马唱赞歌的同时,古代作家们通常也对无穷的财富和大量的货物流向国都,即人类文明的中心表达着赞许。在种类繁多的各个方面控制支配和消耗世界的,是伴随着军事上的胜利之后公开宣布胜利的仪式和热烈欢迎凯旋者的欢庆活动。我们来看看约瑟夫斯(Josephus)如何描述维斯佩基安(Vespasian)和他的儿子泰特斯(Titus)在耶路撒冷沦陷后如何庆祝胜利:"几乎不可能有恰当的方法来描述那为数众多的奇迹和可以想见的辉煌,无论是在众多的艺术作品中还是各种各样数不胜数的财富和稀世珍宝方面都是如此。因为一个人曾有幸一个接一个得到的所有财富——来自不同国族的珍宝——在这一天里都被聚集以展示罗马的伟大。"[1]在过去的"黄金时代",也就是农神时代(the era of Saturn),当时大自然已经备好了丰饶的产品,人们得以从辛苦劳作中解脱出来。然而帝国对享有特权的胜利者作出承诺,让他们享受到另一个时代的繁盛。[2]就像市场一样,贡赋帝国整合了经济战略。这使得胜利者去参与和尝试在广泛的区域中选择不同的特点和财富。在本章的其余部分,我将会勾勒出农业帝国运作中经济的三个维度:(1)作为贡赋实体的帝国;(2)贡赋的摄取和商业化;(3)帝国的消费文化,即简明的结论。

2. 作为帝国产业的贡赋

帝国的庆祝活动用到范围广大的珍奇,这使得以本地化的小社群为特征的世界获得与帝国间的联系成为了可能。这是一个绝大多数产品从不可能离开它们的原产地并被消费的世界,这里所能种植和收获的产

---

[1] Josephus, Jewish War 7. 132—33 (trans. modified from Thackeray).
[2] 据奥维德(Ovid)*Metamorphoses* 5. 101 中的考察,在黄金时代,土地产出丰饶,但并不用于贡赋(immunis)。帝国的实施和整合宣布一个新的黄金时代;参见 Horace, *Carmen Saeculare*。

品很大程度上取决于当地的地质、气候和生态。乡里农业占据统治地位，其增长潜力相当受限制。从柏拉图的《理想国》中可知，这些地方规模很小，且是接近自给自足的社区；并且，诚如希腊哲人坦率的解释那样，如果人们想要获得比向他们提供有限的选择更多的机会，其社群必须追求战争和帝国主义的策略。① 只有通过成功的政府才可能带来更多的领土。这些都是获得更多样的控制和大量的资源的必然要求。在艾森施塔特(Eisenstadt)的恰当解释中，帝国主义旨在创造"自由浮动的资源"(free-floating resources)。② 通过加强进贡收入，帝国为了资源而强势打破半封闭的地方经济的局限，将它们带到更广阔的流通领域。像罗马或汉代中国这样疆土巨大的帝国，他们有能力从各个地方社群中抽出部分产品，以抵消众多小型社区生产盈余的限制并将积累的财富集中到数量有限的特权者手中和特定地方来消费。结果是把例如罗马、君士坦丁堡、长安和洛阳等首都城市变为前工业化时代的巨型都市。随着人口上升到六位数，城市化从原有的状态提升到了一个完全不同的量级，并随之提供了一个更为广泛的消费机会的样态。③ 在罗马，几乎是整个世界都结合在了一起。她就好像《启示录》中的"大淫妇"(the great whore)，和她的"宇宙中心"的颂词一样，是一个从各处接纳最好和最坏东西的地方。像罗马和汉朝这样的帝国因此在经济学术语中被描述为贡赋生产体系(tribute-producing enterprises)。

　　帝国事业的主要花费来自军队。大帝国在挥霍无度的开支方面从来不乏名声。罗马人在这方面也不例外。"面包和竞技"、庙宇、巨大的公共浴池、富丽堂皇的配合物、无所不在的浮华景象都是帝国预算的主

---

① Plato, *Republic* 2.372d—74d.
② Eisenstadt 1963：26—28.
③ 有关罗马的情况，参见 Morley 1996；Edwards and Woolf, eds. 2003. 洛阳的状况，参见 Bielenstein 1986：262—64，长安的情况，参见 Nishijima 1986：574—76.

要支出项目。① 中国历史有自己关于炫耀性消费的故事。它体现在最近发现的秦始皇的惊人规模陵墓与成千上万的兵马俑,北京气势壮观宏伟的"紫禁城",精妙的颐和园,以及在鸦片战争期间被西方远征军焚烧和抢劫而灭失的奇迹。然而无论出现多令人侧目的珍贵财富,都比不上历史上战争这种更昂贵的活动。没有什么像军事行动那样能够榨干帝国收入,进而威胁到所需的储备。在汉帝王中属于征服者的汉武帝,同时也是一种试图最为广泛地提高税收水平的举措背后的策划者。他雄心勃勃地在亚洲内陆前沿延伸的扩张政策,给当时帝国的财政状况造成的负担远超过了他们的想象:"先帝哀边人之久患,苦为房所系获也,故修障塞,饬烽燧,屯戍以备之。边用度不足,故兴盐、铁,设酒榷,置均输,蕃货长财,以佐助边费。"②这种花费昂贵的军事行动并没有被帝国各个阶层的精英很好地接受。公元前 1 世纪的相关批评性的回应中的一小部分被保留了下来。这些对话记录了武帝继任者统治期间,有关他的新的增加收入措施的优点和缺点的辩论。儒家文人在这里提出让君主控制军事上野心的劝告。皇帝和他的大臣们更倾向于"畜仁义以风之,广德行以怀之。是以近者亲附而远者悦服。故善克者不战,善战者不师,善师者不阵。修之于庙堂,而折冲还师。王者行仁政,无敌于天下,恶用费哉?"③按照这种观点,帝国的军队是一个花费过于巨大的工具,在其所有方面都受制于虚荣。

这建议的要点在于,无论怎样致力于军事荣耀,没有一个成功的帝国能够长期无视这种举措带来的负担。帝国军队要慎用军事,它是一种稀缺资源,不能容许过度浪费。这看起来自相矛盾,但即使像罗马政府这样军国主义的典范,一般情况下也慎重地使用其巨大的军事力量。没

---

① 经典的分析来自 Veyne 1976。关于估计罗马帝国的预算的估算,参见 Duncan-Jones 1994: 45—46。
② 《盐铁论·本议》,(Gale 1931: 4)。
③ 《盐铁论·本议》,Gale 1931: 4—5 (ch. 1f.)。

119

能正确地认识到这个普遍原则导致现代评论者在很多场合做出了错误的估计,尤其是当他们精心建构公元前2世纪罗马帝国主义的防御理论的时候。当取得了公元前168年在皮德纳(Pydna)的胜利之后,罗马已经决定性地击溃了马其顿帝国。罗马人不愿意吞并被征服者的领土。相反,既有的政治实体被拆散,取而代之的是四个自治的共和国。然而,留下了每年将原有皇室税赋收入的半数向罗马胜利者进贡的义务,这一点是确实的。不过,罗马无意进驻马其顿领土。这些新创立的政权要负责保护进贡的安全。此外,矿藏(作为罗马国内政治斗争的结果,其中的一些被短暂地关闭了)和可能归属于旧皇室的产业被没收。这不是一种不得已而为之的举措,也非防御性的帝国主义,而是为了降低帝国维系的成本并在最少的精力和花费下吸纳部族。①

通过最少的努力获得的贡赋这一点成为持续了几个世纪的罗马帝国主义的一项重要原则。在马其顿这个例子上多说几句很有必要。这表明成功背后的秘诀之一,是实现规模经济。马其顿军队几乎全部被拆散,引发了一场与罗马军队类似规模的增加。吉本(Gibbon)已经注意到,帝国政府维持士兵数量相对较少的状态,以此确保控制更大的地中海世界。② 有时候,虽然经常伴随有来自帝国精英阶层的讥讽,皇帝们甚至更倾向于收买拉拢处于帝国边境的敌对的野蛮人部落,他们大都是对掠夺的渴望,而非不计成本地发动战争。这些部族也有被作为廉价雇佣军加以利用的可能。在古代晚期,罗马皇帝越来越依靠日耳曼联邦军队来替他们参与战争和抵御入侵者。这意味着政府没有将宝贵的行省的臣民从提供农业税收转移到军队责任上来。③ 中国历朝历代培育了管理帝国边境组织结构松散的"蛮族"部落的艺术,并已趋于完善。儒家通常

---

① 卡托(Cato)被认为已经宣布,马其顿应该有自由,"因为他们不能被保护"(Historia Augusta, Life of Hadrian 5.3)。有关事实的简述,参见 Scullard 1980:282—83。更加详尽的讨论参见 Gruen 1984,尽管作者并不熟知经济原理。
② Gibbon 1993:23—24。
③ Cassius Dio 72.11—12;Ammianus Marcellinus 31.4.4;Shaw 1999。

倾向于采取比罗马贵族怀念的那个他们引以为豪的共和国时代更加优厚的政策。欧文·拉铁摩尔（Owen Lattimore）在他的经典论著中揭示出，定居型农业核心地区和边境草原游牧两者之间的关系是中国历史上一个重要主题。① 给予丰富的粮食和丝绸作为礼物，以换取蛮族部落酋长的进贡和对中国至高地位的名义上的承认，这种和平要比发动战争来的更为划算。战争既看不到尽头，对一个移动的又难以控制的敌人掠夺和获得财产前景也不明朗。同样地，这些部族可以被雇来有效地对抗其他威胁到帝国边境的蛮族。

可以肯定，就像西罗马皇帝在公元 5 世纪发现的，这些政策的潜在缺陷远远不是微不足道的。买来的和平经常不稳定。酋长式贡赋的力量往往不够稳固，不能维系一种持久的安排。还有一种危险，源自帝国政府的财富没有满足需求，而是刺激了更多的野蛮人领袖和他们的战士侍从的欲望。如果初始与帝国的联盟已经加强了部落民族的社会和军事组织，这可能对帝国构成严重威胁。帝国权力和野蛮人部落中存在一种不安的平衡。尽管如此，从帝国的角度来看，这些政策的经济回报往往超过风险。毕竟，这些通常都是可以被处理的。相比之下在边境对野蛮人发动战争的成本与购买这些礼物和军事服务的费用相比相形见绌。能让我们用来进行精确计算的材料很少。但也可能形成一种粗略的印象。例如中国的情况，似乎显示出，在公元 107—118 年间惩罚性地对抗一组蛮族游牧部落的工程花费了帝国比绥靖政策多五六倍的成本。② 很长的一段时间内，中国皇帝选择在移民安置上花掉巨大费用就可以理解了。

保留一定数量的士兵的冲动是不可抗拒的。在这个方面，像罗马和汉代中国这样幅员辽阔的帝国拥有一个优势：他们能在一个非常广阔的

---

① Lattimore 1940.
② Yü 1967：61.

地域中获取资源。即使是低级别的动员，还是能够拥有令人印象深刻的军队规模。罗马皇帝发动对日耳曼人和波斯人全面战争的前线所遇到的困难经常被当作皇帝的缺点之一来谈论。然而，他可能是不得不暂时扩大军队规模。二十五至三十个军团规模的帝国的军队要多于共和国政府在公元前60年代保留的用于守卫他们面积更小的领土的武装力量，但这少于在接下来的几十年期间征服和革命斗争中达到的峰值数字。此外，帝国日益从各处招募新兵，而共和国后期庞大的军队的负担首当其冲地落在意大利人身上。因此，动员水平大大低于过去了。① 然而，皇帝已经拥有迄今为止最大的军事力量，比在欧亚大陆西部的任何地方都大得多。他可以放弃极端的征兵制度，如此一来，意大利人口可以维持在共和国晚期和平时代的水准，而又不丧失定期地指挥更多士兵的能力。换言之，他已经开始依靠规模化经济所带来的好处。

　　这种节省人力资源，在军队组织中实现规模经济的能力，可以为解释诸如罗马帝国和历代中华帝国的皇帝总是维持长期的贡赋制度提供重要支撑。当然，历史绝不能仅被化约为经济现象。例如，从成立之初起，惯性和懦弱也是维系帝国持久的力量。另一方面，对他们持续的成功也有很多反面的声音。伴随着疆土的扩张，他们看起来似乎超过了可承受的极限。低速的交通运输和通信手段使得严格控制所有地域不具备可能性。人们必须对帝国所属的地方随时可能分裂有所预期。然而，这些帝国维系时间之长令人惊讶，可能是因为他们能够在相对低的成本

---

① 元首制的大部分时期，罗马帝国军队大约保持在25到28军团。这比公元前60的共和国和平时期人数要多得多。但是少于文献中记载的公元44年的35个军团，或在接下来数年的内战期间顶峰时期的50到60个军团。每个军团理论上由5千到6千人组成。在皇帝之下的军团士兵的数量因此可以估计介于12.5万到16.8万。这样一来还必须从臣民中添加相当数量的人口来辅助部队。这个群体通常被认为与军团的规模大小相仿。因此，军队的总人数在25万到33万人之间。这个数字大体上符合革命斗争顶峰时期在意大利招募的新兵人数，如果把各个行省和殖民地招募的新兵都算在内，那么总人数还要大于这个数字。征兵因此相比于共和国的极端水平要更均匀地分布在帝国各处。Hopkins 1978, ch. 1, Scheidel 2007a: 325 fig. 1，有关共和国时期的征兵状况，也可参见 Keppie 1996.

下维护霸权。中国在其悠长的历史中控制军队的经验,似乎证实了这种解释的合理性。①

通过最小程度的工作量来获得贡赋,也使得行政开支可以维持在一个较低的水平上。帝国政府将高级纳税单位这个层次划分得很稀疏,罗马是如此,汉代中国更是如此。在安东尼时代,罗马帝国连同其大约6000万人口被分隔成四十个省,每个省有一名总督,一名财政官(有时候有两位),一些助手,以及一些帝国的奴隶,再加上很少的文书。"没有官僚的政府",这是甘瑟(Peter Garnsey)和萨拉尔(Richard Saller)给这种政制贴上的标签,这个说法毫不夸张。在公元4—5世纪,行省的政府已经扩张了。② 这使管理者的数量接近中国,其管理渗透到县一级。到了公元140年,政府组成中包含了1179个县级单位,每个单位由一位执政官和一到两位司令官和少量官僚领导。通常,这微乎其微的行政设置将一直负责监督法律、秩序、税收,并维护人口普查,将人口保持在4—5万之间作为政府职责的一部分。③ 这种精简的官僚机构管理中国和罗马都不得不依靠一些与之积极协作的团体,它对农村社会中产生一种居高临下的影响:主要是当地地主贵族和农民最富有的阶层。但没有什么是免费的。这是一封公元288年来自作为罗马行省的埃及的信件:"文书本身已经证明了,为数众多希望侵吞不动产的人为自己设计了很多头衔,诸如行政官、秘书,或者监督官,这说明他们对财产本身并无特权,但是可以占有其盈余。"④ 铺张浪费是朝贡制度中一种流行,甚至制度化的特征。帝国政府只能寄希望于限制从其资源中获益的人的数量。但是无

---

① 对此观点的一般性表述,参见 Wong 1997:90, 131—35. 汇集来自巨大版图中各地资源的能力,使得帝国政府给各个具体的社群所带来的负担轻量化。
② Garnsey and Saller 1987, ch. 2; Garnsey and Humfress 2001, ch. 2; Saller 1982, chs. 3 and 5.
③ 参见 Bielenstein 1986:508—9. 的分析。
④ The Oxyrhynchus Papyri 58, lines 4—10(translated by the editor). The Oxyrhynchus Papyri 58, lines 4—10(translated by the editor).

法回避一个问题；它依赖于地方的支持者为其征税。①

帝国政府不得不接受当地的乡绅和贵族保留并取得了相当一部分农业剩余的控制，以换取主持税收征管过程。帝国的税收率很难提高。大多数时候，罗马帝国和中国的税收保持在稳定和相对较低的水平。② 汉代的建立及在后汉恢复之后，随即都有减税的政策。③ 奥古斯都在他的任期内，吹嘘他有补贴财政部的资金，而没有隐含进一步加重人口的税收负担的意思。④ 试图增加或引入新税的皇帝，经常遇到强硬的反对。新税对统治者或畜牧业者而言部分地属于不好的产品：这是希腊化罗马的宗旨，而且汉代精英们通常能够同意。⑤ 无论如何，发出有关税收的需求是一件事，收到付款是另一件。在罗马帝国，欠税被允许持续几十年，税基不断遭受侵蚀的当地居民试图使官员免除他们的土地的纳税记录，

---

① Huang 1974 提供一个对这些过程引人入胜的洞察。Elvin 1973：90—91 认为低税收是中华帝国晚期的独特现象，而汉代作为一个社会负担重得多。然而，这种印象更可能是中国历史的早期阶段稀少得多的文献记录的一个反映，我们更加依赖于那些官方的行政记录的语句。我们没有理由信用汉代政府比明清有更发达的管理来获得更大的征敛能力。

② 罗马的税收：Garnsey and Saller 1987：20—21 and passim；MacMullen 1980：41—44；and Hopkins 1980. 汉代税收：参见 Loewe, Nishijima, and Ebrey in Twitchett and Loewe, eds. 1986：487, 595—600, 619—22；and Hsu 1980：72—77. 整体税收水平低并不排除有些团体感到负担重重。在汉代，中国土地税收率非常低，但用更高的人头税来补偿。这意味着农民比地主负担更重。

③ Swann 1950：146—50 (Hanshu 24a：7b—8b；lowering of oppressive Qin taxes by the Han)，179—83 (Hanshu 24a：14b—15b；critique of heavy Qin tax regime and call for abandonment of taxes)。

④ Augustus, Res Gestae 17—18.

⑤ Swann 1950：135—36 (Hanshu 24a：6a；neglect of the ruler's own fields leads to taxation)，157—62 (Hanshu 24a：10a—11a)，170—72 (Hanshu 24a：13b；remission and lowering of taxes as an expression of virtuous rule)。关于罗马的情况，参见 the edict by Severus Alexander remitting his crown gold (Oliver 1989：no. 275) 和哈德良庆祝他巨大的免税而发行新币，Mattingly and Sydenham 1926：416 (Hadrian no. 590)；Inscriptiones Latinae Selectae 309；Historia Augusta, Life of Hadrian 7.4.6. Cassius Dio 74.5—6 对比贝尔蒂纳克斯(Pertinax)的经济和康莫德斯(Commodus)破坏性的消费习惯，这迫使他要对贵族财富动手。

通过皇家特权的授予或偷偷地逃税。① 从我们讨论的时代到公元 2 世纪中期,中国人口普查记录中户口数目的锐减,一种解释认为从中会看到他们重建后遇到的困难,并可作为继续持有前期的税基的晴雨表。②

农业人口中的富裕阶层与贵族阶层的协作最终得益于他们与皇权的合作。这使得农民在地主阶层的控制之下扩大了种植面积。这个过程包含了不同的形式。在一些情况下,家族和构成关系类型的土地控制主导;在另外一些情况下,土地市场更重要。大体上,土地买卖在罗马世界发挥了更大的作用,并通过帝国法律促成了其产权的明确化。从另一方面来说,赞助人和社会关系的影响绝非是不重要的,就像土地财产市场化在汉代中国也发挥了作用。无论土地使用权的清晰度究竟如何,结果都是渐进而稳定增长的大庄园和贵族财富的增加。这些罗马和汉朝共有的发展中的特质,以及在二者的后期阶段呈现的至关重要的变化,表现为贵族掌握的财富达到了一定规模,使之能够从农业经济中排斥帝国的影响力存在。③ 落在大地主保护和控制之下,并因此不再和帝国税吏打交道的农民,在两个帝国的历史上都引起了普遍的关注。但是在帝国政府和地方贵族竞争加强对农业剩余劳动力的控制之前,互利的状态持续了很长时间。这个进程在罗马帝国更加清晰可见,因为希腊化罗马的精英选择用大理石和烧砖而非易腐蚀材料进行建筑。在公元前 1—公

---

① 利用自己的地位来逃避一些当地义务的贵族特权的例子:Augustus, Cyrene Edict 3 (Oliver 1989: 8—12, lines 55—62) and Aelius Aristides, Oration 50. 利用自己的地位来逃避一些当地义务的贵族特权的例子:Augustus, Cyrene Edict 3 (Oliver 1989: 8—12, lines 55—62) and Aelius Aristides, Oration 50.
② Nishijima 1986: 596—97 的分析中有关于汉代人口信息的部分(由于临时的干扰,人口数可能是异常低落,但这并不能解释大多数的差异。事实上,其他少数得到很好证实的这段期间的数字似乎显示政府在努力恢复其税基)。Hsu 1980: 210—11 提供了《后汉书》中相关段落的译文,它描述了公元 39 年皇帝企图进行人口普查而产生的强烈反对和激烈冲突。
③ 古代罗马和中国之间的比较,参见 Elvin 1973: 32—34。参见 Nishijima 1986: 557—59 和 Ebrey 1986: 617—27,二者有关汉代中国大庄园的成长。参见 De Ste Croi× 1981, pts. III 和 IV,它们有关希腊罗马对农村依赖和开发的形式。还有 Sarris 2006a 和 Wickham 2005,二者是近来讨论贵族产业和古代晚期罗马政治的论著。

元2世纪，贵族财富的积累总是伴随着一连串建设活动和铺张浪费，这永远改变了地中海及其他地区的景观。在整个罗马帝国，贵族通过装点自己的城市建筑和艺术作品来高调地宣布他们的财富和力量。从那时起，这种行为的丰富遗存引起了旅行者和游客人群的关注，他们持续涌向博物馆和挖掘地点以欣赏这些已经成为过去的成就。贡赋帝国的征税增加消费和本地以及帝国范围内的资源流动。到此刻为止，贡赋—制造产业已被描绘成一种纯粹的开发工具。举例来说，芬利描述的情况就是这样。当然，崇高的"法治国"（Rechtstaat）概念支撑一个帝国和平，这使得有进取心的主体能够基于市场的自由精神获得成功，这看起来似乎是一种明显的错位。① 在罗马和中国，帝国经济的骨干并不由资本化的企业家提供，而是由数量巨大的农民组成。罗马的道德论者和儒家文士永不疲倦表明这样的信息："统治人民的根本途径是让他们的土地上定居。"②但是农民经济普遍不会使得帝国经济成为一场零和游戏（a zero-sum game）。众所周知，历史上大多数农民的生产的产品从来没有直接成为市场的利润。相反，农民一般以满足其家庭的消费需求为第一要务展开生产活动。当这些需求都被满足时，农民即停下他们的工作，而不是由于进一步的生产无法在市场中产生利润而停工。因此，农户经常都有闲散劳动力的储备。③ 在有利的情况下，市场可能诱发农民因追求利润而调动这些资源。但市场也给农民带来的风险。市场增加了对不可预知的价格波动的依赖。主要为市场生产是一个危险的策略：它只能是补充性的。④ 相形之下，通过帝国政府和贵族地主来强迫农民不具有可选择性。历史上，结合帝国的贡赋和贵族的租税已经能够要求农民生产

---

① 近来复兴这一观点的尝试，参见：Drexhage, Kohnen, and Ruffing 2002：24—25。
② Swann 1950：116。
③ 农户生产逻辑的经典模型，包含在 Chayanov 1986 和 Thorner 1965。罗马的情况参见：Garnsey 1988, chs. 4—5；中国的情况参见：Deng 1999。
④ Erdkamp 2005：98—104. Hsu 1980：80 列举了中华帝国早期类似的市场缺陷。因此，市场是个靠不住的盟友，只能作为补充。

很可观份额的产品。他们强迫农民在很大程度上增加生产过剩的产品。①

帝国和地方精英相互联盟可能因此被假设为加强农民在生产者关系中的地位,使之能够调动社会的未开发劳动力储备。② 当农民被征募来在非农忙时期充当维护或建筑运河、岩脉、灌溉工作、道路和其他类似事情的徭役劳动力的时候,这将以一种非常直接的方式发生。徭役劳动是汉代政府对其臣民强加的主要义务之一。在罗马帝国它并没有那么醒目,至少存在于以来灌溉农业的埃及行省仲尼,但还远达不到令人瞩目的状况。③ 换句话说,贡赋帝国的形式并不仅仅限于帮助更多的资源进入流通和集中消费,它可能还通过增加对生产者更加努力工作的强迫来对人均产量产生适度的补充作用。这些还不能完全被证明。但在地中海沿岸,被罗马征服后奴役的激增可能暗示这样一个过程的存在。

3. 贡赋和商业化:作为变换器的市场

然而,接受贡赋可能引起一个实践上的问题。大多数纳税人是生产粮食的农民。但帝国政府的需要更为多样化。罗马当局部分试图通过定期的垄断战略物品的获得渠道或规定作为贡品的一部分交付解决这个问题。商品的范围非常广泛,包括西班牙的银矿和采石场的红色斑岩与灰花岗闪长岩,还有埃及沙漠中的野蛮人部落的牛皮。④ 汉帝国王廷以多样的地方产品的形式接纳其部分贡赋。但这样的安排并没有解决

---

① Hsu 1980:79 显示出帝国税的实施对农民增加生产的需要。一般性的情况,参见:Bang 2007。
② 为了进一步研究这个过程,参见 Finley 1976 and Foxhall 1990。
③ 关于汉代徭役,参见 Hsu 1980:163—64; Hulsewé 1986:536—37. 罗马的情况参见: Johnston 1936: no. 6 (corvée labor on canals in Egypt); Digest 50.4.1(罗列了各种以"负担"形式强加的徭役,诸如交通运输服务和道路维护。)
④ Tacitus, Annals 4.72 (Frisians paying tribute in ox hides); Domergue 1990; Delbrueck 1932; Peacock and Maxfield 1997—2001。

基本问题：实物交付的种类不一定能对应政府的消费需求。罗马和汉代政权同样要求市场机制的协助，以将贡赋的盈余充分利用，并转化为灵活、自由的可支配资源。市场贸易提供了为数众多的此类业务。它使政府得以销售超出其当前需要的产品，购买所缺乏的商品，并且通过物品转换成现金获得更方便的形式存储和保存。

这些功能在若干层面进行。在最上层，罗马政府利用承建商，以个别或小组的形式去开矿、处理一些税收和组织运输等。这推动了金融家群体的发展，他们通常有坚实的土地财产来支持，但也与商业利益相关。他们的力量终于在共和国末期达到顶峰，而皇帝随后削减其权力。① 汉代历史上也存在与之相仿的群体。汉朝政府试图通过垄断盐和铁——至少是最重要的铁农具——的生产和销售获得商业利润。政府垄断权力的行使最终落到一些大商家手里，他们积累了巨大的财富，包括巨大的土地财产。但是，正如已经指出的那样，这些税收政策存在争议。在后汉王朝统治期间，垄断或多或少都被抛弃，后来在中国历史上只能部分恢复。②

不过，剩余产品的商业化运作过程并不只是定期地出现在数量有限的富裕的政府承包商阶层。更重要的是在农业社会中一个更基础的层面上进行活动。正如已故的基思·霍普金斯的建议，在皇帝治下，罗马政府可能试图将其大部分实物税交付转变为现金支付。③ 在这方面，汉代政府的情况与之类似。后者用更重大的人头税来补偿税率很低的土地，而人头税则应是用货币来支付。同样难以确定的是，两种情况实际上在何种程度上成功实现了这种转变。④ 存在很稀疏的证据表明，这种

---

① Badian 1972 是经典的分析作品。参见 Love 1991, ch. 5 中作出的杰出理论探讨。
② Nishijima 1986：602—7. Hanshu 24b 11a—12a (Swann 1950：271—72, 275—78)。
③ Hopkins 1980。
④ 关于汉代税制形式的讨论，参见 Hulsewé 1986：536—37；Nishijima 1986：598—601。Garnsey and Saller 1987, ch. 5 有关罗马政府所采用的剩余产品消费的混合模式，同样也可参见接下来的 ch. 7, sec. 9。

图景并不能够平均地落实到每个个人身上。在两个帝国，货币支付的税收继续与实物税交付并存。但是，可以确定的是罗马和汉代都没有轻易地找到一些有效的途径来很好地消费其大部分的实物税产品。① 甚至到了公元3世纪晚期，为其收入而挣扎的罗马政府，看起来似乎已经引入了一种复杂的税制系统，商业交换的义务是其成功运作的关键。② 此外，在皇帝经营公共粮食救济的罗马，埃及进贡粮食的预交税款被转移到私人代理的市场。生长在皇帝所有的克里特岛，而在收获中超出了王廷要求的药材，被发现同样通过一些杂货商店经由公开市场出口。③ 进贡的剩余产品的商业化必然以这样或那样的方式发生。

就像最后两个案例中的情况那样，商业代理会受到来自于政府本身的挑战。居住在市镇附近的农民通常并不能把自己的产品拿到市场上鬻卖。在其他地区，通过收集租户税收和租金，并将之船运到城镇市场的大土地所有者的代理，市场行为才有可能发生。④ 这个过程会引起商业中间商群体增加为在当地征税而进行的投资。一组公元4世纪的纸草文书使得我们能够观察到这些人的具体行事。这里面记载了专门监管税收征收的两兄弟的事迹。我们可以发现他们按照罗马政府的要求在黄金价格上进行投机，以此将众多来自农民个体的由大量贬值的富利洗银铜币（silver follis）构成的税赋转化成为金币。这些文书中也可以看到预先借钱来支付村落的税款，然后再行收集这些赋税，这里面明显存在获利的希望。⑤ 贡赋的提取过程会催生一个复杂的商业化的过程。它涉及多个层面的活动和不同的中间人群体。⑥ 但是同样需要特别强调，

---

① 关于形式的争论，有一种强有力的推论，参见 Hopkins 1995/96。
② Cerati 1975。
③ Galen 14.9 "关于药材"（On the Medicinal Herbs），Camodeca 1999：nos. 45, 46, 51, 52, 79（关于部丢利（Puteoli）的亚历山大港小麦用于商业投机活动的情况）。
④ Nishijima 1986：600—1。
⑤ The Oxyrhynchus Papyri 48. 3384—3429。
⑥《汉书》卷24：9b (Swann 1950：264—65)记载了中国的一些例证。

取决于当时、当地的不同条件,这个过程在强度和具体方式两方面具有相当大的不均衡性和可变性。

这把我们带回到本章开头贡赋和贸易关系的话题中。尽管贵族对商业行为存在偏见,而且敌视"中间人",但市场贸易是贡赋过程中的一个组成部分,并且在某些方面极具价值。一个为皇帝服务的杰出的贵族老普林尼(Pliny the Elder),在称颂罗马政权时作出了这样的表述:"现在,世界已经被联结在罗马帝国威严之下,他不会觉得生活已经从商品交换或者合伙关系中受益是一种赐福,甚至那些以前隐藏的东西现在已经变得广为可用。"①最近随着中国学者的研究,中国的情况也越来越清晰,市场是农业经济车轮的重要润滑剂,它在贡赋系统中调动农民生产的盈余。② 但这正是他们需要的能力。因此,中华帝国当局不愿意促成经纪人和商人获得类似于欧洲重商主义政府所给予的那种垄断和特权的形式。③ 商人在中国的地位的情况,可以通过汉代文士与帝国行政官僚之间关于政府对盐、铁的垄断和衡平市场问题的争论获得了解。④ 政府官员的看法是当商业和手工业追求可能从工业部门转移而来的能量时,他们无论如何都不会满足。因为公共财产的古代创建者构筑了一种本(农业)和末(工业和服务业)的开放模式来平衡产品的分配。市场和王廷为各种需求提供了协调;在那里所有阶层的人们聚集在一起,所有类型的商品也汇聚其中,这样一来农民、商人和工人可以各取所需……因此没有工匠,农民将缺乏器用;没有商人,所有有价值的商品来源都将被阻断。前者会导致粮食生产暂停,后者则会导致财富耗尽。

通过对这个过程进行干预,政府能够减少社会价值可疑的商业利润并将它们转移到公共利益上去。所以断言:"故盐、铁、均输,所以通委财

---

① Pliny the Elder, Natural History 14.2 (author's translation).
② Skinner 1964—1965.
③ Wong 1997, ch. 6.
④ Gale 1931 and Swann 1950 提供了对这些争论原文的翻译。

而调缓急。罢之,不便也。"①结果会将会造就一个繁荣的农业经济。

然而,强硬的儒家学者反对这个提议。他们认为,通过上述各项措施,政府与人民争利并提高了税收。与成功地使人民转向务农相反,国家垄断经济只能使得经济的末业获得盈利更少。反之,政府应该放弃其垄断的利润,并减少其消费水平。没有什么会比帝国节俭以及教人谦虚生活这些做法更有效地促进农业。良好的政府知道帝国最好是藏富于民,并且不去过分地参与对利益的追求:"故商所以通郁滞,工所以备器械,非治国之本务也。"②换言之,商品的流动很重要,但是其重要性在于它服务于贡赋的过程。争论的双方都意在扩大农业边界,而非赢取和保留市场。

孟德斯鸠(Montesquieu)很早以前关于希腊化罗马殖民地的观察可以同样用到中国的情况上。与现代早期的欧洲不同,他们不把通过垄断将母国和卫星区域勾连起来的领土看作是商业上的机会。③ 换句话说,行省不像在欧洲大西洋体系中那样,它们并不被当作殖民地或者是被大都市区域控制的劳工聚集地。从帝国政府的视角来看,更重要的是为自给自足的农业提供扩展服务形式。这将保证创造更多新的农户,足够兴旺以支付帝国税赋。在初始启动阶段之后,在农业区边缘新开发的领土通常能够成为国家经济上或多或少独立的更"发达"的部分。从旧核心地区的输入减少,并逐步取代本地产品。比如说,这个过程已经通过中国18到19世纪的历史变得为人们所熟知。富庶且人口稠密的长江三角洲地区已经开始从更远的黄河流域和中国北方地区输入粮食、棉花和木材。这些输入的产品通过输出衣物布匹来换取。然而,随着人口的增长和提供初级产品的地区开始被填满,这种贸易的发展模式开始受到抑制。取代进一步提高专业化、区域相互依存的是,长江中游和北方中国

---

① 《盐铁论·本议》(transl. Gale 1931: 6), chap. 1 i.
② 《盐铁论·本议》(transl. Gale 1931: 7), chap. 1 j. 比较 ch. 5b (Gale 1931: 31)关于君主远离其臣民财富的讨论。
③ Montesquieu, L'Esprit des Lois, bk. 21, ch. 21.

的农业人口开始将一些劳动力转向手工业和原始工业化的布匹生产,这样一来就可以通过自己产出减少对产品输入的需求。部分由儒家理念塑形的中华帝国的经济,更多地通过在小的农业区域自我赓续,而非通过加强区域分工与交换来获得发展。①

顺便提及,经济发展的路径已经成为罗马经济史上最激烈辩论的问题。罗斯托夫采夫(Rostovtzeff)在它关于帝国经济消长的经典著作中描述了进口替代现象中的一个关键角色。从公元前2世纪开始,意大利葡萄酒的成规模出口,后来伴随着红陶瓷餐具,都已经发展起来了,特别是在地中海西岸。但是,在皇帝的通知下,这个潮流出现了逆转。当西部省份变得更加罗马化,他们开始摆脱对意大利产品输入的需求。取而代之的是,在高卢、西班牙和非洲当地生产的红陶、酒和许多其他产品,甚至开始输出到罗马和意大利半岛。对罗斯托夫采夫和他的追随者们而言,这造成了一次经济危机,首先出现在意大利,而后蔓延到整个帝国。罗马经济受困于降低劳动专业化的过程之中。②不过,这并不是理解其发展变化的有效途径。意大利出口的减少远非行省更为多样化的农业和手工业品产出可以对等抵消。当意大利的帝国远离贫困,西部行省的农业和制造业已经达到了相当的密集程度,并在帝国陨落后的数个世纪仍旧保持了其无与伦比的状态。③

与中国的对比告诉我们,它真正发生的是"文明化"的农业生产的简单自我再生产和扩展。由此带来了产品的聚集和可供使用的剩余产品的增加。

4. 帝国的消费形态

随着主权支配扩大化的格局和由贡赋提取而形成的财富集中化,在

---

① Wong 1997: 138—39 和 Pomeranz 2000: 242—53.
② Rostovtzeff 1957; Carandini 1988; von Freyberg 1989.
③ Woolf 2001.

五　罗马和中国历史上的指挥型和消费型世界帝国、贡赋和贸易

罗马和汉朝发展形成了新的事物、服饰、娱乐、建筑、葬礼、公共节日和宗教仪式结构和风尚。作为"全世界"的统治者，两个帝国的皇帝们为帝国的贵族和地方精英群体设定了步调。他们提倡城市风格的消费，力图强调其从业人员的能力，以便基于遥控式的命令获得大量的财富和各种稀有产品。城市提供了贵族展现、彰显其权力的舞台。在那里，精英阶层的收入足以维持大量的随从、成群的门客和仆役的开支。各种农产品的大宗贸易的扩大为这些群体存在提供了保障。

不过贵族的优越性还不仅仅表现在其聚集大量人口的能力上。城市同样提供了一个平台，供精英们通过对稀有而昂贵的商品的拥有来竞争和彰显自己的身份。贵族之间更加紧密的社交和频繁的互动带来了优雅文化的出现。诚如克里斯·贝利（Chris Bayly）所强调的，这是一种奢侈品消费和鉴赏力的文化，在那里，"对当地生产的商品，以及在整个欧亚大陆延伸到非洲的大范围获得的具有特别的品质和品味的商品的……保有和珍惜，维持和彰显了他们的差异性"。他接着解释说，因此这与现代资本家的消费相区别，他们看重的是来自于遥远地域的特殊的产品和质量。与之相反，现代的复杂性要求像李维斯和运动鞋这样的简单一致，古代简单的日常生活要求大人物通过珍贵的货物、良好训练的仆人、女人和珍禽异兽来标识差异，以此彰显他们的品质。现代的"地位"商品对人们自身而言是自我指涉的，而市场则为他们创造需求；古代的全球化所带来的具有魅力的商品嵌入了超越他们理解力之外的意识形态中。在某种意义上，古代贵族和乡村的领导人是收藏家，而不是消费者。但是，他们的所谓远远超越了单纯的收藏家，因为人、物、食品、服装和做派的聚合改变了收藏者的生活方式。①

不过，这种改变消费者生活内涵的能力同样也产生了焦虑。在东西两个帝国中，关于奢侈品适当占有的道德讨论发展了出来。毕竟，改变

---

① Bayly 2002: 51—52.

可能意味着提高个人素质或道德腐败。就像本章开篇处所引的迪奥·克里索斯托穆斯(Dio Chrysostomus)所畅言,重要的是不要成为欲望的奴隶。如果他或者其他的希腊化罗马的道德论家为儒家文士所熟知,他们会获得极大的认同。可以看到汉代的道德论家对于狂热追捧奢侈品有相似的抱怨,巨大的财富浪费在晚餐和装饰女眷上,并由此致使帝国财富流失:"美玉珊瑚出于昆山,珠玑犀象出于桂林,此距汉万有余里。计耕桑之功,资财之费,是一物而售百倍其价也……夫上好珍怪,则淫服下流,贵远方之物,则货财外充。是以王者不珍无用以节其民,不爱奇货以富其国。"①

然而,如此的反对的主张不足以有效地阻止新的奢侈消费形态的出现。他们警戒精英社会的边界。他们坚持认为,可以买到精英地位的象征的金钱,不能确保被正确地使用。在两个社会中,试图将自己置身于上流社会外来的暴发户,像富有的商人、贵族化的自由人,被污名化并被讽刺为他们所谓的粗俗和缺之洞察力。罗马作家佩特罗尼乌斯(Petronius)的《萨蒂利卡》(*Satyricon*)就是这一流派的一个著名例子,而且这已经成为了世界文学诸流派之一。诚如作品通过最引人注目的人物特里马乔(Trimalchio)教导人们的,再多的财富,也难以防止新人成为上流社会的笑柄。为了避免羞辱,一个人不得不使自己沉浸在精英文化之中。真正的贵族知道如何避免仅仅是过分富有而导致的低俗,他们怎么也不会表现出尖刻、小气和粗俗:"在古代,合理限制设置为风格的宫殿和房屋,战车和制服。"②

换句话说,仅仅通过购买远远不足以保证成功保有贵族文化的象征。精英意识形态使得它们很难能够被掌握。控制权被特殊群体所掌

---

① 《盐铁论·力耕》,Gale 1931:15—16 (ch. 2d). 通说可参见 Ebrey 1986:609—12. 中的分析。
② 《盐铁论·通有》,Gale 1931:22:(ch. 3e).

控,由贵族文化的文学和哲学的特殊表达所组成。① 当然,像这种流行的偏见并没有阻止富有的外来人和社会地位的觊觎者声称他们可以通过效仿统治阶层的做派来消弭他们之间的差异。但这些观念确实也彰明后者的文化霸权并巩固他们在消费世界上定下基调的能力。帝国消费的风格在王廷和统治阶层的领导下发展。在亚欧大陆两端,他们都在赞助一种精美的,但在不同文化区域类型有别的细腻、精致的农业和工匠产品。优质丝绸、漆器、美酒、玻璃、雕塑这些物品易于被接受。罗马的考古材料表明,帝国的物质文明比之前和之后的时代都广泛和多样。②

但贵族的消费风格不仅增加了对国内生产的商品的需求,还促成了一个长途贸易的热潮。③ 商人经过多年的旅途,从辽远的地域带回与权力或宗教有关的稀有且精致的商品,上层消费阶级在权力和仪式中展示他们的这些财富。在此时期,地中海、阿拉伯和印度之间的贸易异常繁盛。商人们从东方带回来丰富的货物,包括香料、象牙、宝石、香料、药材和精美的服饰。在这些商品中,中国的丝绸被从印度,经由沙漠巴尔米拉市(desert-city of Palmyra)的商队带到罗马世界。现在,大马士革的叙利亚国家博物馆还有数量惊人的这类丝绸正在展出。④ 与此同时,中国的需求催生了其与东南亚甚至印度的贸易联系,以获取外来的奢侈品。大约在公元1世纪,欧亚世界贸易的轮廓开始出现,亚历山大港(Alexandria)和中东为一端,印度(以及印度尼西亚)作为中继站,中国为另一端。这一系统在接下来的数个世纪逐渐发展和扩大。活动的规模

---

① 控制商品获得的途径以便保持社会地位稳固,较之禁忌和法律规制(尽管偶尔也会有这类尝试),这更是一个风尚/做派控制的问题;参见 Appadurai, ed. 1986: 25. 这样的消费可能会提供一个现代中产阶级消费发展的基础,但没有理由认为两种现象之间有任何当然联系,例如 Pomeranz 2000, ch. 3. 新兴的奢侈品市场对于现代早期而言并没有特殊性。这个过程的张力已经见于汉代中国和罗马社会中。
② Dalby 2001 提供了一个关于罗马世界精致豪华的庆典的易用的文学式描述,不过其中的分析令人不敢恭维。Ebrey 1986 提供了汉代中国精英主导的消费模式的概览。
③ Young 2001;Yü 1967.
④ Schmidt-Colinet 2000.

和参加人数总是有限的。① 同时,这种货物贸易彰显出巨大的价值。② 最终,它诱使葡萄牙人,随后是欧洲西北地区的客商,通过环游非洲打破该系统去获取利润。现代早期造就了一种新的局面以取代旧的世界贸易格局,而这个旧格局为罗马帝国精英和中国日益增长的需求奠定了基础。

《后汉书》为这些难解的发展提供了真实的背景记述:"至桓帝延熹九年(公元166年),大秦王(罗马皇帝)安敦(Marcus Aurelius Antoninus?)遣使自日南(在越南中部海岸的一郡)徼外献象牙、犀角、玳瑁,始乃一通焉。其所表贡,并无珍异,疑传者过焉。"③然而,帝国的编年史家并不太相信这个信息。当然,献礼物者似乎不太可能是马库斯·奥勒留(Marcus Aurelius),而且即便确实是"安敦",也应只是派使者前往了汉廷。因此,一个合理的假设是,一组从罗马帝国出发搜索稀有产品的商人设法用他们自己的方式跨过欧亚贸易路线到达中国的权力中心并进行了消费。但是类似这样的事件少之又少。新兴的长途贸易模式没有将欧亚文明的核心联系在一起。这种贸易是分阶段组织的。两个世界帝国彼此仍然隐藏在寓言和神话的晦暗世界中。④ 汉代中国和罗马帝国代表了两个独立的文化传统。但是看起来它们在奢侈品贸易方面拥有诸多共性,甚至一致性。这是两个可相媲美的世界。

---

① Raschke 1978 提供了一个坚实的矫正方法,以此反对大多数松散的推测和在这一领域的蓬勃发展的一些异想天开的想法。
② 一份纸草文献记载了一种货物的价值数倍于一个罗马元老的财富:参见 Rathbone 2001。
③《后汉书》卷 88,最近的译本为 Hill 2003,还可参考 Leslie and Gardiner 1996:155。
④ 中国曾经用来指称东罗马帝国的大秦这个术语,更加被理解为一种道家乌托邦式的状态,与真正的罗马世界绝少联系。(参见 Raschke 1978:nn. 849—50)与之相类似,托勒密(Ptolemy)的远东地理也充满了猜测和幻象,参见 Humbach and Ziegler 1998,书中反对基于文本仔细鉴定真实地点的尝试。同样亦可参见本章介绍部分。

六 汉朝和罗马帝国的礼物循环和慈善

[美]马克·爱德华·路易斯(陆威仪)

礼物的赐予和施舍在中国以及罗马帝国都是政治和社会权力的一个基础性的方面。不过,关于罗马的情况已经有了非常大量的研究,而汉代的情况,尽管其中存在与此相关的丰富的内涵,却仍旧被忽视。① 在这一章中,我将描述与汉代皇帝、帝国精英阶层和地方精英相关的广阔范围内的礼物赏赐和施舍情况,并通过与罗马的比较寻求二者之间的一些主要差异。

1. 中国的实践

在前帝制时代的中国,由政权给予赏赐品具有相当长的历史。尤为重要的是,我们据以撰写西周王朝(约公元前 1045—前 771 年)历史的青铜器大量记载了王室赐予贵族赏赐品的情况,这些赠品被视为认定贵族崇高地位和特权的永久性的章程。它们的基础性的政治角色,在公元前 4 世纪的《左传》的数个段落中已经被理论化了。春秋战国时期(公元前

---

① 有关罗马的著名研究,参见 Veyne 1976; Millar 1977, chs. 4, 8; Saller 1982; DeSilva 2000, chs. 3—4; Bowditch 2001; Flaig 2003. 另可参见 Zuiderhoek 2006 and 2007.

771—前481年)的诸侯国君掌握霸权的政治权力,已经成为国家军事的主宰者,但他们名义上仍旧臣属于周王。他们仍旧极力认同仁爱的行为模式,并试图恢复或保存共主的状态。虽然此时还没有明确地界定施舍或恩赐,自很早以来,它被描述为"德"的一种形式,到了战国中期则被解释为慷慨的行为或者统治者为了赢取人民的忠诚而给予的状态。更为显著的是主与客之间的关系,这在战国时代成为了政治、社会的一种基础性样态,并且在整个汉代一直得到了延续。在此关系模式下,主人为其门客提供食宿,门客则提供诸如娱乐、敛债、暗杀等诸多方面的服务。最后,政治权力在多个传统中被理论化为"刑"与"德"的对应,并且这个模式形构了王室活动的日程表,它被收录在这个时期数种主要的著作之中。在此文化的氛围里,"德"被描述为:仁慈的物质的和生命的给予行为,以及统治者对他的同盟和臣属的赏赐。①

在帝国时代,就像在王朝正史的"本纪"中清楚表达的那样,赏赐行为成为了中国皇帝权威性的标志。这些关于王廷活动的编年史聚焦于皇帝的行为和法令,赏赐在所有操作形式中是最经被用到的类型。帝国的赏赐和施舍至少包含了以下八种类型。第一,皇帝赠予十七或二十等的爵位(这些数字随着时间发生变化),这构成了整个帝国所有男性成员的等级序列。这些等级序列源自战国时代,当时作为对军功或者供给军粮的赏赐,后来自公元前4世纪中叶开始它们成为了秦国社会的基础性结构。它们与皇帝的任命权紧密联系,而在等级序列中处于高位者大致对应到政府职务的相应等级。它们被早期帝国所承续,并至少是到了公元1世纪的东汉初年还作为国家建构的主要原则。在秦朝,这种序列限定拥有一定数量的土地和支配指定数量的劳动者(可能是罪犯或俘虏)

---

① Hsu and Linduff 1988: 153—58, 177—79, 185—88, 206, 245—46, 249—57; Chunqiu Zuozhuanzhu, annotated by Yang Bojun (Beijing 1981): 71—72, 194, 200, 264—73, 814—15, 860—61, 1318—20; 1475—77; 1535—42; Lewis 1990: 67—68, 73—94; Lewis 2006: 82—84, 215—27; Major 1987.

的服务的权利。到了汉代,爵位的主要收益,除了在当地社区中的地位,就是在法律中的特权待遇,如某些惩罚可以通过爵位赎回冲抵。追授的爵位也可以转移给后代,他们能够从中获得相同的利益。① 随着军事在汉代重要性的降低,战斗前线的农民的稠密度越来越少,爵位主要在皇帝"家族"生活的喜庆的之日,诸如生子、立储君中使用,所以它们成为了一种慷慨的表现形式,用于在庆典中连结君主和他的臣民。② 在授予爵位的许多场合,包括为了庆祝的目的分发酒肉给地方社区,每个等级的确定给定的数量,这在数学上表示,分割礼物的方法取决于爵位。

这种由对军功转向定期的"普遍化"的赏赐通常被视为消减了其奖励军功的初衷,而实际的发展使得整个社会借由对所有男性成员的赏赐产生了明确的阶层序列。更有甚者,因为在此时期内爵位在整个帝国范围内的诸种事件中被大规模地授予,而非是针对特定个人的特殊成就,所以汉代的爵位变得与年岁紧密相应。结果,这个体制强化了汉代对年岁的尊重,并且普遍地将年龄强调为社会身份的基础,并可借此获得在乡村社区中的权威。其他特别针对年龄而制定的赏赐政策,还将会在下文中讨论到。③

最接近实际的情况是,汉代存在一种包含有相当人口比例的独特的公共领域,它区别于不是由统治者及其家族和政府成员所组成的狭义的"公共"区域。通过这些定期发布的,包含在所有国家所保存的所有其臣民的记录中的爵位,标明了经常性的地方庆典活动的身份,给予明确的法律特权,皇帝的仁慈可以下及地方层面,而且也向普通的百姓清楚地表明了皇帝作为赞助人和保护者的角色。通过这些爵位形成的阶层结构同样是为了支配将人民分等和评判的过程。在晁错撰写的一份文件中清楚地说明了这种社会秩序情况,他提出了一个由法律和爵位构成的

---

① Lewis 1990:60—63;Nishijima 1961.
② Lewis 2000.
③ Bodde 1975:341—48,361—80.

理想但不现实的"公共"秩序与弥漫于实际的风俗和价值观中,通过私人财富和官员腐败颠覆秩序之间的紧张关系:

> 今法律贱商人,商人已富贵矣;尊农夫,农夫已贫贱矣。故俗之所贵,主之所贱也;吏之所卑,法之所尊也。上下相反,好恶乖迕,而欲国富法立,不可得也。方今之务,莫若使民务农而已矣。欲民务农,在于贵粟;贵粟之道,在于使民以粟为赏罚。今募天下入粟县官,得以拜爵,得以除罪。如此,富人有爵,农民有钱,粟有所渫。夫能入粟以受爵,皆有余者也;取于有余,以供上用,则贫民之赋可损,所谓损有余补不足,令出而民利者也。①

这个复杂的论说设置了两个完全相反的论断:一则是时代的习俗,一则是下级官员的行为。换句话说,是根据法律设置的秩序与皇帝的恩赐两方面。这里提出了一种调整实践或授予赏赐的方法——主要的使用方式是给予名号和在处罚中赎回——这样它们就可以成为有价值的市场,晁错认为这是流行的价值观和判断的真实轨迹。类似的帝国赏赐的组合——包括赦免经济犯罪,以劳役赎罪和允许授予和售卖爵位——以及操纵人们对财富的渴求,由晁错建议,被当作一种吸引人民定居到边境并提供对匈奴的防御的方法。②

与经济犯罪的赦免有关的话题引出了帝国赏赐的另一种主要形式,即与统治者运用权力,赦免那些被判处死刑或劳役相关的方式。这种赦免是帝国政策的一个常规特征,随着整个帝国范围内的大赦——包括帝国中的所有等待行刑的人,但除了叛国罪的犯人——在汉代大约平均三年就发生一次。这些对待这些被赦免者的方式多种多样,但一般意义上

---

① 《汉书·食货志上》,Hanshu 24a (Beijing 1962, p. 1133).
② 《汉书·晁错传》Hanshu 49 (pp. 2284, 2286). "凡民守战至死而不降北者,以计为之也。故战胜守固则有拜爵之赏,攻城屠邑则得其财卤以富家室……先为室屋,具田器,乃募罪人及免徒复作令居之;不足,募以丁奴婢赎罪及输奴婢欲以拜爵者;不足,乃募民之欲往者。皆赐高爵,复其家。……郡县之民得买其爵,以自增至卿。"

被判处了死刑的人改判为劳役或军役(见下文),同时那些被判劳役者身体上用来标示其罪名的记号——铁领、赭衣、剃去须发——可以去除,但必须继续在判定的期限内为政府劳役。这些所谓"伟大"的恩赐行为实际导致奴隶劳工的释放,其中有些行为甚至扩展到那些叛逆的罪犯。一般在逃犯也不再受到的任何未进行起诉的追溯,因此能够返回家园。有趣的是,许多这类赦免伴随着给自由人赏赐爵位,以及给贫民、寡妇和其他类型的贫困者以粮食或布匹等赏赐。常规的普遍化大赦的实践看起来是帝国早期阶段的一次革新之举,尽管这可能是由于缺乏战国时代的文献资料可资比对的缘故。

除了普遍化的大赦,尚有许多针对特殊区域或类型的人的特别之赦。此外还有第三类赦免,即"案件审查"的政策,在其中,皇帝的代理人巡回于地方行政中心的城市,去检查刑罚是否正确,并否决任何不公正或过分严苛的判决。到了后汉时期,由于这被认为是一种可以用于缓解天灾的举措而被仪式化了,按此观念,皇帝本人亲自造访监狱并对被怀疑犯有相对较轻的罪名被收押者予以释放。限于精英群体成员的赦免之举之一,通常是有皇帝授权的官员可以有权选择自尽——包括了用剑割喉自刎并以碗盛血的仪式——而不遭受公开执行的羞辱或者像宫刑那样的肉体刑罚。①

这些赦免政策的原因并不完全清晰,而且可能会随着时间发生变化。文献中记录的所有这些赦免的案例,或者是对幸事的回应——选立太子、建都、册命皇后、由天象推知的异事,或者是不幸的事件——洪水、干旱、天谴的灾异。但是,有许多记载中,这类事件并没有引发大赦,由此看来,所有这些可能诱发仁恩行为的情况并不是其充分条件。一些被记载下来的法令片段说明,这些赦免行为意在减少民众的不

---

① McKnight 1981: ch. 2. Hulsewé 1955: 209—14, 225—50. 关于允许官员拥有选择自尽的特权的"恩赐",其例证如《汉书》卷 48Hanshu 48 (p. 2254).

满,这种不满可能会在凶事中体现出"神圣性",或者出现更现实的土匪和反叛。值得注意的是,赦免都是在春季或夏季,其原因在于,按照历法,这是生、长的季节,皇帝在此时应相应地扮演生命赐予者的角色。

另有重要的一点在于,诸种法令,以及前面提及的"案件审查"政策,表明了对地方官员操纵法律以满足其私欲的怀疑。类似这样对官员与法律和皇帝意志相左行为的质疑,也出现在前引晁错的回忆录中。最终,到了东汉,当盛大恩的典授予行为变得常规化,这些赦免成为一个定期的人力来源,不断赦免的死罪犯人为边境的军队提供了人力储备。① 总而言之,看来汉朝皇帝清楚地认识到平衡司法行政严厉程度与以常规化的慈善赦免、授予爵位、扶贫等慷慨行为的必要性,这构成了他们政治稳定的基础。这类行为按照一年中春夏生长和秋冬肃杀来施行恩赏和刑杀,同样也是皇帝代天行政的一个方面的表征。②

汉帝国恩赏的第三个主要方面是救济贫困。上述的讨论涉及赦免和给各类贫苦赏赐的组合行为,这种赏赐衣服和食品的记录经常出现在编年史中。在公共节庆中伴随着授予爵位而赏赐酒肉,二者往往是联系在一起的。上面提到的尊重老年人的政策就包含了向一定年龄段以上的人提供不同数量的食品,尽管记录表明,这项政策生效后很快被当地官员用谷壳取代了粮食。著名机构"常平仓",富足的时代以较低的价格买粮食,在稀缺的时代放出去,这还是在理论上惠及贫困人口的一种手段。③ 然而,可能是济困中最重要的,也是消耗政府财富最多的,是对受洪水或干旱折磨的地区提供援助的政策。这其中包括了减税、粮食的发放,转移受影响地区的人口,分发钱财给暂时移居的受害者,让他们能在

---

① Lewis 2000:53—57.
② 汉代政府对罪犯的劳役剥削的基础性的重要研讨,参见 Lewis 2007:248—52.
③ Swann 1950:195—56;Hsu 1980:79—80.

地区购买粮食。①

第四种赏赐的形式是向农民分配土地。这个举措造成了一种非常引人注目的争论,关于帝国的巡狩的囿苑和政府为军马保留的牧场,二者不断地成为要求削减的对象,藉此来取得分配给贫苦农民的土地。同样重要的是将曾违反法律或遭到政治清洗的高级官员、贵族和太监的族属被没收的土地分配给农民他。国家迅速把土地分成小块并授予地狭人众的地区的农民,而不是由罪犯或者奴隶在此土地工作,因为这似乎已无效率可言。

土地、粮食、牲畜,以及钱币这些赏赐,也经常提供给愿意定居在前沿的移民。作为这个问题的相关政策,西汉多次试图限制富人所占有的土地规模,尽管这个政策通常没有什么效力,而且在东汉被废止了。被认为是按照皇帝提供的模式行为的贵族和官僚们,同样有一些向他们的贫困乡里发放土地的记录。②

第五种,也是最后一种赏赐的形式是向农民给予赏赐,这是一种常规的赏赐形式,由于它们太过平常,甚至在官修史的传记中都没有提及。其中最富有特色的是给予 70 岁以上的任何老年人以鸠杖,并免去他们为军队或王廷服役的义务。(选择鸠来修饰这个群体可以有数种解释,最具说服力的一种是认为鸠是一种与春生和生命复兴息息相关的鸟类。)鸠杖还有另一个特色,在乡村社群中表现了帝国存在的明显迹象,即使是相对较小的村庄会有几个满七十岁的人,有权配备鸠杖,就像皇帝伴随,使得这些群体具有一种超自然的力量和威望。这种情况很清晰地反映在出土于汉代墓葬中的一个法律案例的记载中。一个官员撞上了一位老者,因此导致的鸠杖掉落,并在跌在地面的时候打破了。因为

---

① 《汉书》卷 4 (pp. 113, 117, 124, 125, 131), 5 (p. 143), 6 (pp. 156, 174, 178, 180, 193, 195, 196, 198, 207 [2]), 7 (pp. 221, 225, 232), 8 (pp. 239, 242, 245, 248, 254, 255, 257, 259 [2], 263, 267, 269),以及传记中的其他记载。
② Hsu 1980: 22—24, 27—34, 164—66, 172—83, 186, 204, 210—13。

这是皇帝的赏赐,所以官员因为使之破损而被刑。①

除了上述五种给普通人的爵位和物品赏赐之外,皇帝也向官员和贵族展示其仁慈和慷慨。像对普通百姓那样,除了授予其官员以额外的爵位之外,还要支付给他们薪水,这也是一种现实帝国的慷慨的形式,皇帝也频繁地给所有官员或特定个人以赏赐。这些赏赐最常见的是大概是作为他们工资给予的现金,工资正常来说是按照粮食数量来衡量的,不过皇帝偶尔也会分派一些贵金属,尤其是黄金。这种做法可以追溯到战国时期,那时贵金属被用作给予统治者所赏识的官员的特殊赏赐。除了"纪"中提到的赏赐,一些官员的传记还描述了从皇帝那里收到这样的礼物,通常是当他们正式退休之际。诚如下文将要谈到的,这些赏赐物有时候反过来被官员分配给他的家人或邻居,所以,官员充当帝国向下惠及老百姓的途径。②

皇帝赏赐的范围同样拓展到汉帝国边界的中国人以外的群体。这些赏赐包括:用于与匈奴和亲的金制品、丝绸和帝国的公主们;为了以换取名义上对汉代主权的承认而送给处于中亚绿洲(现在的新疆地区)统治者的大量丝绸;为投诚的蛮族同意到内地定居而赏赐的钱币和丝绸;为与匈奴部落首领结盟而给部落成员的赏金。按此,任何一个与中国发生联系的异族人——无论是建立临时的和平关系的敌对者、承认汉代王廷宗主权的独立政权或者是为汉朝提供军事服务但维持事实上的自治的部落——都可以依据自己的地位从汉朝皇帝那里获得一些赏赐。这些款项是明确作为赏赐的事实证明是,汉朝的付出总是远远超过他们收

---

① Lewis 2006:173—74.
② 有关"纪"中基于官员、贵族和皇亲的赏赐,参见《汉书》卷 4 (pp. 110, 126, 132), 6 (p. 179), 7 (pp. 218, 220, 221, 223, 224, 228, 229), 8 (pp. 239, 245, 249, 254, 257, 259, 264, 272),并贯穿于此下的各篇《纪》中。关于战国时代贵金属的赏赐品,参见 Lewis 1999a: 606—7. 汉代官员在退休之际收到贵金属赏赐的实例,见《汉书》卷 71 (p. 3040). 并见本书第七章。

到的来自异邦的"贡赋"。① 就像许多现代学者所指出的,这种常规性的入不敷出,如果目的是经济交换,那么只能被认为是愚蠢之极的。然而,在一种赏赐的关系中,这种不平衡性造就了一种等级关系,在其中大量付出的一方就将另一方置于他的债务人之境,从而标志着他或她拥有卓越和优越的地位。

第八种,也是最后一种皇帝的赏赐的形式是牺牲。尽管有人可能会说,将提供给神灵的贡献和给人的赏赐放到一起来看这种分析方法并不有效,然而事实提供给神明的食物和其他祭品——包括人类的祖先——是一种为阴阳两界构成永久性连结的非强制性表现。并且,值得注意的是,中国的政治、社会权威总以掌握有供奉祭祀牺牲的权利作为其标识:一家之主、一地之长、一国之君,以及其他掌管社群的领导者总是担当着这个群体头位的牺牲供奉者的角色。按此,皇帝的权力的合法性总是部分地通过他向最高且最具力能的神明独一无二的供奉的能力获得保障。在汉代,天神被确立为最高神,最高规格的对天的郊祭成为了贯穿之后的中国王朝历史的独一无二的宗教仪式。②

更重要的意义在于,帝国的祭祀为了公共利益而行(不像其他形式的祭祀只关照施行祭祀的群体本身),并且恰当地供奉上天将在理论上带给帝国的民众以天的福祉,像是及时的降雨和丰产。汉代皇帝的祭祀就是这样一种韦纳(Veyne)的定义的意义上的善举(euergetism)的形式。同样值得注意的是,罗马帝国早期的作家明确地将祭祀看作是一种包含有统治者、诸神和民众的礼物循环的形式。对他们而言统治权的稳定是一种神的恩赐,并且将对神的供奉描述称"赠予(dona)"是一种习惯用法。③

除了各种形式的具体的或制度性的赏赐,还需要检视这一时期内的

---

① Yü 1967 and 1986;Lewis 2000:58—61.
② 汉代不同最高神的长期发展,最终造就了天界众神。有关于此参见 Lewis 1999a;Bujard 2000;Puett 2002, ch. 7 ("The Sacrifices that Order the World").
③ Bowditch 2001:ch. 2 ("Tragic History and the Gift of Sacrifice"). 关于赠予神的"dona",参见前引 65—68. 亦可参见 DeSilva 2000:100—2.

言论。按此,退休的要求被描述为对皇帝"乞骸骨",因为皇帝掌控着他的官员们并且必须在他们被允许离开王廷之前让他们回归自己的家族。相似地,一个官员所记载的皇帝的答复同样被描述为赠与的礼物。① 这些段落在一定程度上存在夸张,但是它们也不啻为韦纳所指明的罗马统治者的存在及其所执行的每一个行为都可能被视为仁慈或慷慨行为的现象的一个方面。②

诚如上表所列,帝国赏赐的诸多种类,如像农民分发土地,被小规模或低层级的王室或王廷成员所效仿。另外,地方豪族同样从事赏赐或施舍的活动,以此作为他们地位和权力的要素之一。接受这些礼物者之一是皇帝,他从其治下的不同地区获得物品和人员作为贡赋。另一种形式是聚敛"门客—随从(客)",在汉代中国他们始终是地方精英的家族(就像城市中的帮派)的主要组成部分之一。特别是在东汉,地方慈善和救济的实践也突出地表现在汉代豪族的人物传记、石碑文献和哲学论著中。这些慈善行为的主要接受者是一些远房亲戚和乡里村民,但在某些时期,它们也远布到包括全郡的范围内。这类行为包括石刻史料在内的汉代文献中的主要主题之一,它们是对汉代地方精英组织和活动的重要性表现在,大家族的成员对其亲属有照料的义务,以此可以证明这些人们明白自己发迹的基础所在。③

这类慈善有多种形式。首先,富人们常常宴请亲属和邻里。在很多案例中,用于这种活动的财物被明确地宣称是来自之前皇帝或皇室成员的赏赐。其中一个很有意思的案例是疏广的事迹,他收到了来自皇帝的大量黄金作为退休的赏赐,而他用这些赏赐宴请了所有的乡里故旧。当他家族中的成员让乡里长者责难他浪费了过多的家族新近财富的时候,疏广答复说,

---

① Lewis 2006:309—10;《汉书》卷四九(p. 2283).
② Veyne 1976:658—60.
③ Lewis 2006:218, 220, 223—27.

> 吾岂老悖不念子孙哉？顾自有旧田庐，令子孙勤力其中，足以共衣食，与凡人齐。今复增益之以为赢余，但教子孙怠惰耳。贤而多财，则捐其志；愚而多财，则益其过。且夫富者，众人之怨也；吾既亡以教化子孙，不欲益其过而生怨。又此金者，圣主所以惠养老臣也，故乐与乡党宗族共飨其赐，以尽吾余日，不亦可乎！①

这里有意思的地方在于，疏广声称他仅仅是在执行圣王的意旨，并明确地引用了皇帝的赏赐作为行为的渊源和样式。然而，这和那些相关联的段落同样显著地表现了斯科特（Jame Scott）农民道德经济理论中所预见的礼物流动模型。② 钱财的囤积将会败坏持有者的人格，并且招致邻里的不满，反之，将财物在宴会上分发并救助穷苦会加强忠诚度和支持度。这种模式在一定程度上是通过资助参加宴会或是通过在紧急时刻救助邻里来在乡村一级上重新分配财富，此模式一直延续至今天的中国乡村社会。这种宴会也是由地方豪族乡绅所赞助而形成的汉代地方神祇的一部分，尽管这种实践仅仅被记录于一些地方官员承诺抑制这些地方神的案例中，这常常被帝国官方文献所征引。③ 在另一种"常规"的恩惠中，有钱的家族会收养孤儿或是其他一些远亲。尽管可以分析出一些区别来，但与之密切相关的是，地方大家族为了稳固地获得王廷要员的支持向高级官僚送礼重要性，这在实践中更多地是表现为一种贿赂。④ 到了汉末地方豪族也非常热衷于修建公路、水库和其他更一般的基础设施，这些活动被记录于一些墓碑铭文之上。最后，地方上越来越多的家族提供了饥荒和洪水救济，以及防御土匪。

---

① 《汉书》卷71 (p. 3040)。亦可参见《东观汉记校疏》卷15 (pp. 598—99)："大量的积累加剧了损失，且是后代的负担。"并见《后汉书》(Beijing 1965) 82a (pp. 2720—21)。
② Scott 1976: ch. 6 ("Reciprocity and Subsistence as Justice")。
③ 东汉晚期《风俗通义校释》(Tianjin 1980, 333—34.)中详细记载了一个地方宗教最初出现的一个城镇，但遍布所有现在的山东，当地的商人在大型公共节日中轮番赞助之。有关地方神祇更粗略一些的记载参见《东观汉记校注》卷21 (p. 863)。
④ 《后汉书》卷27 (pp. 945—46)、卷41 (pp. 1398—99)、卷43 (p. 1458)、卷91 (p. 3690)。

皇帝赏赐和豪族权力之间的确切关系并不清晰,有可能随着时间发生变化。一方面,一些家族的慈善行为似乎是对皇帝的直接模仿。就像上文所说的,他们甚至宣称这就是帝国仁恩的拓展或者执行,如将土地分派给农民的案例,以及疏广用国家的赏赐来为乡里贫困提供宴饮。然而,汉代故事中关于公共事务、地方军事防御和对洪水饥荒的救济反映出,由于贫穷和军事改革造成的后果,地方上有权势的家族直接掌控一些帝国政府力所不能及的角色。一方面,这成为了一种支撑和维系王廷的模式,但它也被视为某种形式的篡夺。地方礼物赐予和未官方化的神祇之间的关联同样也说明,大家族的仁恩直接挑战了帝国秩序。

2. 比较

上面描述的许多活动都和罗马皇帝或帝国精英的赏赐和慈善行为不相同。(由于有论文让我们能够很容易理解这些活动,我在此处将不会重复叙述。①)不过,有几个差异显然涉及到两个帝国的不同结构和对政治权力标志的定义。首先,像构成东半部分的希腊世界一样,罗马帝国的公共性仁恩和慈善乃是通过其城市框架来定义的。韦纳(Veyne)定义的善举(euergetism)和城市不肯分割,它是政治秩序的基础单元。萨勒(Saller)在关于早期帝国恩赐的叙述中也同样强调聚焦大城市中的这类行为。② 帝国仁恩的主要形式,对统治者和精英成员而言,是为公共用途建造新的建筑(剧院、体育馆、浴池和竞技场)、赞助竞技活动以及维护渡槽和道路。所有这些,以及诸如通过为农民提供贷款养育一定数量的平民、扶助贫苦儿童等的其他慈善活动都集中于城市。它们确保提供基本必需品,这是"文明"的词源意义上的城市存在的保障。

另一方面,汉代中国,大量的帝国赏赐和恩惠都向私人提供并流向

---

① 参见前注 n. 1。以下意见集中在罗马历史的君主制时期。
② Veyne 1976:103—4,110—15;Saller 1982:ch. 5.

农村。这种差异反映出与罗马帝国政治的区别在于作为中心城市的多重结构——旧有的和新建的均属于统一标准模型——而中华帝国的统治者及其代理人的政治权力直接从农户的登记注册、动员和税收中获得。① 罗马慈善的模式延续了古希腊通过城市贵族组群形构的地方政权的先例,这些人表现出热衷于献身公共利益。与之相对,汉代的帝国赏赐直接指向为政府提供财富和军事基础的特定人口单元,这就是说农民和官员的家庭和生活模式仍然植根于农村(参见下文)。

不同的礼物给予模式同样反映出罗马精英和汉代中国对农村基地的不同使用。对前者而言,工作或劳动合同并由当地代理商管理的大型屋是主要的收入来源,这就保证了杰出的男性可以到城市去追求他的职业生涯。而另一方面,对中国的精英而言,由于继承人的分割,地产总是保持在相对较小的规模,而且杂地方的影响力主要是通过拓展基于血亲、与其他名门姻亲关系的社交网络、为贫困邻里提供帮助等形式获得。这就要求更加常规化地在乡村露面,维系一个与乡里农民和上面所说的大族之间的礼物给予关系。② 随着皇权的衰弱,豪族担负对更大范围的地方治理功能,这就使得农村的重要性加强了。

其次,韦纳明确地区分了诸如后来的基督教实践的助贫和包括为全体公民共享的公共利益作出贡献的希腊或罗马的善举(euergetism)。这要依靠具有明确边界的公共区域的存在,它还有能区别于政府机关、宫殿和庙宇。一个公共空间由精英来装饰和维护,作为教化必要的设施并显示自己的权威。③ 这样一种公共空间在汉代中国并不存在,且没有证据显示在整个汉代存在城市慈善。这种情况的改变仅是由于佛教兴起的影响,随着寺庙的私人基金向公众开放,在大致相同的时间私家园林的发展,同样进化成早期公共公园。只有到了5、6世纪,随着这类新的

---

① Lewis 1990:ch. 2 and passim.
② Lewis 2006:212—13.
③ Veyne 1976:chs. 2, 5, 11.

空间领域的出现,我们可以开始见到中国版的独特的城市公共领域。①

汉代中国非政府管理的共工空间的缺乏同样与纪念性的石制建筑的缺乏有联系。原因是完全清楚的,无论是原料短缺或仅仅建立在选择易腐材料可以很容易在定期重建的最新款式,中国从未开发石头用于的传统建筑上的技术。② 鉴于重点是通过私人或帝国向公共利益捐赠,地中海地区的大多数善举(euergetism)包括刻有捐赠人的名称和用途的大石结构的建筑。因此,我们拥有大量石刻,从中可以重建如此多的罗马和希腊的社会历史,包括公益捐赠的历史。在中国没有这样的建筑及其关联的记录的公益行为,意味着无法通过赞助这样的建筑生成的声誉和影响,也不能藉由篆刻其上获得荣誉。这导致了城市容貌的两种完全不同的模式,以及通过慈善捐助将物质财富转化为象征资本的明显不同的模式发展。第三,其他形式的帝国公共慈善、对竞技的赞助,也需要在罗马的政治行为模式中实现,这在中国是难以想象的。具体来说,皇帝赞助竞技会的一个关键的原因由是统治者自己会在公共场合出现并与城市大众共享竞赛。诚如韦纳所指出的,这种躬亲出席是竞技会必要的角色;皇帝将他本人作为礼物一样尽可能在竞技场适当的娱乐。③ 相反,在秦汉时代的中国,统治者并不出现在公共视野之中。权力并不通过人民的公共赞誉,而是通过一种封闭和隐藏起来的政策产生。封存在一层又一层的墙壁后面,皇帝将接见作为他最亲近的追随者最高荣誉式的奖励。这种宫廷内部权力超过宫廷之外,不可见的权力超过可见的权力,成为中华帝国长此以往的权力格局建构的原则。④

如弗格斯·米拉(Fergus Millar)所论,不同的是罗马皇帝在他当值期间经常会为谦虚的人与他接触的过程中提供恩惠,诸如就像他可以接

---

① Lewis forthcoming: ch. 4.
② Lewis 2006: 188.
③ Veyne 1976: 701—6.
④ Lewis 2006: 114—18, 155—57.

收这些人的请愿信和帮他们断案。① 再者,诚如上文所论,对中国的统治者而言这类接触只会指派自己的僚属去做,因此,他们——以及那些被允许在参与帝国庆典的投降的蛮族首领——是仅有的能够从皇帝那里当面收到赏赐的人。

汉朝皇帝的赏赐,如同他的政令和刑罚,仅仅通过他的仆从机构向外发布。罗马和中国之间的第四个,也是最后一个差异是前帝国时代作为精英举动的赏赐行为模式。正如韦纳的书中所论证的,帝国的慈善建立在数个世纪中公共慈善和私人施恩共同构成和定义精英的地位的基础上。希腊城市的领导者——君主(Hellenistic monarchs),和罗马元老院和骑士阶层都以各种形式对公共礼仪的贡献,突出的是赏赐城市民众,或聚集委托人的网络。罗马皇帝在许多方面扩展或阐述了已有的恩赐形式,所以奥古斯都安排全新的帝国关键角色的众多构成部分,在其中主要的政治人物都尊敬自己。

就像埃根·弗拉西(Egon Flaig)已经证明的那样,与之相反的是,皇帝既不可避免地陷入由福利(beneficia)和恩典(gratia)模式定义的社会,但在同时具有超越其声称的互惠性的必要性。这就是塞涅卡(Seneca)的等级理论。他设定了通过礼物和义务构成的社会,但断言新君主制是一种创新,在其中一个单独的、超越性的给予者"将帝国中所有的群体和个人都席卷入这样一种等级中。在其中人们都受到恩典,而且都对皇帝负有义务。"给予了皇帝以对新的世界秩序的独特贡献之后,对皇帝的忠诚和服务就是绝对的义务,这不能要求皇帝有任何与之对等的义务存在。礼物在两个方向流动,尤其值得注意的是有在遗嘱中遗赠皇帝的情形,但是这样的礼物给予所引发的义务却只在一个方向上存在。②

在某种程度上,并不是由于我们的材料而得出的偏见,中国情况的

---

① Millar 1977:ch. 8.
② Flaig 2003:53—61.

例子说明,一个帝国的恩赏的模型并不是由任何形式的善举(euergetism)或精英通过大量付出的自我制度化进化而来,而是来自于一种形成于春秋战国时代的政治模式。当时的诸侯国的统治者,为后来后来的帝国化提供了范式。他们通过将更多数量的农民纳入军事化体系以及他们自己的赋税体系将自己和竞争对手区别开来。但是正如诸侯国的政治理论和实践所示,这类服役所换取的是更大的封号和土地。①汉代皇帝们的赏赐——爵位、土地、税赋减免或危机时候的财政资助——都是早先战国时代授予农民的赏赐形式的延续。

在某种程度上,有一种意识形态的样式对应这类恩赐,很容易宣称说再没有比这更早的公共服务或贵族精英付出的形式,但是恩赐行为免费地赋予天下所有的生存者,而不需要任何服务的回报。(某些相似的主题出现在罗马帝国早期的文学作品中。其中关于黄金时代的记载中,自然免费地赋予帝国财富,而不需要人类劳动。这被当作是一个新帝国秩序的先例。)②作为一个政策问题,汉代皇帝的赏赐也是保护作为国家基石的小有产者和自由农民这个大目标的一环。这种对两个不同帝制系统的赏赐标准的渊源的对比,再次把我们的注意力拉回到罗马的城市中心和中国的农村中心这组区别上。③

3. 结论

就像众多学者所说的,"礼物"(gift)并不总是一种分析式的有用的术语。有必要区分不同类型的礼物循环或赏赐方式,因为商品种类和传统中给予和接受者的角色,将标示出两种文化之间的差异。诚如上文所说,韦纳强调了与基督教慈善的对比,这也成为古代晚期的标准模型,和

---

① Lewis 1990: ch. 2.
② Bowditch 2001: ch. 3 ("The Gifts of the Golden Age: Land, Debt, and Aesthetic Surplus").
③ 尝试支持小有产者仅限于共和时期的罗马史并停止于君主制的产生。

经典的善举（euergetism）形式。后者被定义为对一个公共领域给予礼物，这可能以域内的所有成员为对象。实际上，精英集体对公共的礼物赏赐在某种意义上构成了公共领域，否则不会存在群集构建空间，它作为一套独特的美德（"公共精神"），也定义了一系列的庇护者和附庸者的关系模型。通过这个途径我们可以看到，古代的地中海世界区于别市场交易的财富分配模式为如何，也可藉此来区分从最初的城邦到后来的帝国的不同公共形态，还可看到在基督教化的世界中这些是如何被另一种形式所取代的。按照汉代中国的情况，公共领域并没有从政治领域中明确地区分出来，这样一来，在公共事务中的参与意味着服务于统治者的一种形式。（西塞罗用来定义的"republic"音义双关的方法同样适用于中国，在那里"公共"之"公"附属于"贵族"意义上的"公"。）因此，所有以上述头衔的礼物都是为他服务的统治者把所有的自由人，并给予他们相应的法律特权，构成更广泛的"公共"空间的手段。按前文所说，其他相关的礼品主要是旨在维持这种政治空间政策的拓展，其参与者限定为自由的有产农民。

这就清晰地出现了一个区域，在其中乡村秩序通过醒目的慈善和公益行动定义和维护，这在一定程度上反映了强大的家庭破裂"帝国"的早期模式。这种崩溃的标志是东汉初年类似的军事义务被抛弃，以及限制土地所有权规模的种种努力。后来旧的体系通过皇帝赏赐爵位被迅速地侵蚀。这个从基于皇帝恩赏等级确定帝国领域向基于地方的礼物流动循环的变化，表明了国家的军事官僚模型向一个国家的家庭联盟的转换，通过强大的本地家庭，国家秩序被传输和保存。这种向半公开领域的转向由政治国家的衰弱决定，其中扩展加入了亲属和村庄混合的实体，这种变化从秦汉帝国时代早期一直持续到到南北朝的世纪。

七　汉朝和罗马帝国的货币体系

[奥地利]沃尔特·施德尔

1. 介绍

　　公元前3世纪初叶,东亚和地中海地区的帝国化统一产生了日益规范化的货币制度,旨在以之为稳定的支付手段。在两个帝国中,最终形成了垄断性的货币铸造,且与国家的命运息息相关。然而,尽管有这些基本的共同点,实质性的分歧依然存在。白银和后来的黄金主宰了罗马帝国的货币经济,中国政权运行着一个以青铜货币为主,以非铸造贵金属为辅的货币系统。这种差异引发了一系列的问题。这些不同是如何产生的,为什么它们会存留于古代世界?不同金属的使用如何影响货币对象的名称与内在价值之间的关系?西方和中国对贵金属的铸造是否依赖于铜来决定货币所有的层次?据我所知,这些问题都未从比较的角度加以审视和解决。如果不这样做则会增大了解这两种货币制度的难度。明确的比较会将各个传统的构成要素变得更为清晰:对已知情形的"去熟悉化",可以激发我们去质疑已有的解释并重新考虑那些公认的因果联系的性质。

　　这种研究尚属首次,多是采取了通过历史上并行的货币的特殊功能的共时性展示为比较分析提供依据。所能描述的形式在很大程度上为历史学的学科所决定。毫不夸张地说,现有关于罗马硬币、金钱和货币经济方面的研究大大超过了相对应的早期中国货币研究的数量和复杂性。因而,尽管罗马货币的物理特性及其分布已经得到了相当详细的研究,而且对于其与经济史上更广泛问题的相关性也有了大量关注,然而我们关于古代中国货币及其运用的知识却非常有限且不牢固,许多重要的问题都还没有得到解决。考虑到这个巨大的不平衡,我将用较长的文字讨论中国的情况(第 2—5 节),而只对罗马世界的情况做一大体上的勾勒(第 6 节)。两部分的介绍之后都附有一个简明的小结,以概括我所认为的主要趋势和模式(第 5 节和第 6.2 部分)。

137

这些并行的研究可以为较为系统的比较分析做好准备。在第 7 节中,我会结合地质、文化等因素,探讨在古代东西方欧亚大陆不同的金属货币主导地位的原因。第 8 节中,我会通过讨论其内在(即金属本身)价值的重要意义,对传统意义上中国早期货币唯名论的(nominalistic)的理解提出挑战。我认为,东方和西欧都出现垄断性的超级大国青睐创建混合货币系统的情况,在其中缺乏竞争的约束而不用废除金属币制,这两个系统中的硬币的使用者在很大程度上保留对本国货币的内在价值的敏感性。最后一节旨在量化汉朝和罗马帝国权力顶峰时候的金属货币储备。我的发现使我得出了实质性的结论:罗马帝国经济可能比汉代要有多得多的货币化状态。

澄清这项研究的范围非常重要。众所周知,"钱币"(money)是一个难以捉摸的概念。同时作为交换媒介,财富的表征,和记账单位的"万能"的钱币仅仅是代表所有货币的对象和工具的一个子集,而硬币通常——但并不总是——符合所有三个标准:可称重、标志性、"准货币"(如汇票)。食品、纺织、房地产、牲畜、奴隶,或者是贝壳都同样能够执行这些功能中的一个或几个。在适当的情况下,所有这些都可以算作是"钱币"。在接下来的各节中,我的讨论主要集中在铸造的或其他金属形制的钱币上。这种选择更多地是基于必要性而非主观选择：材料的性质决定了对汉朝和罗马经济体系中信用货币意义的有意义的比较评估的范围，而且诸如织物货币在货币体系中实际使用的规模是难以估量的。此外，范围上的限制迫使我放弃比较货币观念的成因和文学论述中涉及的钱币问题，这个有趣的话题已经可以支撑一本书规模的研究了。① 最后值得一提的是，对铸造货币的物理本质来说，相比罗马帝国的其他大部分地区，托勒密王朝和罗马统治下的埃及的条件与早期中国的情况有更密切的相似之处，在这些区域中青铜和贬值了很多的货币问题扮演了中心角色。② 在将来同样会比较研究这种相似性。

2. 古代中国前帝国时代的货币制度

后来文献资料记载了神话和半神话的遥远过去，其货币使用到各种材料，如龟壳、贝壳、珍珠、皮肤、牙齿、角、小麦、纺织品和石器。③ 考古证据也确证了自从殷商时期（约公元前 1600—前 1045 年），尤其是西周王朝（约公元前 1045—前 771 年）确实使用了贝壳作为货币。被组装成十朋以后的玛瑙贝逐渐成为一种价值标准。④ 然而，目前尚不清楚玛瑙贝是否负担有额外的货币交换媒介的功能：从墓葬设置中发现的情况来看，它们可能与玉器一样主要被用作赏赐和作为声望的表征。⑤ 用骨头和更后来用青铜来模仿的朋贝已经在商代后期出现了，尽管直到东周时

---

① 从材料上说，在中国古代传统中货币政策事务比罗马更为突出：相关的文献和讨论，参见 Swann 1950 and Hu 1988：chs. 1—12 (China)，并可参比 Nicolet 1971、1984 以及最近面试的 Wolters 1999：350—71 (Rome)。
② 例如 Maresch 1996；von Reden 2007。
③ Thierry 2003b：25。
④ 参见例如 Thierry 2001b：118—19。不过，Li 2006 认为西周中期之前的玛瑙贝没有成为一个价值标准。Peng and Zhu 1995：9—12 讨论了玛瑙贝使用的地理分布：从殷商到春秋早期使用高峰在黄河流域，战国时期在中原，最后结束于秦汉。
⑤ 参见 Li 2006：7, 11, 17—18。

代(公元前770—前256年)才出现了制作的高峰。① 处于南方边远之处的云南特别广泛地使用了玛瑙贝:秦汉以前的墓葬中已经出土了260000个。在汉代统治下它们曾有过剧烈地减少,但后来又出现了增长;直到17世纪帝国对该地取得实际控制之前,玛瑙贝的使用从未在此地区消失。②

以微型工具作为价值储备可以追溯到公元前第二个千年,但更多的使用发现于东西周。③ 尺寸和重量不断缩小的铲片是最普遍的类型。从公元前7世纪开始,这些铲片上开始有了铭刻(大多是朋贝的符号和数字):只有从这一点上才可完全断定它们已经被当作货币使用了。铲币被制作成数量众多且各不相同的形状,我们可以依此来推断其年代和来源,不过这还需要进一步研究。在春秋时代后期,有方角的铲币是最常见的形制,一般有7—10厘米长,20—30克重,而5—7克重的是战国时期的典型形制。④

在中国的北部和东北部发展出了刀形的钱币。早在竞争日益激烈的、动荡环境的战国时代(公元前480—前221年)已经开始了货币化扩展。天下的主要竞争者——齐、秦和楚——发展出了封闭的货币体系,而"三晋"的赵、魏、韩则更少由政府的集中控制,故而货币生产更多地是地方自治。在韩国和魏国,铁锹钱按照一套标准重量(7、14、28克)来生产。刀币则继续在东北部的燕、齐通行。齐、秦和楚都发展了本国特定的货币系统。⑤

根据考古遗存,圆形钱币出现在公元四世纪的中原,随后为南方除了楚国之外的大部分国家所使用。大概是仿照早期圆形中心有小孔的

---

① Thierry 1997:46—48,此中涉及了这个时代墓葬中发现的超过27000个标本。
② Yang 2004:305—12.
③ Wang 1951; Thierry 1997:49—65, 89—102; Peng 2000:33—117.
④ 参见Thierry 1997:194—97, 202—37编目部分。战国流通的货币大部分是小铁锹硬币;前引89.
⑤ Peng 2000:183—207.

玉盘(璧),这些硬币通常是根据区域的重量标准制作并刻有他们的面值或发行城市的名称。① 秦国遵循两重标准,铸造大约 8 克重的半两钱,并把重量刻在钱币上。后来的文献声称秦始皇在公元前 221 年始创了这种币制,错误地将后来这种钱币在帝国的主导地位与它的产生背景混为一谈了。半两钱被发现于公元前 4 世纪中叶的地层中间,这比秦帝国完成统一早了一个多世纪。这种币制在一个国家机制发生深刻变革的时期被引入,很有可能是在政府垄断形成之际,或者被认为至少是与公元前 340 到前 330 年代的商鞅的变法有关。②

在南方的楚国发展出了不同的货币系统,它基于青铜朋贝和方形的黄金方薄片,以元为单位并有楚国都名称的印记。③ 考古记录表明,这两种货币都只在楚国境内流通。在使用仿玛瑙贝延续了老的当地传统的同时,④拟物的黄金,拟硬币流通的格式在中国仍然是特例。(尽管它也出现在了更南方的越南且有可能代表了一个区域且最终被"外国化"的习俗。)我将在下面的地 4.1 节中讨论更多细节。

是谁发行这些硬币呢? 传统文献提供的印象是统治者(例如国君)决定着有关钱币发行的事务。按此,可以想象公元前 524 年周景王用

---

① Thierry 1997: 83—88. 以玉盘为模型;Wang 2004: 11;并参考 Thierry 1997: 84. (北京中国国家博物馆中展示的数量众多的璧少有大过大型青铜硬币者。)魏国、韩国和赵国的早期硬币保留了像玉盘那样的圆孔,而燕国、齐国和秦国则选择了方孔。

② Thierry 1997: 165—75. 公元前 336 年,周在币制问题上对秦表示了赞许,这标志着秦在币制方面的第一次变革,不过这是一个现代人的推测;Peng 1994: 76, n. 2; Thierry 1997: 173. 官员商鞅的改革,参见 Li 1977. Thierry 1997: 173—75,其中辨别了七种不同类型的秦半两钱。最早的半两钱(约在前 370—前 340 年代?)既大又重(一般接近 10 克)并有更加古朴的圆孔。最多见的规格(7—10 克)可能是从商鞅时代开始使用的。考古材料显示从战国末期开始更轻的钱币开始占据了主导。

③ 见下文第 4.1 节 Thierry 1997: 143 强调了该系统的不同特点。

④ Wei and Fang 1997 讨论了当地的微缩版仿玛瑙贝,名字叫作"蚁鼻钱"。被发现的这种钱币数量巨大,是楚国的主要货币,但是直到战国时期后段才开始普及,而且真正的玛瑙贝的使用仍然主导了这时期。Peng 2000: 150 同样把蚁鼻钱的时代定在公元前 330—223 年。也可参见 Thierry 1997: 143—46.

"重"币取代"轻"币,据称,他用这种方式来剥夺他的臣民的财产。① 《管子》由一系列的被设定在公元前 7 世纪的对话集成的著作,它被认为是编纂于公元前 4—前 3 世纪齐国的稷下学宫,并在公元前 1 世纪方才最终成书。书中强调了国家控制货币供应的愿望。这种情况通常被看作是统治者掌控既存的流通货币储备,而不是在制定政策上顾及货币铸造。例如,为了达到所期望的价格水平,统治者需要通过囤积或支出现金来控制货币的供给量,而不是通过发行或废止货币来实现。② 有人认为,至少在早期,商家制造的硬币采用区域的重量标准。然而,间接证据表明,早在公元前 300 年秦和齐设立了国家管制的硬币生产。其他诸侯国的情况仍不明确,虽然在每个政体内高级别的均匀性可以说明在整个地区内都对政府参与重要性有所青睐。③ 尽管文献材料覆盖了整个前帝国时代,但精英的作品中很少提到钱的问题,而且没有任何国家的工资情况被记录下来。④ 这里的阐释更多是基于汉王朝最初 80 年的情况,私人被允许制作硬币,国家则是逐渐地浸入这一领域。(见下文)

在这种环境下,出现了两个可能参与甚至主导的私人硬币厂家,在最初的政治分裂后涵盖了秦汉帝国的地区,流通各种各样的货币和面值单位一定是战国时期,而且硬币并不总是——实际上通常不会——达到名义上的重量标准。我们没有任何关于构成这些硬币的金属成分的价格(诸如铜和锡)的信息,也不知道硬币面值与它们内在价值之间的关系究竟如何。事实上,硬币反复被铸造以保持符合当前区域的体重标准,甚至标记出一个面值,这至少在理论上意味着代表它们的价值,总是允许一定程度的铸币税以支付生产成本,从而推动降低公立和私立为了营

---

① 《汉书》卷 24 下:2a—b in Swann 1950:225—28;参考 Peng 1994:91—92。
② 《管子·山国轨第七十四》3.71,von Glahn 1996:33。并参见前注中所引的段落,以及 Hu 1988:133—38。
③ Peng 2000:155—61。Thierry 1997:172 说明半两钱的传播与秦帝国的扩张相伴随。但是,即便是在秦,陪臣和统治家族成员发行货币也是被允许的:Thierry 2003a:24。
④ Peng 1994:87;而 Lewis 1999:374—75,n. 53 涉及了谷物工资。

利而降低重量的潜在漏洞。

　　1975年云梦古墓中的发现已经表明,相关的法律规定可以追溯到早至公元前242年之前的秦国。① 文献中的相关章节("金布律")指出,圆形硬币(例如,大致是那个时期的半两钱)被接受,无论它们是"好"或者"坏"(例如过轻或过重),根据这些硬币的尺寸和重量来区分是非法的:"贾市居列者及官府之吏,毋敢择行钱、布;择行钱、布者,列伍长弗告,吏循之不谨,皆有罪。"②这个文本证明了三点:硬币与常规的重量标准存在差异(这还由大量的考古遗存所证明),人们根据钱币本身的金属的价值来对之进行估价和使用;仅仅在取得最终胜利之前的一代,秦国努力降低交易成本,维护硬币的面值相对其内在价值的超越。秦国很有可能为了脱离其金属含量而试图将它的硬币的交换价值的确定下来并作为一种基准的钱币。

　　然而,试图保持这样一个货币系统的基准是天真的:③这种法令的存在反对钱币使用者根据钱币内在价值来使用之的期望。这些看法见于贾谊在公元前175年的追忆,还有以下章节中的其他一些证据。与之同时,这并不意味着,在推行按照混合质量的硬币正式的标准价格进行自由流通这个原则上,国家是完全失败的。文献中引用了一种叫作盆的单位——装有1000个硬币的巨大篮子或盆子——已经被陕西省的考古发现所证实,在一个盆中含有1000枚不同重量和大小的硬币。在其中有997枚秦国的半两钱:它们中有1/5重量大约在6克或以上(最多10克),而其他的则要少于5克重,所有硬币中的6%要少于3克。④ 另有一坛1000个半两钱发现于甘肃省。⑤《金布律》(§65)说将1000枚无论

---

① Hulsewé 1985a 翻译和评论了睡虎地出土文献。另可参见 Hulsewé 1985b:227—29;Thierry 1993:3—4, 1997:168—70.
② Hulsewé 1985a:52.
③ Contra Thierry 1983;2001b:126—33.
④ Thierry 1997:170 and 2001b:129—30.
⑤ Thierry 1997:171.

"好恶"的硬币封印在容器中的是国家政府,也只能由政府在需要的时候把它打开以使用之;因此,硬币重新投入流通是以一个不透明的包装作为单个对象的,而间歇随机性的"包装"远远不足以遏制在市场交易中更歧视性地使用钱币。事实上在陕西——更广泛的考古证据表明①——明显重量过低的钱币在流通中能否具备它们名义上的价值令人怀疑。鉴于继续持续的金币量重(见下文第3.1节),最可能的情况可能是不稳定的组合,政府强制实施的规则和最终取决于私人喜好和政府强制控制交易流通的能力。在这方面,秦后期,伴随它的强大,雄心勃勃的国家机器和强势的法家传统,也可能在中国建立一个不同寻常国家政治系统。②后来(尽管实际上没有如此夸张)汉代政府尝试将标明价值与硬币所含金属本身的价值的关系切断,造成了灾难性的后果。(见下文第3.2—3.3节),由此看出了帝国强制力其实是有限的。我在更后面更一般性地讨论中国和罗马经济中货币流通的限度时回应了这个问题。(第8节)

3. 秦汉时代的青铜货币

3.1. 秦代和西汉早期的货币体系发展

在公元前221年秦完成统一之后,秦的半两钱注定会成为除了黄金(但它并不被铸造成硬币的形式。见下文的第4.2节)之外唯一合法的货币。不可避免地,仍有不同的大小和重量的硬币继续流通,而且甚至半两钱硬币本身在这些方面也有变化,通常是减少其重量。③ 这可以很好地反映秦国在公元前3世纪接管它的竞争对手的巨大金融财政运作:从比较的视角来看,假如在后来的秦帝国面临着大规模的军事挑战的历

---

① 关于在陕西发现的645枚半两钱,参见 Tierry 1997:172,其中的5%是常规的,14%过重,还有81%则过轻。
② Bodde 1986;Fu 1996.
③ Swann 1950:228,n. 386.

史社会中避免了某种程度的贬值,那是真的非常了不起的。这一过程需要更多的研究来阐明。① 假如一些严重短斤少两的半两钱发行实际上与秦始皇帝短命的继承者有关,②这将会是帝国时期几种驱动危机的原因中最重要的一个。

当汉朝继起后,金—铜系统被保留了下来。一般而言,我们可以看到从秦到汉代前期强烈的连续性。③ 由于秦的钱币被认为"过重"(例如过于稀有)且"难于实用"(无论这意味着什么),汉代的第一位皇帝允许——或者至少没有否决此权利——他的臣民自己铸造硬币。④ 降至公元前 110 年代,一大批造币厂广泛建立:帝国宫廷、王子个人、诸侯王、私人合作组织等都在为整体的硬币供给助力。当时为硬币的重量给出了一个很宽泛的重量标准(据下文关于公元前 175 年情况的讨论),硬币的重量(以及根据其金属价值的使用)可以推定为已经常态化了。有可能记载中这个时期的通货膨胀是因为发行面值高于其价值的过轻的硬币,而非囤积货币⑤。这其中的关联将在后文中进行讨论。

以《史记》和《汉书》为代表的传统史家记载了汉代前期统治者一系列的货币举措。对这些描述与相关的考古学证据的匹配的尝试的结果,受限于这一时期文献文学中心的叙事方式,以至于很难分析出与之相关的实物材料。⑥ 更重要的是,硬币生产分散自然不利于过于集中地分类。

如此一来,文献中声称当公元前 186 年时,一种含有传统半两铭文(这名义上有十二铢重)的八铢钱(八铢半两,理论上约 5.2 克)发行了,它对已有的实践并没有造成的重大突破:毕竟,许多秦代的半两钱事实

---

① 参见 Peng 2000:175—79.
② 见 He 1996.
③ Thierry 2003a:21.
④《汉书》卷 24 下:3a,硬币的重量标准设定为三铢(约 1.95 克);参见 Peng 1994:102.
⑤ 有如《汉书》卷 24 下:3a 所述。
⑥ Thierry 2003a:21,27 强调了这个问题。

上已经达到了这个重量标准。① 我们还可以从文献中知道,四年之后一种五分钱(直径五分或 1.18 厘米)出现了。② 因为前者禁止私人铸币的禁令在公元前 175 年颁布了,有可能这些币制改革就是伴随这些法令而生的。③ 如果推测无误,这其中可能包含了一种强抑制通货膨胀的尝试。此乃通过加强政府控制或者通过获取 1/3 的铸币税以迫使人们加接受用八铢钱充作十二铢价值使用。

144

在公元前 175 年开始禁止私人铸币之时,汉文帝引入了一种四铢钱(四铢半两)。④ 这种硬币同样也被当作半两,意味着它的面值高达其实际金属价值的三倍。这样一来,汉代建立以来的 30 多年间,我们可以看到一个官方逐渐使得硬币贬值的过程,想来这应该是为了使得货币的面值趋向它们事实上的重量。半两钱从原先秦代以 12 铢为标准(这基本上只是个幻想)这种仅仅是偶尔才能通过政府权力施压稍加接近的状态,过渡到更加现实的以八铢以及后来的四铢作为标准。⑤ 类比罗马帝国从 3 世纪以后的类似事件(见下文第 6.1 节),这种改革最好被理解为一种赶上通货膨胀带来的损失的尝试。这种通胀的原因也在于向下调整硬币的官方重量标准使得铸币过轻。

在同一年,即公元前 175 年,后来的《汉书》中保留了一段贾谊的记述,涉及到国家对造币的垄断重新开启。⑥ 这段记载为我们理解汉代早期货币系统的运作方式提供了重要依据。其中谈到了对在青铜合金中掺杂铅和铁来贬低硬币价值的个人严厉的惩罚(脸上纹身),但指出允许某种程度的贬值,以激励私人个人制造硬币应放在第一位。由于私人铸

---

① Swann 1950:378;Peng 1994:102. See Thierry 2003a:28 for continuity.
② 参见 Thierry 2003a:28—29.
③ Peng 1994:102.
④《汉书》卷 24 下:3b. Thierry 2003a:29 设计了在被认定为公元前 167 年的墓葬中找到的 100 枚重 2.7—3.3g 之间的硬币,它们可以体现出新的币制标准。
⑤ 据 Thierry 2003a:163—71,注 33 中的半两钱年代在公元前 179—118 年,平均 2.6 克或将近 4 铢。
⑥《汉书》卷 24 下:3b—5b,见 Swann 1950:233—39.

币的复苏,这种犯罪据说大大增生,并且私人硬币生产已合法化,以至于很多人放弃了其他的职业来铸造硬币。① 然而缺乏国家垄断也被看作是造成不良后果的另一个原因:"民用钱,郡县不同:或用轻钱,百加若干;或用重钱,平称不受。法钱不立,吏急而壹之虖,则大为烦苛,而力不能胜;纵而弗呵虖,则市肆异用,钱文大乱。"官方的重量标准被忽略,诚如作者所言,官员不能简单地任意强加他们可能不希望执行的兑换率。这段文字意义在于用实际状况取代了官方申明,断然否定了使用者惯于接受硬币的票面价值的认识。更确切地说,钱币实际上的交换价值由它的重量所决定——这也就是(假定的)金属价值(在不掺假的情况下)——而钱币的使用者根据钱币的重量来调整对不同品质硬币票面价值的预估。这创造了标称值和价格和"真正的"交换值之间的差距。

现代研究者可能会期望这个问题在一个长时段内由于格雷欣法则(Gresham's Law)而有所减轻:轻的硬币应该会驱使较重的那些退出流通,导致后者能够根据更低的标准来重铸以获益。然而,贾谊看起来更关注惩罚如此多的造假币者的必要性,而不是货币供应量本身所引起的困境。在公元前1世纪的《盐铁论》中有一段对话将硬币的重量与毫无市场经验的农民相联系,他们对旧币更有信心而对新币持怀疑态度,并且不能辨别真伪,由此被商人以坏钱换好钱,用一半的钱换取了两倍的收入。② 这种观点针对严重的质量问题引起流通中货币贬值,特别是文献中所反映的区域间支离破碎的货币系统,这有赖于公元前1世纪制造大量硬币以达到帝国范围内币制的协调和统一。进而钱币使用逐步扩张驱使农业领域的税收开始货币化税收。在这种情况下,知识渊博的中介机构在能够很好地凭借其优势操纵货币交换。贾谊对此提出的解决

---

① 这在《汉书》中是一种常见且无疑很大程度上神奇的论调。
② Gale 1931:29;Peng 1994:176. 在这段文字中,这个观点被用来反对国家对铸币的垄断(这样允许铸币官员欺诈以操纵硬币质量?);但是很明显文中为私人铸钱提出了更多理由,而且作者奇怪地认为人民在以往允许多种货币流通的时代是"幸福"的。

方案非常极端(而且被拒绝了)——国家不仅应该垄断钱币生产,而且还应该垄断铜本身。仅仅垄断铸币而不切断铜矿的供应被认为不够充分,因为它会导致(非法的)私人硬币生产利益增加而致使(合法)硬币短缺:"令禁铸钱,则钱必重。重则其利深,盗铸如云而起,弃市之罪又不足以禁矣!奸数不胜而法禁数溃,铜使之然也。故铜布于天下,其为祸博矣。"基于他在汉代早期的尊贵地位,贾谊也无法或不愿考虑其他选择,诸如大量增加公共的货币供应量以避免通货紧缩,引入精确标准化铸币等技术来有效地提高伪造成本——或者,换句话说,那些来自公元前110年代以前的解决办法。

强力政府掌控货币供应被认为可以带来各种好处,诸如统治者可以有能力通过增加或减少货币供应量来调整价格,[1]同时增加交换媒介的信用水平:"故统一则民不二也币由上则下不疑也。"[2]政治方面同样值得关注。允许民众铸钱也就意味着君主与之分享权威:"其势不可久。"[3]这不仅仅是一个抽象的问题,相反,在公元前2世纪的第二个十五年中已经有了明确的记录,诸侯王之一的吴王"以诸侯即山铸钱,富埒天子,后卒叛逆"[4]。这段简短的记载指的是公元前154年所谓的"七国之乱",当时削藩的主张使得处于汉朝东南部的强大地方诸侯国联合起来对抗中央政府。[5]然而尽管私人铸币存在如此之多的潜在弊端,这个传统仍旧持续到了汉武帝(公元前140—前87年)统治的时期。

3.2. 公元前110年代和西汉后期的币制改革

在汉武帝即位后的四年,也就是自公元前140到前136年,武帝首

---

[1] 见《汉书》卷24下:5b,这回到了《管子》的传统(见前引)。
[2]《盐铁论·错币》,Gale 1931:28—29; Peng 1994:176.
[3]《汉书·贾谊传》,见 Peng 1994:177.
[4]《汉书》卷24下:5b—6.a.
[5] Emmerich 2002.

先推行了一种更低的三铢标准,而明确地将硬币的面值改回公元前175年那种四铢半两钱的状态。① 这个举措的出现的背景尚不明了。一个很晚以后的材料(年代大约在13世纪以后)声称这些三铢钱的使用比按照四铢标准铸造的要多得多,②这种假定面值与价值相统一的情况与格雷欣法则相一致。后续的改革在公元前110年代开始推行,此时政府面对大量与战争相关的开支。汉武帝此时已经在打击匈奴上采取了攻击性的策略,故此需要提振政府的收入,③四铢半两钱被废止并融毁,代之以一种由政府铸造三铢钱,这个措施持续了1—5年。其可能的动机是进一步降低货币的实际价值与面值的差距。④ 然而,到了公元前118年,汉武帝引入了一个五铢的标准(五铢约3.2—3.3克),邀请郡守、诸侯共同按照这个新的更高的标准铸造硬币(郡国五铢)。这是否能够刺激他们遵照执行是一个悬而未决的问题,尤其是在更轻的货币持续流通,甚至仍在铸造的情况下。不幸的是,由于现有资料缺乏一些关键点的记载,致使这些变化的精确年代仍然不甚明朗。

即便如此,看起来有可能存在多种方式,公元前119—前118年的改革旨在通过操控货币系统增加政府收入以供军事活动所需。这个解说亦可为下面一则史事所支撑:据记载,与此同时国家也引入了叫作"白金"和"皮币"的新式非铜质辅币,来减少国家的财政赤字,⑤后者的形态似乎已经相当简单明地彰显了本小利大的计划,旨在增加帝国统治阶级在政府盈余中所占的份额。用帝王园林中的白鹿皮革制成,一呎见方的皮币价格约为400000单位的现金,并作为赏赐发放给觐见于王廷,且希望能够带回价值不菲的赏赐物的贵族们。按此,"皮币"对当时一般货币

---

① Thierry 2003a: 29.
② Swann 1950: 379.
③ 相关文献参见 Barfield 1989: 54—59; Di Cosmo 2002: 206—52; Chang 2007: 67—134;武帝统治期的概况参见 Lelièvre 2001。
④ 参见 Peng 1994: 103, n. 3.
⑤ Peng 1994: 105—6, 152; Thierry 2003a: 31—32.

体系不会有任何显著的影响。"白金"据推测是中国最早铸造的银币的名称。它由银和锡的合金制成,主要有种,圆形的"龙"币重量8两(约125克),价值3000货币单位(即3000 四铢钱)、方形的"马"币价值500货币单位,椭圆形的"龟"硬币为300货币单位的价值。然而,实际上其中并没有含有多少银,考古发现的圆形的"龙"币所含的要么是铜,要么是铅和锡。① 这说明这些型制的钱币被视为纯粹象征性的发行物。这与近乎夸张的对其结果的记录相吻合,新发行的货币引起了异常大规模地伪造:"数十万"的人因被认为参与伪造而被处死,还有"赦自出者百余万人",但"犯法者众,吏不能尽诛"。② 由于造成了这些后果,"白金"因此在不久以后就被废止了,其年代约为公元前117、115抑或113年。③ 尽管可能存在大量夸张的记述,这则故事中亦包含了一个重要的实情:发行辅币会造成大量的伪造行为。然而,更有可能"白金"的负面影响即便可以忽略不计,但与此同时,亦以很夸张的方式提到了大量其他形式的辅币的失败,就像一种圆形红色的铜币(赤仄)。④

不出所料,新的五铢钱被由重量不足的民众"盗铸"钱所冲蚀。⑤ 作为回应,在公元前115年中央政府发布了它自己的五铢钱,价值约为以前郡国五铢的5倍,名曰"赤仄"。但是这个措施的精确用意模糊不清,⑥ 文献记载中显示出这与某种安全特性有关,以此来防止这些货币被伪造。当局显然意识到创制一种辅币的会大大增加伪造的诱因,并设法防

---

① Thierry 2003a:31 引述了1990年在陕西长兴镇发现的1个圆形龙币、3个方形马币和1个椭圆形的龟币。它们的重量为118.5克、21克和15克,大致上其面值成比例,其中银的含量只有约6%,还有40%的铅和38%的锡。更有甚者,另有300多个圆形的龙币发现于其他的地点。它们的设计方案可能借自巴克特里亚(Greco-Bactrian)(前引32)。
② 《汉书》卷24下:13a; Peng 1994:153。
③ 具体的时间不确定,参见:Swann 1950:384; Peng 1994:153, n. 5。
④ 司马迁被皇帝实施了宫刑,这影响到了他对武帝行为与后果的判断这一点已为人所共知。关于司马迁的一般情况,参见 Durrant 1995 and Hardy 1999。
⑤ 《汉书》卷24下:14a。
⑥ 参考 Peng 1994:106; Thierry 2003a:34—35。

止这种情况发生。而且,其基本的目的——以更高估值的货币取代现有的金属硬币,以支撑的帝国的预算——大概是确定无疑的:因为当时规定"赋官用非赤仄不得行",而且只有政府能够制造,现有全金属硬币将不得不移交给当局(用于重熔铸成面值更高的钱币)换取新辅币。然而,"其后二岁,赤仄钱贱,民巧法用之,不便,又废"①。我们只能猜测人们的"巧法"包含的技术要么涉及仿制这些硬币的方法,或者是他们继续坚持按照这些硬币的实际金属价值来进行交换活动。

与此同时,中央政府于公元前117年新设了对盐铁的垄断,这可能会为政府增加足够多的收入,足以允许国家中止发行辅币等相关失败的举措。② 可能是在公元前113年,各个郡国的硬币生产已经被禁止了。到了公元前112年,政府对铸币的垄断最终得以实现。从此以后,法定货币或辅币都由位于国都长安的中央造币厂铸造,所有早先的硬币都禁止流通——至少在理论上是如此。从那时起,货币体系开始稳定,而有关造伪的记载数量降至新低。总结来说,在此发展中有几个重要因素如下:废除公开发行的代币以减少造伪的诱因;通过中央造币遏制欺诈,并发行具有公信力的官方货币;通过提升造币技术使得伪造货币的犯罪行为的成本提高。青铜模具被用于制造数量巨大的标准化粘土模具,以之浇铸高度统一的硬币,这使得硬币具有了浮雕式的,而且光滑无比的边缘。③ 一点大量的这类货币置于流通,工艺一般的假币在交易中就很容易被拒绝,而制造较为逼真的假币变得非常困难且成本高昂。

而将现有的硬币全部撤出一直难以实现,中央政府最终成功地施加一个统一的标准,将输出的硬币的标准提高到极高的水平。在公元前112年到公元1世纪的头几年,政府制造了超过280亿的五铢钱,④这意

---

① 《汉书》卷24下:14a.
② Wagner 2001; Peng 1994:153—54.
③ Peng 1994:117; Thierry 2003b:56. 公元前115年硬币边缘的锉工参见:;Thierry 2003a:36—37.
④ 《汉书》卷24下:19b.

味着每年产出 230000000(或曰 750 吨的金属),亦即每秒生产 7—8 枚硬币。① 正是在这一时期,汉朝辽阔的幅员的大部分地区实现了货币统一。虽然可用材料稀少,但在公元前 1 世纪的大部分时候价格似乎都保持了稳定的价格水平。这个系统需要中央造币厂有良好的财政纪律,对税收要求的变化有极高的敏感度:有赖于武帝朝以后匈奴部族重回朝贡系统,政府飙升的资金需求不持续,由此缩减了货币贬值(并因此触发假冒和通货膨胀)的诱因:虽然硬币平均重量在此期间仍在稳步下降,然而官方只是非常缓慢和逐渐地推动这一进程。② 因此,尽管(意识形态驱使)儒家抱怨中央造币厂的渎职、无能——吏匠侵利,或不中式,故有薄厚轻重。③ ——按这项安排确保了稳定性,只要帝国的预算本身达到了相当好的平衡状态。

3.3. 王莽的货币改革

王莽篡权期间(公元 6/9—23 年),这种平衡被打破了。他寻求建立自己的新王朝来取代汉朝。④ 国内的反抗和与外族的冲突加剧了财政需求,然而动乱干扰了税收征敛。这导致了在公元 7 到 14 年这么短的时间内出现了一连串令人困惑的复杂的货币改革。这些改革都围绕着引入不同程度被高估价值的新辅币而展开。⑤

第一次改革发生在王莽摄政时的公元 7 年,它创设了三种新的票面金额:其一是大钱,这是一种 12 铢重的硬币,票面价值为汉代五铢钱的

---

① 这种效率纵然很高,与年产 3 亿 2700 万硬币相一致,但与北宋青铜钱币的生产规模比较则相形见绌:参见下文第 9.1 节汉代还有其他地方发行青铜硬币,包括西南中国一处与富含铜矿相近的地点:Jiang 1999. 关于长安城造币厂精确位置的讨论,参见 China Archaeology and Art Digest 4. 2—3, 2001:287—88.
② 参见下文的第 8 节,特别是 fig. 4.
③《盐铁论·错币》,据 van Glahn 1996:36.
④ 关于王莽事迹的一般性介绍,参见 Thomsen 1988.
⑤ 相关细节的讨论,参见 Dubs 1955:507—18;Thomsen 1988:88—90, 117—24;Peng 1994:110—14, 157—59;Ehrend 2000;Thierry 2003a:41—47.

50倍(即被高估了21倍)。其二是重约16—17克的刀币(这是蓄意复兴汉代以前的一种币形),它的价值为500汉代五铢钱(即被高估了100倍);亦有28—29克重价值为5000汉代五铢钱(即如果不算其所镶嵌的微不足道的黄金的话,被高估了约560倍于其本身的价值)。① 这与单位价值为1的汉代五铢钱共存。私人拥有黄金是不合法的,人们需要把它们送到财政部门去换取现金。发行新的大面额辅币的目的可能是为了低成本地吸收私人黄金。我们不禁怀疑这个规定在何种程度上可以执行;然而,王莽统治后期庞大的黄金库存的报告(见下文第4.2节)似乎说明政府这种努力不是完全失败的,尽管对新的代币的实施而言强迫有可能是比信心更重要的因素。在任何情况下,我们都被告知,辅币的发行与假冒激增相伴随。② 王莽在公元9年即位后,废除五铢钱和自己发行的刀币。前者被单价1元的一铢钱替代(即相当于到那时禁止流通汉五铢钱面值,因此被高估了5倍)。大钱仍然流通。当超过其本身价值的刀币完成了将金条廉价地收入国库的使命之后,这项改革就被废止了,③转而代之以更低面值的代币,用于更广泛的区域,其后果是保证了新的收入渠道。④ 为了遏制假冒,禁止私人拥有铜或木炭,⑤但国家几乎没有强制执行禁诛的可能。新的一铢钱遇到了意料之中的回应:由于新币最小化的内在价值,需要大量提供以杜绝人们继续使用的汉五铢钱。⑥ 结果,新币最终无法流通。⑦ 汉代钱币的囤积者将被流放到边疆,大量造假者收到严厉的惩罚。⑧ 到了公元10年,为了准备对匈奴的大规模战争

---

① 镶嵌了黄金并没有减低其被高估的程度:即便整个硬币都由黄金铸成,它也还是具有了较之其本身重量2—4倍的面值。(有关黄金的市值,参考下面的第4.2节。)
② 《汉书》卷99上;30a。
③ 参见 Peng 1994:158。
④ 参见 Thomsen 1988:119。
⑤ 《汉书》卷99B;7b。
⑥ 《汉书》卷99B;9a。
⑦ 《汉书》卷99B;14b。
⑧ 《汉书》卷99B;9a。

促使新一轮货币改革。通过创建一个极其复杂的一般由28个不同的种类且极端被高估的硬币的新系统,国家似乎是要在战争前夕寻求增加收入。新系统由标定价值的金银锭、龟壳、贝壳,和16种不同的铜钱(6种圆形的10种铲形的)组成。在过去一年,基本单位是1的硬币一块重量仅为1铢,但价值相当于停用的汉五铢钱。过高的估值与硬币的面值相伴随而上升:从10个重3铢的圆形硬币的1567%涨至惊人的1000枚24铢铲币的20733%。① 这说明价值最高的铲币(相当于1000元)存在的数量远远比其他九种币形都多,因为政府特别重视最被高估的面额,或因为造假者使然。

　　这次改革成功与否并不明确。一方面,后汉文献表明私人用户拒绝了大多数的这些新的货币且伪造很普遍。这个细节说明了一个悖论:新辅币并不会被不广泛地拒绝,并在同一时间给造假者带来了利润。② 事实上,在几年时间里价值1000元的铲币、5元的大钱、1元的小钱以及汉五铢钱并行流通。(不过,前一个世纪大量五铢钱进入流通领域使得汉代货币在短命的新莽王朝主导经济这一点几乎毋庸置疑。)而后,《汉书》描绘了一幅为了强势推动新的硬币发行而采取严厉的措施的血淋淋的画面:不仅是造假者的家庭要族诛,而且五个邻近的家庭要连坐被奴役。③ 据说旅行者需要携带铲币并且会在路障被检查。所有王室官员进宫时都必须携带它们。从表面上看,这种需要怪异的胁迫手段的货币制度显然注定要失败。然而,众所周知的是,后汉恢复起来的史学传统对王莽的政权存在着敌视,因此我们必须明确这些描述中存在者巨大的歪曲。④ 更有甚者,即使这些法规的确已经通过了,目前尚不清楚它们可能

---

① Dubs 1955:491.
② Thierry 2003a:44. 关于王莽时期的东亚中部是否存在(圆形,而没有铲形的)钱币,亦可参考 Wang 2004:28.
③《汉书》卷99B:15a.
④ 中国传统的史学家一般坚持对王莽朝历史描述的准确性(参见 Thomsen 1988:9—14 的研究),尽管他们是在后汉王朝被组织起来的。Thierry 2003a:42 则对此提出了质疑。

在何种程度上曾经被强制执行。然而，即使我们对班固所述的更耸人听闻的细节打上折扣，新货币中所继承下来的价值被高估的极端水平意味着这些改革先天地很少有能够成功前景。迅速变化的步伐进一步破坏了对新币制的信任。

此后不久，王莽，据称意识到"民众怨恨他的安排"，故此暂时取消了最新推出的衡量单位，并保留仅1元和50元的流通硬币。① 我们只能推测他的臣民随后会疏远被高估的硬币并用之以交税（按其票面价值）。当收到硬币的面值不能在私人交易中被接受，这些收到其工资的一半现金的政府官员会觉得很苦恼。在公元14年，这两种代币也被废止了，取而代之的是重五铢价值1元的货泉（即，本质上是汉代的旧五铢钱），以及一种信用发行的25铢铲币（货泉），它标价25元，价值被高估了5倍。他保留了1铢币只是为了作为法定的计数货币单位，而12铢50元的大钱则在接下来的6年间成为流通货币，价值则降低为1元。后一项规定是特别奇怪，它低估了硬币相对于其的金属价格的价值。其结果是，两种票面金额的硬币都将要回炉和改制，以制造仿冒的25元的布币。随着公元13年私有铜和木炭的不切实际的禁令已被取消，以及公元14年对造假的惩罚显著减少，违法生产新铲币大概在这种货币整个流通时期都有持续。作为回应，罚则再次提出，让所有的罪魁祸首及其五个邻近家庭被奴役（在长安造币厂）。②

因为我们缺乏这一时期的价格数据，不可能确定连续几波的辅币是否抬高了市场价格，虽然据记载王莽统治晚期的几年中稻米和谷物的价格极高（尽管可能象征性的和/或故意虚报）。③ 足量的汉代硬币已经可以保持新莽朝以前的物价水平。在这种情况下，1铢币价值1元可以用作为事实上的分币，5枚相当于一个五铢钱，避免的面额较大带来的问

---

① 《汉书》卷24B：21b. 这个诏书特别难以与大量铲币的继续存在相协调。
② 《汉书》卷24B：25b.
③ Peng 1994：159.

题。然而,在尽可能多地使用更高面值的新硬币的过程中,政府能够强制接受信用发行的硬币,它们的存在应该会造成通货膨胀的影响。大量留存至今的王莽时期流通货币的标准和武帝时期难以捉摸的"白金"一样,甚至在它们流通的很短时期内也很难被其使用者完全兼容使用。连续发行货币的后果对于拥有高面额但后来急剧丧失其价值的辅币的精英而言尤为严重。产生的后果不应该是完全无意的,王莽试图借此换取青铜代币积累贵金属储备,并且更大的目的是削弱现有的贵族,以便有利于他自己的支持者。① 就像公元前 110 年代早期,辅币实验未能对财政产生持久的好处,而且在普通人群中遇到了普遍的抵制,并且伪造大量增加。与此同时,短期的财政和政治收益可能确实有累积至新的政权。即便如此,长期货币稳定取决于西汉末年回归到更加的金属化(metallistic)造币系统。

3.4. 东汉年间的情况

公元 25 年以后,汉代的重建者刘秀继续使用功能上等同于前汉五铢钱的重 5 铢的货泉。② 五铢钱在农政官的掌控下的生产最终恢复于公元 40 年。③ 但没有关于东汉时期制造数量的记载。谷物价格回归到公元 1 世纪中叶的水平标志着货币系统的稳定。④ 到了公元 2 世纪,对西部羌人的激烈战争造成了非同寻常的军事开支:公元 2 世纪早期 14 年的战争消耗了 240 亿现金,几乎等同于西汉以往 120 年产出的货币总值。接下来又在公元 140—145 年花费了 80 亿,进而在公元 160 年代后

---

① 参见 Thomsen 1988:90,105—8.
② 这种币形一般来说可以追溯到公元 1 世纪中叶:Thierry 2003a:44. 53 枚此种硬币的标本(前引 194—98)平均重量 2.63 克,低于西汉的标准,但是相当接近东汉五铢约 2.8—2.9 克的标准,参见下列表 1.
③ Thierry 2003a:49—54.
④ Peng 1994:160.

期花费了 44 亿。① 再一次地,军事需求促使要求通过"巨额硬币"贬值货币,但这一次,在汉桓帝在位期间(公元 147—168 年),政府抵制了这类计划。② 取而代之的是,政府在 100 元为单位的基础上发展出了一个所谓"减百"的系统,这个单位实际上只需要使用少于 100 的硬币。③ 在以后的时期,中国历史上的这种账目弄虚作假变得更为常见。④ 地方问题最终在汉灵帝时期(公元 168—189 年)再度出现。这个过程中,与中央政权的日益侵蚀相伴随,促成了货币重量的明显下降。⑤

3.5. 结语:之后货币发展的情况

尽管五铢钱传统据称在北方地区的后继者魏国(公元 221—280 年)那里被保持了下来,但在统一帝国瓦解之后,再没有切实且可辨识的标本保存下来。⑥ 与之相反,另外两个帝国,蜀汉和吴国,各自经历了货币制度的迅速恶化。公元 236 年,吴国发行了价值 500 元的人泉(大泉五百),接着在两年以后又发行了面额 1000 的货币(大泉当千)。甚至到了公元 240 年代还有面值被高估到 2000 和 5000 的代币。⑦ 我们只能猜测票面价值的增加背后的推手是加速的通货膨胀和得不到满足的财政需求。公元 246 年,国家一总禁止了货币生产和顶级面额钱币的流通。⑧ 这些事态发展再一次说明了制造纯粹代币的不可行性。根据文献记载,早期公元 214 年,在后来蜀汉的疆域内,已经铸造了面值 100 的代币。

---

① Peng 1994:161. 具体情况参见 de Crespigny 1984:76—172.
②《后汉书》卷 87,见 Peng 1994:179;参考 161, n. 9.
③ Peng 1994:161,其中引征了一则自公元 184 年以后千钱少五十的记载。
④ Von Glahn 1996:52, 70.
⑤ Thierry 2003a:62—64. 在汉朝灭亡的阶段,据说中央政府将五铢钱回炉另铸成更小但是面额不明的硬币。然而,其流通的范围大概只在洛阳地区;Peng 1994:162—64. 小钱最终在公元 208 年废止。
⑥ Thierry 2003a:65.
⑦ Thierry 2003a:69. 在很多地方都发现了它们的标本。
⑧ Peng 1994:173.

然而,现已证明很难将既存的标本与这个传统挂起钩来,尽管一直有记载说该区域发行的货币的重量逐渐下降。① 晋朝(公元 280—317 年)的特征是缺乏新的货币:这个时期窖藏的遗存主要包括汉代、新莽和蜀汉的货币。② 公元 4—5 世纪,丝绸和其他纺织品与谷物一样都可作为具有交换媒介作用和贮藏价值的东西,同时汉五铢钱仍在流通。像往常一样,偶尔发行的代币总是归于失败。③ 稳定的货币仅仅在唐代前期伴随着公元 621 年开元通宝的引入短暂地出现了一段时间。每 10 枚银币重唐制 1 两(41 克),它恢复了汉代基于明确衡量标准的发行货币的传统。不过,通货膨胀的压力很快就恢复了:公元 732 年,标准在面对干预的货币重量损失的时候,不得不用一项法律来再强加原来的 4.1g 标准。一开始,官方把硬币的合金比例固定为由 83.5% 的铜组成。(参加下文第 8 节。)在接下来的几个世纪里,发行的硬币的重量和成分根据国家的公共政策和铜的产量持续变化。④

4. 古代中国金银货币的使用

4.1. 前帝国时期的状况

众所周知,工具形的和圆形的硬币由铜、青铜或者某些时候也由铁铸成。由于古代世界,从英国凯尔特人到印度古谱塔(Gupta),所有其他货币系统普遍流行贵重金属硬币,这就引发了中国范围内使用黄金和白银交换的问题。

在对过去的传统认识中,大都认为黄金占有举足轻重的地位。司马迁将由于商业发展被创造作为交换手段的"乌龟和玛瑙贝壳、金牌和铜

---

① Thierry 2003:65—66. 关于货币重量下降:Peng 1994:171—73.
② Thierry 2003a:71—73.
③ Thierry 2003a:92—93(媒介),94(代币).
④ 关于以上问题的概括,参见 Wang et al., eds. 2005.

牌的硬币、刀形、铲形的钱"混为一谈。① 在公元前81年的一次论辩中也有相同的认识,在其中原始的物物交换的安排被认为已经替代了使用"龟、贝作为交换媒介"。② 管子建立了层次结构类型不同的钱币。按此,周王被认为曾经"各用于其重,珠玉为上币,黄金为中币,刀布为下币。"③然而珍珠和玉从来没有作为金钱本身,它们在上层社会被用于交换,当然,平民阶层被排除在外。(参见下文第7.3节)看起来珍珠和玉都被视为具有魔力的属性。④ 与之相反,黄金被认为有更宽泛的适用范围并被使用:"五谷食米,民之司命也;黄金刀币,民之通施也"⑤。在其他为数众多的段落中,"黄金、刀币和铲币"被称为"人们共同的货币"⑥在某些情况下,黄金可能甚至被视作整个货币体系的依靠:"黄金者,用之量也。辨于黄金之理,则知侈俭。"⑦这段文字表明,统治者(而不是普通的钱币使用者)已经将黄金看作是价值标准,而且金价的波动以黄金的供给以及其他商品供应的比例为据,⑧这是《管子》及其之前众多关于货币的理论之 。⑨

前帝国时代,贵金属在实际交易中是如何使用的?按照《汉书·食货志》的看法,早期西周政府并不仅仅按照周制发行圆形的货币——这是明显错误的——同时也流通周制一寸见方(约2.3cm²)重1斤(约250克)的"真金"。⑩ 在这种情况下,黄金作为"货宝"而"利于刀,流于泉,布

---

① 《史记》卷30:1442.
② 《盐铁论》,转引自 von Glahn 1996:27.
③ 《管子·地数》,3.84.
④ Peng 1994:69.
⑤ 《管子·国蓄》,3:66.
⑥ Von Glahn 1996:31.
⑦ 《管子乘马》,1.18.
⑧ Von Glahn 1996:32.
⑨ Von Glahn 1996:33;参见《管子·山国轨》、《山至数》3.81—82。另可参见 von Glahn 1996:267, n. 44. 关于《管子》货币理论的研究,可参见 Hu 1988:131—38.
⑩ 《汉书》卷24B:1a; Swann 1950:220—21. 很难精确确定斤(或其组成单位铢)的重量:现代学者推定 0.64—0.66 克1铢,244—256 克1斤。基于楚、秦、汉的重量和金块的计量学分析,参比 Wang 2005:287—91. 在下文中,我按照约250克约等于1斤来使用。

于布,束于帛"①。虽然目前尚没有这些小小的金元宝的遗存出现在考古发现中,②其他类型的货币在此时段晚期流通的事实提高了引文中提到的 1 斤为单位的黄金存在的可能性,这个时期可能包括了整个两汉时代。③ 早期遗址中已经出土了镀金的和完全由黄金制成的仿玛瑙。④ 基于周代使用青铜贝币的货币体系(见上文第 2 节),我们有理由猜想这些币种有可能还用于金融目的,但进一步的情况却已经无从细知了。此外,从早在春秋战国时期的遗存的考古发掘中反复获得了银质的铲币。⑤ 它们的具体功能不得而知,且从未出现在文献记载之中。

战国时期的文献经常提到的一个量词是"金",这个此可以指"黄金",同时也可指其他的金属,并且也可作为其他有价值的金属——如青铜——的衡量单位。⑥ 提到的"黄金"(即黄色的金子),对于文本的阅读者而言是作为金子的一种实际单位,⑦但是,即使在这些情况下的上下文有时还意味着这不一定是其本义(见下文)。一斤黄金的价值相对于铜币或其他商品而言具有波动性:根据《管子》,如果谷物的价格保持在稳定的水平,每斤价值 4000 元。⑧

黄金的使用通常属于精英阶层:"黄金四十镒(约 12.5kg),白玉之珩六双,不敢当公子,请纳之左右。"⑨统治者和其他精英阶层成员可以被说成是在分配黄金。⑩ 镒(约 310g)通常作为黄金的单位。彭列举出了大

---

① 《汉书》卷 24B:1a。
② Thierry 2001b:131。
③ 周代金币的情况已经能够从楚国出土的金币形制中窥知:参见下文。
④ Peng 1994:69。
⑤ Yao and Wang 2003:22. 然而,在河南省的一个村落中发现的 18 枚前帝国时代的银质铲币的具体年代无从断定,因为它们被混杂在一些战国到前汉早期的器物之中:Peng 2000:169—70。
⑥ Peng 1994:70,并见下文。
⑦ Swann 1950:220, n. 362。
⑧ Peng 1994:70. 见下文 4.2 节。
⑨ 《国语·晋语二》, in Peng 1994:71, n. 16。
⑩ 参考 Peng 1994:70—71, nn. 15, 17—18。

量的参考资料,大都与王室的相当大规模的行动有关:最为常见的数量是 1000 斤或镒的黄金(约 250—310kg)(16 次)和 100 斤或镒(约 25—31kg)(12 次);最高一次为 11000 斤(约 2.75ton)(1 次)和 10000 斤或镒(约 2.5—3.1ton)(4 次);低于 100 单位则非常罕见。①

官署的薪金通常通过食物来给付,而黄金则留作特别的礼物和奖励。② 如果文本书写的传统可以信任,政府使用铜币似乎已相应地非常罕见:税赋在绝大多偶数情况下使用谷物、衣帛和劳役而非硬币来缴纳,而且精英们的文献记载中很少提到硬币,除了与商人和小额支付有关的情形。③ 我们可以推测,在这种情况下,(未铸造成型的)黄金作为高附加值具有良好声誉的商品成为国家大型事业的储备,代表了一个高层社会的事务性范围,这可能已经与一般民众的青铜货币系统勉强整合在了一起。(进一步的讨论见下文 7.3 节)但是,这种观念是与常规的判断很难调和,一般认为黄金以及各种类别的青铜硬币都作为"民"的"一般货币"(见上文)。很不幸,在文献中出现的黄金在非精英语境中的使用的证据少之又少。仅有的一则相关记载见于《列子》:昔齐人有欲金者,清旦衣冠而之市,适鬻金者之所,因攫其金而去。吏捕得之,问曰:"人皆在焉,子攫人之金何?"对曰:"取金之时,不见人,徒见金。"④黄金可以被售卖,这一点已经在其广泛用于珠宝首饰及装饰品生产中被清楚地证实了。⑤然而,它是否在精英之下的阶层中具有货币功能却仍旧不得而知。

与此问题相关的信息仅来自于南方的楚国,它提供了前帝国时期以

---

① Peng 1994:71—72, n. 21.
② Peng 1994:87.
③ Peng 1994. 并参见 Peng 2000:171—72,其中有关于赋税中并行使用钱币、谷物和衣帛支付的情况。管子中的两段记载只建议国家支付官员现金,而不是实物作为薪资。(前引 171)。关于建议在农民之间使用钱币的例证,见前引 173—75。
④《列子·说符》,载于 Peng 1994:70, n. 14.
⑤ 参见 Andersson 1935.

青铜为基础的货币系统的主要例外。① 当地的河流是黄金的重要来源,而楚素有作为一个富含金矿的地区的声誉。② 发现的所有黄金都来自战国时期方始出现楚国版图的地区。③ 黄金的浇铸在一块大平板上进行,并(在理论上)有一定数量的封印标记的模块;这些模块可以被单独使用。每个模块孔阴刻的铭文记有这笔钱的名称与楚的当前首都的名称(先是郢,后是陈)。④ 每一个板上有16、20或24个矩形模块。许多现存者并非方形或矩形:有的缺掉一角或较大的分量,有时一些分散的残篇相连在一起,如此等等。因此,个别单位总是必须有被权衡以确定其实际交换值。⑤ 彭列出了36组重量数据,来自从4个不完整的块,重量从66克到最轻的4克不等。12个相对完整的块从10克到20克,平均值为15克。另一个样品35件的重量在12—17克之间。⑥ 这样一来它们就在某种程度上比西方一般的金币要重,相当于1.2—2.5倍于奥古斯都时代的金币,或2.2—4.5倍于康士坦丁时代的金币,不过它们在功能上相当于那些大金币。

流通中的黄金矩形块的体积仍旧未知。即便如此,很可能那些被发现于楚国境内的标本不包含南方地区,而且大多发现于窖藏(反映其货币的功能)而不是墓葬。此外,超过100个出土的楚墓包含量具,它们格外的小,似乎是用来称量黄金的重量。⑦ 所有这些都说明,这种类型的货

---

① Thierry 1997:146—52;2003b:49—50. 关于金版,见 Ivotchkina 1993;Lu and Wu 1997;Peng 2000:209—12. 关于楚国的一般情况,参见 Blakeley 1985—87;Lawton 1991;Cook and Major 1999. 关于铜版,参见 Thierry 1997:152—57.

② 参考 Peng 1994:72—73,nn. 23—25,and Peng 2000:211—12. 并见 Bunker 1993:47 关于在与楚地相近的西南部的滇国寻找黄金的讨论。

③ Peng 2000:209. Ran 1997 得出结论说,黄金和白银在汉代时期比较罕见,且大多集中在楚。关于早期发现黄金的情况,参见 Bunker 1993:29—35.

④ Peng 1994:73—74;Thierry 1997:148;2003b:50 关于公元前15世纪开始的问题。

⑤ Peng 1994:73—74.

⑥ Peng 1994:73—74,n. 27. 这个重量范围以 15.26 克 1 两为中心,见下文注 134。Peng 2000:169 提到了一个170个样本的遗存,但没有给出重量。并见 Thierry 1997:147.

⑦ Thierry 1997:149—51 及其 map 10.

币并不特别稀少：从北宋时期开始，研究者们的报告说"很多人"已经在土壤和河流中发现了标本。① 出于这些原因，加上其合适的重量，这些金币也可能担负了真正的货币职能，甚至超越了狭隘的精英圈子。

这种类型的黄金货币是本地发展出来的吗？中国的其他地区没有已知的相似货币，但类似的金币却在使用中到达更远的南方，一直远及越南。时间上最相近的是公元前四世纪印度西北部的方形银板，它们同样有着印章标记，并可以分解成小片。② 我们需要知道更多关于印度和楚的造币情况，以评估其向东扩散的概率相对年表。楚金盘子继续囤积起来，（虽然不一定分发）直到东汉时期。③ 一个可能并行与楚国金币的情况，在燕下都可有重量的金饰品上被观察到了。而燕下都是公元前311—222年东北方的燕国的首都。④ 可是，这些东西的货币属性仍然未知。

4.2. 秦汉时期的金银

秦始皇强加黄金和铜二等金属的系统："秦兼天下，币为二等：黄金以镒（20两，或约310g）为名，上币；铜钱质如周钱，文曰'半两'，重如其文。"⑤然而，虽然黄金可能以镒来衡量，目前尚没有证据表明以镒为大小标准的金锭或其他形式的钱币：在陕西发现的两个金元宝标示着传奇性"镒"，但重量却为253.5和260克，大体上相当于后来汉代的1斤黄金，约合250克。⑥ 接下来班固写道："而珠、玉、龟、贝、银、锡之属为器饰宝

---

① Peng 1994：73，n. 26.
② Göbl 1978：111；Peng 1994：75.
③ Peng 2000：210.
④ Bunker 1993：45—46.
⑤《汉书》卷24下：3a.
⑥ Li 1997：52. Wang 2005：274 关于在秦首都咸阳出土的三种不同的西汉黄金片，重量在249—265克之间。Hou 1996 讨论到，镒和两已经在楚被用作黄金的称量单位。并见 Wang 2005：287—88，294. 如果秦采纳了楚国的黄金标准，将进一步确认在这一时期的楚国是黄金货币的主要使用者。（见上文4.1节）

藏,不为币,然各随时而轻重无常。"①这可能是说,黄金和铜事实上构成了货币价值标准,这也意味着两种金属都要按固定的比率兑换。这符合公元前三世纪中叶睡虎地秦简中谈到的情况:"如果一个人支付或收得金或布的钱,他必须遵循官方利率。"②如果假以时日,它保持稳定,尤其是如果它存活到两汉时期,则这种固定的汇率是否被遵守不得而知。

到了汉代,黄金的称量单位是斤(16 两或约 250g)。这一时期的发现包括圆形金饼以及所谓的"马蹄"和"鹿蹄"的物件,其中后者在武帝的时代被引入。③最近的调查列出,全国各地 14 个省份中 29 个地点,共发现有 1047 个汉代金锭。④两个最大已知出土,一是 1974 年的河南省古城村出土了 197 个汉代金片,旁边有 170 个楚金盘和 18 个银锹;二是 1999 年出土于长安地区的 219 件汉代窖藏,总重量有 54 公斤。⑤只有一些汉金锭标记指定自己的重量。最近对 54 块未标记者的分析表明,平均重量为 251.2 克,相比较的是长安的 219 个标本(尚未公开发表)平均重量值为 247.3 克。⑥这些数据强烈表明未标记的金币,可望符合统一的衡量 1 斤的标准。这增强了一种印象:大多数无标记的金块没有不远离这一预期标准。(表 7.1。)

与此相反的是,标记的块却没有限于一个同样狭窄的范围:29 个标记了的标本中,只有三分之一的小样本重量范围在 244—250 克之间,而它们中几乎有一半超过 1 斤的 6%—85%。⑦这表明标记被应用主要是为了指定规范性重量标准的偏离。基于黄金重量标准的概念同样与观

---

① 《汉书》卷 24 下:3a。
② Peng 2000:208。
③ 有关于不同形制的讨论,参见 Li 1997:52—53 and Wang 2005:267。
④ Li 1997 (26 sites) and Wang 2005:270—71 (3 more recent sites). 在二者中,344 个被鉴定为"马蹄",90 个属于"鹿蹄",但并不是所有的报告提供了详细的分类。即便如此,很显然饼形在记录中最为主要。(Li 1997:53)。
⑤ Zhu 1992:168;Peng 2000:169;Wang 2005:270。
⑥ Wang 2005:290—91, table 6. (我已经排除了 no.43,因为事实上它有标记。)
⑦ Wang 2005:282—83, table 3. 最重的一块重达 462 克。

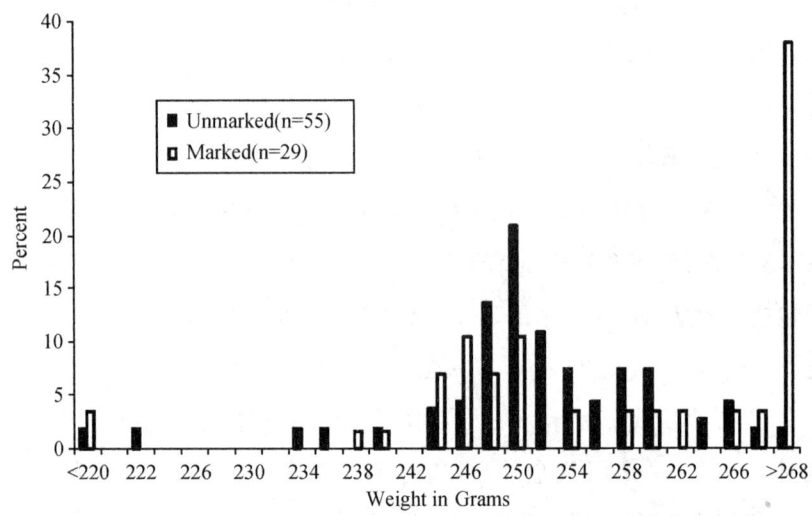

表 7.1　标记和无标记的汉代金饼重量分布

（资料源自 Wang 2005）

察到的分数的件数重量相一致。各个四分之一的部分重达 60.9 克（两次）、62 克、63.66 克（9 件的平均值）和 64.6 克，从而表明 252.7 克为基础的完整的"鹿蹄"金锭平均目标重量。① 此外，在满城王室墓发现的 29 小金币，平均 15.1 克或约一汉盎司（两）。② 这些金锭的精度之高则始终如一：对多于 200 个的鹿蹄、马蹄金的分析表明，它们中的大多数纯度都在 97%—95% 之间，只有非常小的一部分纯度约为 77%。③

很难说清楚这些金块的价值如何对应当时的青铜货币的问题。在公元 9 年，王莽确定 1 斤黄金价值 10000 钱，当时 1 流（约 125g）朱提银值钱 15800，它银 1 流值钱 1000。④ 这个段落包含了一些非常重要的问题。首先，不清楚这些强加状态的汇率相对于实际市场价格的状况。其次，其中隐含的黄金/白银比率 5 对 1（普通银）和 31/6 对 1（高档银）显示

---

① Zhu 1992：168—71. 并参见 Peng 1994：144，n. 68.
② Zhu 1992：162—63 (Tomb II). 出土于墓葬 I 的 40 个金饼平均 18 克。
③ Wang 2005：273，归纳自 Zhang 1985.
④《汉书》卷 24 下：20b.

出很低的比较标准。① 再次,我们甚至无从确知其所关涉的哪一类钱币。一般性的推测为,这段叙述在某种程度上支持 10000 五铢钱兑换 1 斤黄金,但这并不能契合王莽对金银的官方定价,因为当时适逢汉五铢钱贬值并同时正在被价值 1 钱的 1 铢钱所取代。② 后来的段落提到,之后出现了极其低的金/铜汇率,即 64 比 1,银/铜汇率则为 5—8 比 1,这表明新的铜钱只是一种纯粹的辅币。③

与现代学者的看法相左,并没有什么史料表明在汉朝期间,1 斤黄金或官方规定,或在流通中的价值为 10000 钱。④ 事实上,尚无证据支持这

---

① 在北宋时代,金/银的比率维持在 6.25 比 1,与 1 千年以前的 5 比 1 的比例相近似,但在第二个千年中出现了显著的提升:在公元 1100 年前后达到(大约)8 比 1;1134 年为 13 比 1,1200 年为 12—13 比 1;而后到了 14 世纪上半段跌至大约 10 比 1,接下来在 14 世纪晚期和 15 世纪前半期更降至 4 至 6(接近于 5)比 1;15 世纪晚期逐渐攀升到 7 比 1,到了 17 世纪晚期更是达到 13—14 比 1。参见 von Glahn 1996:61. 中国的汇率一贯不同于古代欧亚大陆西部的汇率;就金/银来说,公元前 3 世纪的罗马为 8—12 比 1;约公元前 80 年为 9.6—11.7 比 1;公元前 50 年是 8.6 比 1;公元前 40 年代为 11.5 比 1;奥古斯都治下为 11.75 比 1。大体上的印象是东部比西部而言,黄金的价格较低且/或银贵,以下情况可为之证明:倭马亚(Umayyad)和伊拉克和叙利亚的早期的阿拔斯王朝(Abbasid)为 8.5 比 1,13 世纪早期的伊拉克是 6 比 1,埃及阿拔斯王朝为 6 比 1(Ashtor 1976:84, 257, 292),与此同时中古印度和马来亚为 5—6 比 1(Peng 1994:208, 282)。黄金在中世纪早期近东地区的价值较低的原因在于,其从努比亚特别是塞内加尔/尼日尔地区批量导入,而价格贬低就是这些黄金流入的结果:Ashtor 1976:80—81. 13 世纪晚期伊拉克的金/银汇率升至 12 比 1,在早期的马穆鲁克埃及(Mamluk Egypt)达到 13.4 比 1。(前引 257, 292)这说明关键变量在于黄金的相对可用性。
② 现代学者倾向于认为,1 斤黄金价值 10000 钱更多地是一种象征意义的汇率(例如:Swann 1950:253, n. 453;Dubs 1955:510;Peng 1994:passim,同时参见前书 143 页,此处他否认了存在相对固定的交换汇率)。
③ 这一点由 Li 1997:55 正确地指出。金和青铜的相对价值,参见下文第 8 节。
④ 如 Peng 1994:143 and Li 1997:55. 有关居延汉简的研究参见 Wang 2004:52, table 8. 以交换为目的,4 两黄金价值 2500 钱的情况记载于居延出土的竹简上,这反映出 1 斤黄金价值 10000 钱在王莽时代是一个近乎确定的数值:Gansu sheng, etc., 1990:337 (EPT 57:1; the reign year in EPT 57:8)。两个文本进一步说明,另有两笔 2500 钱和 5000 钱各对应 4 两(但没有转换为现金,但没有相应的黄金估价)。在此文本中,后两者(Xie, Li, and Shu 1987:379 (231:115A, B)暗示出 10000 钱每斤黄金的转换率,且同样可以追溯到王莽时代(231:106)。公元前 44 年有一处提及 2 两价值"多于 1000 钱"(Xie, Li, and Shu 1987:366 (227:13),但其本身并不能为本论提供太多助益。

183

162 就是正式确定的汇率的假设。① 所有可用的资料合在一起,仍旧无法形成完整的拼图。战国时期 1 斤黄金的估值在 4000 现金的齐国刀币(重 40—50 克)或重量低得多的小铲币,它们不流通于汉代。乍一看,可能采取的其他一些文本引用表明,1 比 1000 汇率是近似正确的数量级。西汉时期的数学著作《九章算术》,有一次将 1 斤黄金的价值定在 6250 钱,但在另一处却给出 1 斤黄金相当于 9800 钱的说法。② 在另一处例证中,牛的价格为 1.619 两黄金、1200 和 1818 钱,这三者相等;如果第一笔价格在 10000 钱每斤或 625 钱每两,可能等于 1012 钱,而其他两笔也是如此。这同样适用于羊的价格,分别给出 0.952 两(或在 10000 钱每斤这个汇率下 595 钱)以及从 150 到 500 钱。③ 然而,与同时代的标准相比,出现的这些价格普遍偏低:来自北部边陲的公元前 1 世纪至公元 1 世纪的竹简显示出,当时一头公牛价格在 2500 至 3500 钱,一只羊值 900 至 1000 钱。④ 按此,我们必须考虑,《九章算术》可能保存了早期的价格水平,当时史重的青铜硬币享有更大的购买力——这与牲畜和金银关系密切。这种文本记载符合如下事实:来自边境的四个竹简记录了更高的

---

① 我无法认同 Swann 的推论,他认为公元 14 年的币制改革将 5 铢青铜与 1 个货币单位等同起来。(也就是恢复之前汉代的标准。)修复,看来[原文如此],汉现金的实实在在的重量在 244 g 或 7.84 盎司黄金,在交换中有 10000 法定铜币硬币的价值(Swann 1950:351, n. 726):这一说法缺乏文献上的支撑。取而代之的是,前面的文本隐约暗示政府命令"金、银、龟、贝之货,颇增减其贾直"。这段话似乎支持这样的观点:在公元 9 年施加在交换上的汇率在某种程度上具有任意性,而且可能在事实上并不吻合市场利率的习惯法。实际上根据《汉书》卷99 上:10a,皇家官员声称在公元 3 年根据"故事,聘皇后黄金二万斤,为钱二万万"(Dubs 1955:162)。不过,诸多其他与此风俗有关的记载仅提到 20000 斤黄金(Dubs 1955:162, n. 9.9)。这意味着班固很可能已经被王莽之后金价的变动所影响。
②《九章算术》6.15、7.5,引自,Vogel 1968:63 and 72。下面的数值涉及五铢钱之前的重量标准:每枚钱重 12 铢,金/铜比值为 200 比 1;8 铢钱,134 比 1,也就是说基本上与 5 铢钱的 131 比 1 相当。
③《九章算术》8.7 转引自 Vogel 1968:84 (gold prices);8.8, 8.11 (cattle) and 7.6, 8.8, 8.17 (sheep)。
④ Wang 2004:63, table 17. Hsu 1980:76,其中假设的模型中,汉代中国中原家庭要花 3000 钱购买一头公牛。

黄金价格,达到的平均约20900钱每斤。① 这个汇率和9世纪更低的官方汇率之间的矛盾可能是王莽推行虚高面值的代币政策,以及通过名义上的贬值阻止私人对黄金的所有权造成的。② 尽管在汉武帝朝开始来规范黄金的价格,但毋庸置疑,总是根据它的重量而非计量单位确定其价值。③ 在这种情况下,不需要正式的黄金价格来维持,金属货币的功能:我倾向于同意李祖德的评估,认为这一金属的价值就像任何其他商品,其价格浮动反映供应和需求。④ 我们对汉代黄金使用范围的理解受制于当时"金"这个术语实际意义的不确定性。金一再被用来指财富本身,而不一定指的就是黄金。⑤ 有些关于帝国的慷慨行径的记录中提到"金",另一些则说"黄"金,并且虽然很容易将后者理解为作为参考而不是实际转化为一定数量的金条(更不用说等值的钱币),但令人费解的是,在《史记》和《汉书》关于相同恩赏的记载中,有时候一个提到金,而另一个则用"黄金"之说。尽最大可能地解读,这些条款可被视为可互相替代的,因为——至少在特定的文本中——它们都被认为是描述实际黄金。⑥ 相反,一种简单化的解读可能意味着现金价值胜于实际的交换媒介。⑦ 如其所是,确定性只存在于金和钱在一个交易中一并被提

---

① Xie, Li, and Zhu 1987:604 (504:13, 81 b. c. e.:3.5 liang = 4714 cash),605 (505:20, 81 b. c. e.:58 liang = 79714 cash),609 (506:11, 12 b. c. e.:8 liang = 10776 cash),611 (506:27, 12 b. c. e.:1 liang = 1327 cash,虽然该方程在这种情况下仅仅是一个猜测).总的意思是说,1369.23钱每两(Li 1997:56,而不是所说的1347钱。但是这两个都是不精确的估算),也就是21908每斤。所有这些文献都没有特别提到"黄金",但只有物质才有可能对应如此之多的现金数额:参见 Li 1997:56.
② 见上文3.3节。
③ 未标记的鹿蹄金和马蹄金重量变化太大,甚至到了不允许它们存在价值"框架":参考前文表1。
④ Li 1997:56.
⑤ Peng 1994:134, n. 1.
⑥ 然而,一个最大限度的解读需要面对皇室实际上如何获得大量的用于分发的黄金的问题,因为我们不知道任何税项是以黄金支付的,除了规模较小的"酒面包"(wine toast)税,并有可能还包含一些类型的罚金。已有的研究参见 Li 1997:58.
⑦《汉书》卷99上:9b,宣称王莽拒绝了20000斤黄金(价值2百万钱),取而代之,他收受了4千万钱。相反 1994:136指出"黄色金属这个词在这里明显是说辞,实际支付的是铜钱",因为二者的交易并不等价。

及的个案记载之中:例如公元前 76 年,一个藩王获得了 200 斤的"黄金"和 2 千万钱。①

金(无论是否冠以"黄")在精英作品的叙述中经常既可能是,也可能不是真正的黄金:首先,因为皇家的恩赏的对象就是上层人士。② 金印也可能标志着"上",它反复出现在金饼上。③ 政府储备部分包括黄金和白银,黄金在国际贸易中的使用超过汉朝的货币区。在匈奴的领土上已经出现了用汉字标明其重量的黄金或镀金,它们可能是被制造以用于和北方游牧民族进行贸易,或者作为进贡付款的一部分。④ 有一种特殊的税收名叫"酒榷",施加在贵族身上。(见下文)更日常性的罚款和贿赂常常用黄金来表示(虽然不一定以黄金支付)。⑤ 彭总结了记录在《汉书》中的所有与帝国发放的黄金有关的记载,总计(至少)90 万斤,其中 90% 在长期统治的武帝时期被发放。⑥ 这符合在这位统治者治下,黄金铸成鹿蹄、马蹄形并"作为恩赏在诸侯王间"分发的记载。⑦ 很遗憾,无法确知究竟有多少这样的恩赏实际上使用了多少数量的黄金:只有其中的 30% 明确提到了"黄"斤,⑧诚如上文所说,即使是这些也都还值得怀疑。从理论上说,如果所有这些的支付都是黄金,累计重量将达到 225 吨。然而,我们需要允许一个更小的总数存在的可能,不过小到什么程度却不能确定。

持有大量黄金的明确证据来自帝国的财政部门。公元 23 年,据说王莽未央宫内有六十个箱子,其中每个装有 1 万斤黄金,而其他官署则

---

① 《汉书》卷 7:9b.
② Peng 1994:135—38;Wang 2005:294—95. 汉武帝认为黄金"给予各王侯的赏赐品"。Li 1997:59 解释了在汉代文献中,金的数额通常以模糊的方式给出,并伴随着对整数成数的强烈偏好(例如 10、100、1000 等等)。
③ 例如 Li 1997:54.
④ Bunker 1993:45,47.
⑤ 参见 Peng 1994:134,nn. 2—6. 与罚金相关的居延文献见上文 n. 149.
⑥ Peng 1994:135—36. 根据《史记》,这些支出与武帝朝公元前 123 年和 119 年的两次战争有关;Qi 1999b:81.
⑦ 《汉书》卷 6:35b.
⑧ Peng 1994:136.

有若干额外的箱子。① 这则记载的真实性无法确知。杜布斯（Dubs）认为：除了考虑到"六十"这个成数的可疑性和其他箱子未必装满，还是应当认为这则记录具有一定的可信度。② 即使不算上几个额外的箱子，60万斤黄金达150吨，根据传统意义上这一时期的汇率相当于60亿的现金，市场价格或许还会达到其两倍之多（见上文）。这一数量类似于1503年到1660年美洲向西班牙出口黄金的总额，共计180吨硬币，③而且（在重量上）等同于1900万奥古斯都aurei，价值19亿塞斯特斯，比罗马帝国的年度预算还要多。它近似于东罗马帝国在公元527年为统计的黄金储备量，共计129吨。④ 以现金计算，这个数额与公元前30—前40年代汉财政83亿现金储备据报道并无太大出入。⑤ 与此同时，与20—30000斤黄金相比，公元2个世纪晚期财政所持有的80—90000斤银还要更多。⑥ 然而，如果一个诸侯国可拥有7000斤（约1.75吨）黄金和6000万现金以及1.7万户人口，⑦存在更大量的政府黄金储备也应当被视为是可信的。和往常一样，这不可能告知我们，从约公元前135年到123年，汉武帝花费了200000"黄"金去赏赐他的军队是否真的全部用了真正的黄金；⑧只有在这种情况下，这一数字能用来在某种程度上支持公元23年的那个数字。总之，王莽的黄金积累量在文献中被说得过分夸大

---

① 《汉书》卷99C：25a—b，并见Dubs 1942.
② Dubs 1942：36，n. 2. 我要补充一点，由于高比重的黄金，1万斤或2.5吨金属，要铸成固体棒状，有必要将其放入一个中等大小的箱子（大约80cm x 40cm x 40cm的体积）。从这个侧面来看传统的说法并非难以置信。
③ Dubs 1942：38，n. 6.
④ Harl 1996：176：政府储备由公元450—457年的32吨上升至公元518年的103吨和公元527年的129吨。其价值用centenaria或100罗马磅为单位来计算。然而并不确定是否所有这些储备都以黄金的形式存在：在公元468年，该国家的大规模的宣传活动的费用，消费了1/3的储备，约226吨银。（前引）
⑤ Nishijima 1986：593—94.
⑥ 《后汉书·董卓传》，见Peng 1994：134，n. 5. 它也远超出在1127年时，女真人占领宋代首都开封时获得的120万两或45吨黄金；见von Glahn 2004：169 and n. 20.
⑦ Nishijima 1986：593.
⑧ 《史记》卷30.11；Dubs 1942：37.

了——尽管不是不可能。①

酒榷税制从文帝(公元前 180—前 157 年)朝开始设置,封建主提供在他们的控制之下每 1000 人口每年 4 两(约 62g)黄金。② 假定定封地人口共计 638 万,总计将不超过 400kg 黄金。(按照这个数值,将花费 375 年才能累积到王莽时 600000 斤的黄金储备)即便如此,这种税收也获得了相当的重视,以至于未能如数交出的官员会被解雇。③

黄金用于精英阶层以下,可以推断相对较小的金锭的存在。(见上文)6.2—21.5 克的 Mancheng 锭合记 0.4—1.4 两。在一个文本中,赎买死刑的价格为 2.8 斤,等于数万钱。④ 这一定超出大多数老百姓的支付能力,一个中产家庭的财富可以被估计为 10 斤。⑤ 不过,这些数字也表明有时意味着甚至个人通过适当的方法的可以充分利用 0.025—0.0875斤的金锭。的确,20000 钱/斤,这些标本中的任何一个的价值都超过汉代对 15 至 60 岁⑥之间的人征收的 80 到 120 钱的人头税的 300％　2100％。然而,这也填补了之前论述的一个空缺,即黄金的使用无需必然是巨额交易。如果针对商人的更高的税率记载是有迹可循,⑦这些职业的从业者们可能更为经常地参与使用到"黄金"的交易中。当然,黄金是否在这种情况下实际上存在定期交换,仍然是一个悬而未决的问题。考古记录只能是说明,这不会是完全闻所未闻的。在精英之下的圈子里,黄金可能主要被用来作为一种储存财富的手段。在危机的世

---

① 如果这个传统是真实的,或者至少没有离实际情况太远,公元 7 年的黄金收紧方案一定取得了相当大的成功(见上文)。
② 见 Nishijima 1986:592—93。根据 According to Peng 1994:134, n. 2,《后汉书·仪礼志》列举了可以支付这种税款的有 500 到 1000 人。
③ 参考 Peng 1994:134, n. 2。
④《汉书》卷 44《淮南衡山济北王传》,转引自 Peng 1994:137。
⑤ Swann 1950:384。当然,这个估计极不确实。
⑥ Nishijima 1986:598。
⑦ Nishijima 1986:599。

道,"百姓皆卖金银珠玉宝物"。① 此外,黄金可能可以直接用于购买:在东汉时代的一则故事中,一个贫穷且生病的学者在其腰带里揣了 10 斤黄金,然后卖出了其中之一,以满足他的葬礼的费用。② 另一方面,《九章算术》中的一道练习题,用黄金的两数标出了两组各七只牛羊的价格:每头牛价值 1.619 两(或约 25g),和一只羊成本 0.952 两(或约 14g)。而在许多其他情况下始终用钱表示。③ 鉴于文本所提供的数学问题的所反映的现实特质,这种情况很有可能被认为是合理的:至少,没有迹象表明,诸如两这样的小计量单位的使用是为了特别的数学的目的。④《九章算术》中另一个习题设想 33 人一组将他们的资源集中于购买黄金。还有一个谈到"今有人持金十二斤出关,关税之,十分而取一。今关取金二斤,偿钱五千。"⑤所有这些例子中,黄金都使用于非贵族背景下,且黄金被描绘成一个可购买的商品,或可用于交换青铜钱币。

根据彭的研究,⑥东汉文献所提供的印象表明,此时使用黄金的帝国赏赐要远远少于西汉时代。按此,《后汉书》记录了总计 21740 斤(或 5.4 吨)(推定都是)黄金,是西汉时期的 40 倍之多。然而,细致观察可见,这种差异几乎完全是在以后的几个世纪的缺乏极大数额的赠款所致:大约 8/9 的数据来自于西汉时代的三次巨额捐赠。相对分散的金(或黄金)赏赐也与之相同:就我们已知的,西汉时期包括 1000—2000 斤的赏赐 85 次以上,1000 斤的 13 次,而后汉则有 10—1000 斤的 8 次以

---

① 《三国志》卷 5,转引自 Peng 1994:135, n. 7.
② 《后汉书》卷 111,转引自:135, n. 7.
③ 《九章算术》8.7,转引自 Vogel 1968:84. 每两黄金大概 10000 钱(但也可参见上文给出的数据)1,12 和 595 相应的估值与其他问题中类似物品的价格大体一致:牛的价格大致在 1200 至 1818 钱之间(《九章算术》8.8, 8.11),羊的价格在 150 到 500 钱之间(同前引 7.6, 8.8, 8.17)。值得注意的是,不同问题之间的商品价格相差很大,但总是在可能合理的特定范围内波动。所述的价格比率,例如不同种类的畜类之间,也显得较为逼真。
④ 关于类似动物现钱价格的相似问题,参考《九章算术》8.8.
⑤ 同前引 7.5 and 6.3,转引自 Vogel 1968:72, 63.
⑥ Peng 1994:137—38.

189

上,只有一次超过 1000 斤。与此同时,记载的发生率也有巨大的差别:后汉时期 9 次赏赐黄金和 64 次赏赐现钱,与前汉时约 100 次赏赐黄金和约 50 次赏赐铜钱相比简直不可同日而语。我们不知道,这一转变意味着纯粹的文学风尚的改变——也许相对于以往经常以黄金的名义估值,后汉之人转而更倾向于使用铜钱来标明价值——还是反映出王廷在钱币使用上的真实变化。

后来中国的文献对(西)汉时期黄金的丰富颇感惊奇,这与后来的匮乏形成了鲜明对比。① 一位唐代文人评论《汉书》时说道:"现在人们经常从地下掘得'马蹄'金。黄金极其纯净,形状巧妙。"一耕耙就可以让整个瓶子装满这些珍贵的东西。② 关于后汉及之后黄金使用率的下降,曾有过很多讨论,诸如随着佛教的传播,固定地使用黄金来给佛像镀金;在王莽治下和其随后恢复了汉家族保留黄金储备的传统;③而且中亚的物种外流到中亚,以酬谢敌对邻国,并通过进口获得马和其他物品。④ 将黄金更多地用到饰品上是另一个选择:皇室成员团体(并含都城和诸侯国的统治者们)一直在收纳大量的黄金装饰,⑤东汉时期,金(和银)较之以往几个世纪更为频繁地出现在墓葬中,这个趋势在晋朝被进一步地加强了。⑥ 到了汉代末年,对一个高贵的土墩墓的掠夺据称可以获得成千上万斤黄金。同时,在东汉时期的货币体系中,黄金的使用明显下降,白银承担更大的意义。继武帝之后短暂地试行"白金"币(见上文第 3.2 节),王莽首次官方性地承认白银(用叫作流的半斤重的单位计量,并依据其纯度分等)作为一种可用于流通的货币,这就等于逆转了秦始皇对白银

---

① 参见 Peng 1994:135, n. 9.
② Peng 1994:144, nn. 69—70.
③ 汉光帝皇后的弟弟郭况(公元 25—27 年),据说"累金数亿,家僮四百余人,以黄金为器,工冶之声,震于都鄙"。而且,汉光帝对他"赏赐金钱缣帛,丰盛莫比"。(王嘉《拾遗记》卷 6;《后汉书》卷 10 上《皇后纪》,转引自 Peng 1994:141, n. 53.)
④ Peng 1994:138—41.
⑤ Peng 1994:142—43, n. 59.
⑥ Peng 1994:143. On late Han money—trees, see Erickson 1994.

不能作为货币的规定。(见上文)。从公元1世纪往后,晋朝涉及金和银的储藏和施受已经见诸史料:公元111年,一群羌人受赠100斤黄金和200斤白银;并且,如前文已经提到的,公元2世纪晚期,董卓囤积了20—30000斤黄金和80—90000斤白银。① 矩形和船形的银锭偶尔地被提及:彭列举了四个有计量的标本,分别重125、205、356和403克,年代自公元57到公元148年。② 在长期的沉寂之后,开始恢复了铸银锭的传统,这种传统最早的记载来自春秋时期(见前文第4.1节)。到了西晋,黄金和白银作为货币使用的情况大大增加了。相对于铜而言,黄金的价值开始增加,并且开始通过白银来标示其价格。硬币形制的黄金和白银与饼状和锭状的制币一样,也进入了流通领域。③ 唐政权的建立者恢复了印制标价钱币。黄金和白银主要用作价值储存,而银锭在国际交易中的使用越来越频繁。④

5. 古代中国货币样式的发展

有可能可以辨识出古代中国历史上货币发展的四个主要阶段。第一阶段(大约公元前1000年至前220年),政治实体(或者它们中的个人)逐渐铸造缩微工具形制的青铜钱币来取代玛瑙贝,并且(从前4世纪起)开始有了圆形的钱币。当绝大多数的中原邦国开始发行他们自己的钱币,他们周边邻邦发展出了相对封闭的国家控制货币系统。南方的楚国遵循了一个独特的发展路径,铸造了模仿贝壳形制和具有打孔标记的青铜币。在其他邦国,记载称黄金锭和白银锭进入了流通,但从考古发现来看仍很少见。这两种特殊的楚货币在楚国被秦征服后被停用了,在

---

① Peng 1994:145.
② Peng 1994:145—46.
③ Peng 1994:203 (另外见下文 n. 238),206. 隋唐时期开始生产规范形制的银锭:Bunker 1994:73.
④ Peng 1994:276—78.

统一的帝国中并没有发布硬币形制的金币。第二阶段(约公元前200至前112年),中原的帝国正式实施由不同的(但重量标准逐渐降低的)硬币组成一个青铜货币。(名义上)国家垄断铸币的时代,间或也会允许个人私铸,以提供更多的货币供应。黄金以金锭(条)的形式进入流通,不过也算作正式钱币。第三阶段(公元前112年到公元170年),帝国政府维护国家对硬币生产的垄断,大部分时间保持一个固定的重量标准。公元7至14年试验性地发行了代币,但被证明是短命而且不成功的。黄金可能以日益标准化锭的形式发行。在公元1—2世纪,相对于黄金而言,银锭的重要性增加了,但已有的证据并不清晰。第四阶段(约公元170至公元250年)见证了目睹了部分标准化的青铜硬币的货币的崩溃和通胀贬值,随之而来的是货币制造业的长期低迷,以及依赖结合实物支付应对存在的问题,这些情况在公元4至5世纪最为显著。

6. 罗马帝国货币形制的发展

6.1. 从青铜到白银再到黄金

古代意大利和古代中国的货币体系有一个共同的,但其他社会的历史缺乏的特质:当硬币第一次出现的时候,就是用青铜铸造的。① 与中国不同,在意大利,罗马人、伊特鲁里亚人(Etruscans)和萨姆奈特人(Samnites)发行相对较大且重的青铜钱币,功能相当于原先使用的小金属棒(诸如在罗马的粗铜币和和伊顿鲁里亚(Etruria)的"雷默科(ramo secco)"铜棒)。最早的罗马硬币按照利率市场化水平设置重量标准(1枚约323克),1恩西亚(1/12单位,或27克)为发行的最小面值。其他的意大利城邦采用了不同的标准:伊特鲁里亚和安布利亚(安布利亚)约

---

① 接下来的讨论主要基于 Harl 1996:21—206,尽管其中强烈的"金属性"(metallistic)观点(见下文第8节)有许多不足,但也算是为现有的研究提供了一种方便的概述。

200克,阿里米努姆(Ariminum)和哈特日亚(Hatria)约350—400克。就像东周、秦朝和汉代早期的中国那样,货币贬值通过降低重量标准来实现,这一过程主要由军事压力引起的财政窘迫所驱动:在第一次布匿(Punic)战争期间(公元前264—前241年),在保持货币名义上的面值的情况下,其真实价值降低了1/6,至10罗寸(Unicae)。在第二次布匿战争期间(公元前218—前202年)货币贬值大大加速:在公元前218至前213年期间,标准重量从268克跌至133克,再到83克、69克以至于40.5克,减少到了原来(推定的)金属价值标准的1/8。到了战争的最后几年,安色尔(Uncial)标准成为了规范(1单位约等于27克,或原始重量的1/12)。这些更小的硬币在公元前二世纪前半段发行的数量非常巨大。

然而,与中国形成鲜明对比的是,罗马—意大利货币体系嵌入在一个更大的且更为古老的,基于银币的国际货币体系之中。作为这方面加强军事接触的结果,罗马政权逐渐地采用了一种金属体系,将传统的青铜与"希腊风格"的白银相匹配:从公元前4世纪以后,坎帕尼亚(Campanian)金银硬币(约公元前310和前240年之间,总共从7.3降到了到6.6克,白银的重量从6.8克降至6.4克)用到了砷及其分馏物。随后白银币科沃佳戈伊特(quadrigatus)/第纳里(denarius)的贬值开始于第二次布匿战争(从6.4克降至6克白银,或含银量从97%降至91%。),而约在公元前216—前214年,国家铸造多种青铜币(诸如10阿斯decussis),以减轻战争引发银的稀缺性。在公元前213至前212年,银币以贬值的银钱(denarius)的形式存续,铸成重1/72磅(约4.5克)纯度96%的形制。在战争的最后几年,标准继续下滑,达到每枚约1/72磅降至约1/76至1/80磅。到了公元前187年,银钱(denarius)重新设定为每枚1/84磅(3.85克),但是,有赖于罗马人的成功和加强对矿产的摄取,这个银钱标准在接下来的250年保持了稳定。

尽管大量的青铜硬币在公元前2世纪前半叶出现了,由于罗马经济的逐渐货币化,货币生产似乎没有跟上需求的增长:银制的第纳里(denarii)往往减少一半或四分之一,以弥补造币的匮乏。这并不有助于意大利的同盟们铸造不同标准的阿斯(asses)(18 至 20 罗马磅),而且在公元前 2 世纪下半段,罗马青铜铸造大幅削减了。其结果是,在日益磨损的情况下,老旧的阿斯仍然持续流通,这些硬币大多损失了其原始重量的 1/3。钱币兑换给这些缺失重量的阿斯打了折扣,相应地,银/铜的交换汇率也产生了相应波动。到了公元前 141 年,第纳里可兑换 16 阿斯。为了替换硬币,政府制造了更小的散碎面额(一半、三分之一或是四分之一)。

在第二次布匿战争紧急状态期间,黄金已被暂时铸造成金币(与之并行发生的,是在雅典最后一年的伯罗奔尼撒战争,或在雅典入侵期间的叙拉古短暂出现的黄金货币发行)。公元前 2 世纪,于前 200—前 197 年和前 171—前 167 年战争俘获的马其顿金币有很大一批(或许是在密封袋里)进入了流通。大量的购买用于在铸成有官方标记认证的数磅重的额黄金和白银锭。

有赖于政权获取了大量白银,银质的第纳里的重量方能保持稳定,而即使在危机时期,其纯度也只有轻微的波动:从最开始公元前 1 世纪的 97.5％到同盟者战争(公元前 91—前 89 年)时的 95％,又从前 1 世纪 80 年代中期至晚期回复到 96％;前 49 年内战开始之际降至 95—96％,而公元前 44/42 年,第二次三头政治时期,屋大维(Octavian)的时期在西部发行的硬币纯度低于 95％,并延续至前 36 年;此后跃升至 97％,而安东尼(Antony)公元前 41—前 39 年在东部将之提升到了 98.5％,然而最终降至 92％。因此,安东尼晚期发行的数量巨大的货币继续流通了很多代,它们符合"格雷欣法则",也就是劣质钱币排斥优质钱币。

金币的再次出现是在苏拉(Sulla)的独裁统治之下,为的是向军队提供赏赐。而公元前 49 年,金/银的汇率已创下了公元前 210 年代以来的新低,到了 8 比 1;但由于白银流入的增加,这些硬币被融化以利用接近

10—12比1的市场汇率,公元前50年,凯撒对高卢的征服使得市场金价降至每磅750第纳尔,也就是8.6比1的汇率。公元前46年设定的名义上的金银币标准为1奥里斯(aureus)＝25第纳尔,或1磅黄金＝1000第纳尔,金/银汇率为11.5比1。在奥古斯都之下,奥里斯几乎以40磅纯黄金的形式发行,反之第纳尔继续为1/84磅,其中的含银量为97.5%—98%。被压抑的零散硬币需求是由黄铜的塞斯特尔提乌斯(sestertius)连同铜质阿斯、半阿斯和四分之一阿斯实现的。

罗马的扩张促成了地中海逐步统一的货币体系。在西部,当地造币逐渐从市场上消失:公元前210年,在西西里岛和撒丁岛的希腊和迦太基的黄金和白银;约公元前200年在意大利北部的凯尔特的黄金;公元前146年所有的迦太基硬币;公元前1世纪的伊比利亚硬币;公元前50年代高卢的贵金属币和后来公元前10年代的混合质地硬币;公元1世纪英国的凯尔特币。在东部,越来越多的希腊王国颁发的金、银硬币被罗马政权吸收并转移到意大利以改铸。例如,从公元前189至前176年,罗马从塞琉西(Seleucid)帝国接收了约370吨银币作为战争赔款,足以铸造1000万第纳尔(并破坏塞琉古银货币)。在爱琴海,亚太利cistophori银币继续在罗马统治之下铸造,而且各个将军们有时会产生四德拉克马银币(tetradrachms)。苏拉(Sulla)和第二次三头执政期间前所未有的破坏,造成了许多地方(城市)银货币的消亡和中止或既存货币的贬值。奥古斯都恢复小亚细亚cistophorus和叙利亚四德拉克马的时候,罗马的第纳尔已经进军希腊东部的主要金融领域了。

在东部,大量的黄金消耗促使向青铜货币的转变,此时开始与罗马的第纳尔挂钩。在传统的货币化社群,青铜硬币的持续生产,保证了对市场交易而言至关重要的小面额单位的可用性。与之形成判然两分的是,在西部,到了公元30年代,大部分社区都已停止生产当地青铜货币。看起来是罗马铸币的集中生产(最初在里昂,后来在罗马本土),能够提供给(可以说大大减少货币化)帝国西半部分至少足够数量的小面额的硬币。

作为货币统一的结果,中央政府跨越遥远的领土,加速摄取控制和操纵货币重量和纯度标准的权能。其举措,或者直接通过帝国发行货币,或间接通过地方正式或事实上的货币系统上与中央货币体系挂钩。这样一来,一旦中央决定贬值,地方货币发行者不得不遵循之,以维系流通。自从公元1世纪以后,帝国银币经历了一个逐渐加速贬值并且以被高估的价格并发的过程。黄金和贱金属的面额也不同程度的受到影响。到了公元64年,尼禄将奥里斯的重量(从1/40磅)减少到1/45磅,还将第纳尔(从1/84磅)降至1/96磅,此时后者的纯度从98%跌落至了93%。白银标准的贬值在断断续续进行,通常是由于军事需求的驱使:弗拉维安(Flavians)早期降至80%—90%;公元82年恢复到98.5%,但在接下来的数年内由跌至93%;图雷真(Trajan,公元98—177年)又降到89—90%;安东尼·庇护(Antoninus Pius,公元148年)时为83%—84%;到了公元161年则少于80%。在公元2世纪的进程中,贱金属硬币同样经历了显著的贬值;半份和大钱(quadrans)的形制没有再出现;总体产量也减少了;塞斯特尔提乌斯开始用(更便宜)的青铜而非黄铜来铸造,且在其中还掺了铅。

省级的通货也相应地贬值了。与之同时,有记载的生产青铜硬币的城市,由奥古斯都时代的约150个发展为公元200年的约375个。它们通常在一个大工场里铸造,产量非常巨大:在市民的贱金属货币中大约有900种不同戳记者,这一点是众所周知的。在埃及这个通常是独立的流通区域中,当地的白银四德拉克马也在逐渐地贬值,从克劳迪斯时代的3克白银或23%的含银量,降至公元58年时2.2克白银或16%—17%的含银量。当时有很大巨量的既存货币被重新熔铸。当地的德拉儿马(drachms,名义上的银币)此时以铜币发行。帝国的白银通货的贬值再次出现是从公元160年代持续至公元230年代,伴随着含银量从约80%降至约50%,或者说从2.7克白银降到1.5克(而毛重则保持着大体上的稳定)。这个发展过程再次由于军事开支不断增加和越来越多内部不稳定的增加所致。一次银钱信托的尝试失败了:一种"双倍"的第纳尔(antoninianus,安东尼银币),1.5 倍重于第纳尔且两倍于其票面价值,于公元 215 年被引入。但是仅仅旋即变造成了囤积具有更高内在价值的单一第纳尔,是故几年后就不得不被废除了。公元 213 年,奥里斯被重新设定为 1/50 磅(从原来的 1/45 磅下降而来)。公元 238 年军事活动的需要使得安东尼银币再次出现,此时甚至更为贬值,其结果(从本质上来说被高估的)第纳尔马上从流通中消失了。接下来一个时期是外族入侵和暂时的内部分裂,货币贬值达到了一个相当剧烈的程度。在公元 238 年至 269 年间,两倍于第纳尔的安东尼银币的毛重减少了一半,而起纯度从 50% 降至 1.7%,或者说从 2.4 克白银跌至 0.1 克。在此阶段,帝国事实上切换到基于黄金和青铜的金属货币系统,特别是随着用户开始从新的名义上的银币中剥取的银皮并作为银条出售。铸造的数量一直在提升,以此提高产出量来应对通胀的加速。奥里斯的重量同样在下跌,然而跌幅远不如白银:从 1/50 到 1/52—54(公元 235—238 年),再到 1/65(公元 238—244 年),再到 1/90(公元 250 年)。公元 250 至 260 年代,可推断发行的纯度减少了数倍(通常应是 93%—95%,但实际上到了 80%)。

由于白银通货实际上变成了铜币,名义上的青铜散钱势必进一步贬值。首先是重量降低(在公元 230 至 240 年代),而后则开始掺铅(大约 20%—25%)。做工越来越差的成品开始大量生产,从公元 250 年代以后,开始囤积大面额以对冲白银通胀。这符合切换到青铜标准的实际,并且预示着银币的价值最终由其金属价值所决定。到公元 270 年代,鉴于青铜硬币变得过于昂贵而难以制造(比较大量具有更高面值的青铜"银币"而言),其生产停止了将近一个世纪。

行省的社会币制被困在最低价,因为需要符合皇家铸币厂设定的趋势而遭受贬值。严重贬值的白银最终在公元 250 年代停止发行。到了

250年代末期和260年代，由于面临与剧烈贬值的帝国"白银"币和由此产生的通货膨胀，青铜币的生产随之崩溃。在公元260年代，大部分的地方铸币都被放弃了。公元274年的埃及，大大贬值了的四德拉克马挤垮了所有地方的青铜硬币。

随着帝国的重新统一，奥勒留引入了一种辐射状的奥勒留努斯(aurelianianus)，毛重3.9克，纯度4.5%—5%（即约0.2克白银），价目为5第纳尔或20斯特迪(sestertii)，这两者都缩减到仅合乎计算单位。官方设定为1/50磅而实际上被压至1/70—1/72的奥里斯，值100—120奥勒利安尼(aurelianiani)。该系统在未来二十年仍然存在。就像以前一样，这是一种用来与大多数是青铜铸造的金属硬币交易的黄金锭。

公元293年的一次改革，旨在恢复一种起作用的白银通货。奥里斯的重量从1/70磅上升到至1/60磅，而且伴随着一种新的纯银币(argenteus)，重1/96磅（尼禄统治时期的比率），价值为25（作为计算标准的）第纳尔。一种洗银(silver-wash)合金币价值为5第纳尔，还有一种青铜币值1第纳尔。这个改革采取了大规模的找回和重铸，但是旋即失败了——而且这也是可预见的——因为名义上标着严重被高估的价目的合金币迅速失去了其真实的交换价值。两个retariffings（奥里斯从600到1200再到2400第纳尔，纯银币从25到50再到100第纳尔）并没有赶上合金币（或nummus）崩溃的步伐：这又一次证明了信用币制行不通，根据金属含量的市场估值仍然存在。为了回应囤积或重铸纯银硬币，帝国在公元305年后不久就停止了纯银币(argenteus)的铸造，而合金币则在大打折扣的情况下持续流通至公元360年代。君士坦丁通过将黄金固相点调到1/72磅和纯度99.5%来调整黄金"锭"(anchor)。经过几次贬值的循环以及在这一进程中持续减少比重，白银还是持续被投入到越来越大量的合金币中去了。从公元303到348年，合金币中白银的含量从1/32磅跌落至1/196磅，或者说从含有10.75克白银降到含银1.65克，纯度从4%降至0.4%。相应就产生了价格通胀的进程：在公元

323 到 445 年之间，索利杜斯（solidus）的价值从 6000 第纳尔上涨到 4 千 2 百万，或者说从 240 合金币涨到了实际上 7000—7200。

公元 367 年，合金币的生产最终停止了，不过其实仅仅是被另一种纯银币所取代。它在公元 4 世纪末期经受了相当严重的贬值，接下来，事实上被多种面额的青铜币所取代。这些青铜币中福利斯（centenionalis，2.45 克）是最重要的一种。公元 5 世纪的发展进一步强化了自公元 3 世纪后半段出现的黄金—青铜通货体系。尽管当时黄金持续流向外国势力，但黄金作为唯一可靠的价值标准占支配地位的情况正在扩张。黄金制成的索里达（solidus）硬币，用皮革袋装上 100 磅（centenarium）来进行大额交易。尽管存在外流，但据记载，东部帝国的国库积聚了大量的黄金：公元 457 年有 32 吨，公元 518 年有 103 吨，公元 527 年有 129 吨。

到了公元 5 世纪中叶，银（币）已基本退出流通。公元 468 年一次巨大 1 亿纯银硬币的特设发行仍然是一个一次性的应急措施。两等货币幸存下来：黄金的索里达和去米西斯（tremissis）在上等，低价值的青铜努米（nummi）、米尼米（minimi）为下等。因为掺了铅，后者一直在贬值。重量的减少不足以维持 25 磅（8 千克）青铜币价值 1 索里达的比例，且需要反复的定制比价表。到了公元 498 年，1 索里达可交换 16800 米尼米，到了公元 445 年下降到 7000—7200 米尼米。约公元 440 年的一份埃及文献描述了一群纳税人如何用重达 1705 公斤，价值 211.4 索里达（重 0.95 千克，比青铜币少 1800 倍），总数超过 1522080 枚青铜币完成其赋税义务的。由于恶劣的生产标准，努米已经被伪造，且在公元 5 世纪经常被囤积。这表明，尽管其内在价值很低，这些硬币仍被认为有足够价值，可以用更加便宜的材料去伪造它们，而且也同样有足够的价值来作为囤积财富的手段。这与古代中国伪造低价值的青铜硬币有很好的一致性。[175] 尽管青铜硬币只有比较小的利润空间和很低价值的，但足以维持一个广泛的货币经济的实践。（见下文第 9 节）

公元 498 年，小的青铜币被重铸成了多样的青铜福莱（folles），以 8.5 克重的努米作为基本标准。交换汇率被定在 1 索里达＝420 福莱（folles）＝16800 努米，真实的黄金/青铜比率为 800 比 1(4.45 克黄金＝3570 克青铜)。公元 512 年，福莱的重量和票面价值都翻倍了。由于新的危机，公元 538/539 年进一步升到 22 克（每索里达 180 福莱），但无法长久维系；到了 7 世纪晚期，福莱的重量跌至了 3.5 克，而起价值为 1/950 索里达（大体上保持在既存的黄金/青铜汇率上）。七世纪灾难性的战争催生了大量的各种贬值了的福莱和混乱的汇率，这再次破坏了帝国货币体系的贱金属部分。

6.2. 一般性的趋势

进入公元 3 世纪，意大利的货币实践在扩大边缘的国际体系中发展，这个体系源自公元前 6 世纪爱琴海的银币体系。希腊银钱沿着希腊海外殖民的主线扩散，包括在西方的西西里的殖民地（公元前 6 世纪中叶），意大利南部和西班牙、普罗旺斯海岸。从公元前 6 世纪后期开始，爱琴海北部的非希腊人开始效仿希腊的模式。公元 5 世纪末期，迦太基采纳银币是加强与西方的希腊人接触的直接后果。在公元前的最后三个世纪里，亚历山大大帝的征服，导致整个之前的阿契美尼德帝国复制了希腊铸币的做法。在西北印度这个此前一直发展自己的方银币传统的地方，也在一波又一波的异族王朝（希腊印度 Greco-Indian、圣卡西 Sakas、帕赫拉瓦 Pahlavas、曲先 Kusan）中效仿希腊铸币，将希腊风格的钱币使用扩大到整个印度次大陆乃至深入到中亚北部。

最初，在上古的和早期的古典希腊世界，低价值的硬币总是银制的，就连看似不切实际的微乎其微的重量且显然数量巨大的最小币种都是如此。[1] 青铜的散钱很晚才出现，从公元前 5 世纪晚期往后，作为低价值的交换

---

[1] Kim 2001.

媒介的需求在货币体系中提升，这些青铜散钱的出现可以满足这种需求。在罗马时代之前，广泛使用的青铜最初被限制在埃及托勒密（Ptolemaic）王朝的货币体系中。这使意大利货币体系在欧亚大陆西部具有了真正独特的地位。在迦太基被卷入无处不在的"爱琴海"货币体系①的大约一个世纪之后，罗马也效仿发展出了其坎佩尼阶系列的金银硬币（斯塔特/staters）。第二次布匿战争的冲击和从随后伊比利亚矿藏和希腊王国流入的白银将最初基于青铜的体系转化为银-铜体系，然后又很快变成了以银为基础。公元前2世纪，一种推测认为罗马的青铜币至少占据了流通货币的一半，但只有其总价值的10%—15%。② 全部货币一体化是一个长期的进程：重要的步骤包括在公元前1世纪吸纳和重铸东方的银钱，且同时停止西部地区的地方造币；从公元前1世纪开始大量诸如黄金硬币开创了整个帝国范围内统一的黄金标准；公元3世纪中期摧毁了东部省的地方货币系统；接着在约公元300年之后再次开始重铸且在帝国范围内重新发行新样式货币的进程。

非常概括地说，罗马货币体系演变有六个主要阶段。第一阶段（截至约公元前300年），青铜货币以27至323克的重量流通。第二阶段（约公元前300—前50年），白银和青铜以硬币的形式流通，白银占据了绝大部分的价值量。此外，白银，特别是黄金以锭的形式流通和贮藏。公元前200至前167年之间，罗马在战争中获取了38000磅（或者12.3吨）黄金，其中的一部分是马其顿（腓力一世）的金币。公元前157年，帝国财政持有17410磅（或5.6吨）黄金，占在其现金储备总量的4/5以上（与其铸造和重铸的白银硬币构成了平衡状态）。许多记载表明，公元前1世纪的转账达到数以千磅计的黄金之多。③ 如果这些描述切实的话，在罗

---

① 关于这个概念，参见 Scheidel 2008b；它指的是公元前7世纪晚期最早的吕底亚和希腊以后在爱琴海东部发行的所有类型的货币。
② Harl 1996：47.
③ Howgego 1990：13—14.

马共和国时期末年,黄金锭子势必在货币媒介中占据不可确知但相当可观的份额。按此,假如青铜真的占罗马货币总价值的 10%—15% 不到,它所分有的包括黄金(和白银)在内的种货币媒介总量的份额肯定微乎其微,可能只有不到 1/10。第三阶段(约公元前 50 年至公元 200 年),为数众多的黄金硬币进入了市场。邓肯-琼斯(Duncan-Jones)估算,在公元 160 年代,120000000 奥利斯(即 880 吨黄金硬币)和 1700000000 白银硬币(即 5770 吨白银币)进入了流通,可能其中的 3/4 为罗马帝国所发行。据推测青铜硬币不超过总量的 5%—10%,有大约 50—60 亿枚低价值的硬币。在这种情况下(相对实际数量而言,者这很可能会有所夸大),黄金占据了硬币总价值的六成以上,与之相对应的是 30%—35% 的白银,其他的则是贱金属硬币。① 第四阶段(约公元 200 至公元 270 年),白银币面值逐步贬值事实上降低为了贱金属货币体系,而黄金硬币大体上保持了其价值。其结果是白银硬币减少,市场的需要大力驱生了青铜硬币。第五阶段(约公元 270—370 年)出现了几次企图恢复全值硬币的失败尝试。黄金成了能够保持稳定的唯一价值标准。第六阶段(约公元 370 至 700 年),限于地中海东部,重塑白银的尝试最终被放弃了,但金-铜系统仍然存在。贱金属层货币的周期性贬值驱使定期通货膨胀,强调黄金作为储存财富的优势是唯一可靠的手段。

7. 贱金属或贵金属造币

7.1. 起源

在最初的阶段,罗马通货体系比这两个地区之间的任何地方都存在的任何货币体系更像中国的体制。与早期中国一样,罗马和意大利在一个相似的独立环境中发展,当白银和黄金以锭子的形式进入流通时,他

---

① Duncan-Jones 1994:168—70. 并见下文 9.1 节。

们在持续依赖青铜铸币吗？最起码，中国的情况表明，这种发展模式是完全可能和可行的，即使考虑到成熟的罗马帝国作为世界帝国在领土和人口数量方面的情形时也是如此。然而事实上，意大利诸城邦很快就被拉进了希腊货币体系，在其中倾向于以通过消耗青铜为代价铸造白银币。战国时代从未遇到相比较而言具有优势的邻邦和发展了几百年的贵金属货币体系。楚国当地的黄金版状钱币代表中原了唯一的青铜硬币系统的替代办法。当秦（最终在很大程度上是通过后汉）在全国范围内实施它的半两钱通货系统（也是最终按照公元前二世纪的五铢钱标准），人们或许会想知道，如果战国在楚的领导下完成了帝国统一或在公元前209至前208年的革命中成功地推翻秦政权会发生什么。在此情况下一种合理的假设是，中国是否会形成一种铸造黄金硬币（或类似硬币）和青铜硬币（圆形的或仿贝壳状的）？

7.2. 金属供应

这两种反事实设问彰显出了一个重要的问题。与欧亚大陆的另一端相比，在西欧如何形成发展出大量珍贵的金属货币的物质上的先决条件？为了解决这个问题，我们需要更好地了解黄金的可用性，并对地中海和中国的黄金和白银储备的大小与不同的货币制度之间的比值进行整体性的评估。① 根据最近的一项研究，罗马帝国可以有能力把近1000吨的黄金和六倍于此的白银铸造成通货。（参见下文第9.1节）诚如巴那吉（Banaji）所说，在古代晚期，从公元4至7世纪，至少在帝国东部的残余部分，黄金的流通可能进一步增加：这个说法得到了相关文献记载的支持，这些文献表明诸城市和帝国财政有大量的黄金储备。这些记载包括通过甚至在村镇一级也在税收中增加使用黄金支付，而且还发现了

---

① 关于此点和以下分节所讨论的问题的基本内容，首次出现在Scheidel 2008b的"causation"部分。

古代晚期大量的黄金窖藏。①

矿业产出量一直很大。公元1世纪，据说在西班牙的贝罗（Baebelo）矿每天"为国家"生产300磅的银（即大概是国家的份额，而不是总产量），或者说每年35.4吨。据记载，西班牙北部的金矿每年产量2万磅，即6.5吨，而波斯尼亚金矿每天出产50磅，或每年5.9吨。后来在达契亚（Dacia）的很有可能达到类似规模。② 汉朝没有可资比较的资料。不过，我们知道唐帝国每年享有12000—15000两白银（或500—600千克，唐代每两41克），尽管也有记载称有25000两，或1公吨。③ 与罗马在西班牙地区生产的白银而言，这个量是非常低的。到了宋代，998年产量激增到145000两，另有一则记载说1022年有883000两，但在1049至1078年跌落道215000—220000两。当时产量最大的地区每年可产出100000两以上。④ 它们的年产量在6至9吨不等。即便在处于巅峰的1022年，总量有36吨，也仅仅与罗马一个行省的产量持平。在同时期，黄金的年产量水平约10000—15000两，或400—600千克，其总量规模低于任何一个最富庶的罗马行省的产出量。甚至可能，汉代的贵金属产量还要更低：黄金主要是来自地下金矿的开采，就所有而言，这似乎相当的少：在中国历史上一些已知的金矿在这一时期都已非常活跃了。⑤ 战国时期之前中国中部的白银情况几乎无从知晓。⑥ 这种金属在中部通常是罕见的，它们都集中在遥远的南方，为含银的硫化矿使用灰吹法的最早的证据来自于盛唐时期。⑦ 事实上，由于供应限制，中国似乎没有能

---

① Banaji 2001：39—88, 60—65，76—84.
② Pliny the Elder, Natural History 33.67 and 33.97, with Harl 1996：81—82 and the references 408—9. 概况参见 Domergue 1990. 这些数据意味着总数超过了1925年中国全国总量10吨之多：Golas 1999：15.
③ Peng 1994：278.
④ Peng 1994：430. 到了1925年，每年的产出量跌至1吨：Golas 1999：15.
⑤ Golas 1999：109—23,119—20，以及 map 8 (113—18).
⑥ Bunker 1994：74. 唐宋时期之前银制的奢侈品非常罕见：前引76—77.
⑦ Golas 1999：123—36,132—33. 在汉朝几乎没有任何已知的银矿经营：前引126—32.

力建立一个固定的白银货币体系,直到 16 世纪中叶到 17 世纪中叶从日本,菲律宾,和新的世界进口了约 7300 吨的白银并进入中国的经济体系。①

将这些不同的记载放在一起考虑,估计和推测表明,中国古代可能没有能力维持一个高容量的贵金属货币系统,即便假定当局愿意这样做。与此同时,这个看法似乎难以与西汉和新莽期间黄金股和支出的规模的历史记录相调和。(见上文第 4.2 节)如果王莽真的在他的皇宫里收藏了 150 吨黄金,用"黄金匮乏"来解释中国古代贵金属货币体系的不可持续将变得更加难以成立。正如在 4.2 节所谈到的,这些黄金的数量等于 1900 万奥古斯都奥里斯,价值 19 亿塞斯特斯(sesterces),多于罗马帝国一年的财政预算,这使人联想到公元 527 年东罗马政府的 129 吨黄金储备(如果把白银计算在内的话也有可能少一些)。为了保持中国古代黄金相对稀缺的预设——相对于欧亚大陆的西端而言——我们必需假定新莽政府能够集中到手中的黄金在其总量中占据更大的份额。事实上这就是为什么学者们一直愿意相信,尽管没有比这更好的理由(而且,对于任何熟悉应用到希腊-罗马文本批评的标准的人来说有些天真)相信当代史学传统的整体可靠性——按此,中央政府的权力要实施全面彻底的措施在很短一段时期内将私人所贮藏(总量中的很大份额)的黄金"国有化"。② 这并不是说,以帝制中国初期政府高度囤积的理念为前提的模型是不可能的:来自南宋的文献显示出相同的路向。③

最终,有几种方法整合文学传统与更可靠的考古记录关于汉朝和新莽黄金储备的数据:早期的记录有可能被夸大了;他们并不总是需要提

---

① Von Glahn 1996:133—41. 尽管细节上的错误巨大,但一般意义上的大小顺序应该是正确的。以前估计的数值要更高一些。顺便提及,von Glahn 关于罗马帝国时期白银铸币储量规模的计算与之处于同一量级。(见上文)
② 据 Qi 1999b:81 估算,汉代文献材料提到接近 200 万斤用途各异的黄金,但没有任何关于整体黄金储备的规模的记载。
③ 参见 Gao 1999:64 和 von Glahn 2004:171.

到实际黄金;亦或是他们有可能是正确的,但恰当地反映出政府的隐形资产。无论我们喜欢哪个选项,毫无疑问中国古代黄金,尤其是白银比在古代地中海地区稀缺得多。历史的比较显示出,金属的供应在各个不同货币体系特性的形成中每每扮演者关键性的角色。最早的"爱琴海"硬币由吕底亚的摩罗(Tmolos)山和托罗斯(Paktolos)河发现的金银合金制成。有赖于阿提卡、色雷斯、锡夫诺斯和萨摩斯,白银支配了希腊的货币体系。中亚和印度黄金支持了贵霜和古普塔第纳尔。凯尔特人发行黄金也是受到供应的驱使,就像从努比亚和萨内加尔/尼日尔地区输入的黄金使得早期中东伊斯兰国家通货由白银转为了黄金;12世纪和13世纪的欧洲新开辟的矿藏造成了原有货币体系的终结;14世纪来自几内亚的黄金进口为意大利中世纪晚期金币铸造的恢复提供了便利;十五世纪蒂罗尔(Tyrolean)产量丰富的银矿的发现和随后的大规模转移自新获得的西班牙在墨西哥和秘鲁的领土的持续生产的白银最终造成了白银硬币在西欧的优势;还有巴西的黄金支撑了后来英国的黄金货币体系。① 所有这些都表明,中国古代贵金属的相对匮乏不利于建立通行于整个帝国范围的黄金或者白银货币体系。

7.3. 文化因素

供应受限制的影响可能被要求定额的以贵金属硬币为形式的高价值低重量货币工具的结构性缺乏加强了。而硬币在小亚细亚西部出现的原因存在着争议——支付雇佣军的欲望可能不是最有吸引力的解决方案——而古希腊币,一旦被获得,就经常被用在私人的市场交换行为中(随着越来越多的小面额银币的证据的出现,非常有力的显示出此

---

① 我从 Scheidel forthcoming b 处借用了这个结论,波利人(Boians)在公元前60年左右,也就是他们从波希米亚到斯洛伐克以后,从黄金转向白银大约就是一个很好的例子。(Göbl 1978: 118)有关中世纪早期中东的情况,参见 Ashtor 1976: 80—81,欧洲的情况见 Williams, ed. 1997: 78, 80, 162, 165, 176.

点),随后的仿制常常似乎是出于军事需要:几乎可以肯定希腊王国,迦太基帝国,罗马共和,可能还有伊比利亚,凯尔特人,和伊朗诸政权都是如此。公元前4世纪晚期,伴随武力需要,欧亚大陆西侧硬币使用的区域突然增加了数倍,而这之后出现了持续扩张的资金需求。

在战国时代,主要的力量在于从数以万计或者有可能是数以十万计的农民中征兵;甚至在秦和西汉时代,普遍化的征兵撑起统一帝国的军事机构。直到东汉时期,军队才由专业人员,罪犯,外国移民和雇佣兵接管。① 这些士兵是如何被提供的呢?我没有找到前汉时期任何货币支付的证据。② 如果部队大多提供实物,青铜现金将被证明是足够应对小额的额外支出。③ 也许不是巧合,同一时期在欧亚大陆的另一端,规模空前的雇佣征发小农户形成的地中海势力,最初也是以(大量)青铜硬币的形式支付,且显然觉得不需要大量贵重金属货币,只要它所面临的主要对手也在采用同样的青铜钱。仅仅是当罗马政府开始更深地卷入希腊或"希腊化"的社会,这使之将白银币添入了其武器库。

从西汉时期末以后尽管越来越专业化,还是没有带来戏剧性的变化。最好的证据由甘肃和西部边境地区出土的钱币提供。在甘肃发现了大量的秦代和西汉半两钱表明了新创建的帝国在边境的野心带来的货币需求。随后由地方制造了大量的五铢钱。④ 此外,后来偶尔也提到来自中国中部的其他硬币,它们是基于税收网络从核心到边缘的转移的

---

① Lewis 2000. 要注意在唐朝早期(那时恢复了汉代形制的青铜通货系统)依靠兵役与农业相结合的府兵制,这也使得对高价值的货币的需求非常有限。(Graff 2002:189—90).
② 现金补偿似乎并没有出现在内容涉及相关军队谷物和衣服供给的简帛材料中。我要感谢我的同事马克·刘易斯(Mark Lewis)在这个问题上的意见。
③ 成堆的青铜硬币出现在燕国首都的一群匆匆埋葬的士兵的私人物品中 (Peng 2000:173). 如前文所言,公元前3世纪中期的睡虎地秦简中,"黄金或钱币"被当作士兵的特别奖赏(前引170)。
④ Wang 2004:XII,27,此中记载了已发现的地方铸币模范。

现金。① 在更西边的新疆，发掘到的几乎都限于从东汉朝（输入的）五铢钱，此时此地恰逢汉朝军事占领。② 发现于内蒙古居延的木牍表明了西汉晚期、王莽朝和东汉早期货币在军事上的重要性。③ 价值通常用现金来计算：更具体地说，军队的薪酬福利总是以这种方式量化，实际的支付可以是硬币或实物。④ 有人认为，现金支付占据主导，而王海伦（Helen Wang）注意到，汉代重建以后恢复的五铢钱在甘肃陇西的马原铸造，这可能反映了西北边疆对现金的需求。⑤ 不过，尽管这些文本清楚地表明，对军官和相关的地方官员至少部分地采取现金补偿，但并不清楚普通士兵是否受到硬币形式的薪酬。例如每月向普通军人发出 31/3 石谷物津贴——共计 66 升，相当于 200—400 钱左右，还有限量配给的盐和向家庭成员的小额粮食补贴——这些很有可能代表了士兵以及（按较低的薪酬水平）罪隶的收入总额。⑥ 相反，在成熟的罗马帝国，只有普通士兵的名义薪金的部分或者转换成实物分配或保留在个人账户。⑦ 因此，在中

---

① Wang 2004：27，49—50. 税币（fuqian）用于（军队）的薪金（fengyongqian）。两种文献（Xie et al. 1987：597 [498：8] and 636 [520：6]）——其中一种时代为公元前 80 年——提到了"河内税钱"，意味着从中原的河内郡长距离地流转至当地。Xie et al. 1987：230（139：28）提到了 14300 税币的流转。然而，王的观点依据居延汉简，其中的这种流转属于特例，且地方供应是正常的。(2004：XIV)这很难与她的观察相契合：在王莽时代以后没有足够的货币可用的情况下，地方的钱币生产看起来已经集中化了。(27 and 49)我们需要了解，货币如何在"正常"的情况下实现供给，借此明了从中央向各地流转的意义。

② 但是，随着公元 2 世纪汉朝军力退缩，出现了模仿性的货币，这表明该地区有非军事方面对现金的需求：参考 Wang 2004：XIII，39—41 有关龟兹（Kucha）的货币发行。

③ Wang 2004：47—54 用英语提供了最近的研究，在当地发现了约 31000 片木牍。

④ 一份文献表明，必须用现金（券）支付，账单用钱币形式罗列钱数和货物价值；Wang 2004：48，其中同样列出了大量不同货品的现金价格。(59—64，table 17)有关军队薪酬，见前引 48 和 Loewe 1967：I 93—98.

⑤ Wang 2004：49—51 and 27.

⑥ 有关官员：Loewe 1967：I 96；Wang 2004：49，table 4. Rations：Loewe 1967：I 93—94，II 69—71. 举例来说，一个军官至少有 900 钱的收入。(Loewe 1967：96)如果士兵在配给的口粮之外还有大量的现金收入，他们也不会有下级军官那么好的受益。看来似乎更为合理的是将之看作常规现金支付，是士兵在军事层次结构中的地位提升的一个标志。

⑦ 关于初期的局势的一个简明的最新摘要，参见 Herz 2007：308—13；另见 Rathbone 2007. 从公元 3 世纪以后，随着帝国白银货币的衰颓，通过实物取得补偿的重要性越发增加。

国,最初依靠征兵制度,强调以实物付款,而没有竞争对手经营贵金属货币系统,所以无法产生大量标准化的由高、中价值和轻重量的货币的强劲需求。①

不同成分、不同范围的人使用贵金属作为货币的目的也很有关系。一位更晚一些的学者,顾炎武,在他的《日知录》中指出"汉代黄金在社会上层和下层之间流通"。② 不过,晚期的记载最终会夸大汉代统治者分发的大量黄金的记载,而缺少真正反映过去条件的知识。诚如我之前(4.1—4.2节)所论,黄金主要——尽管不完全是——与精英阶层的主要人物相联系。如果这反映了事实,它有可能有助于根据"交易秩序"来明确帝国货币体系。这个概念由佩里(Parry)、布洛赫(Bloch)提出,最近库克(Kurke)降至用于研究远古希腊的贸易和货币体系,源于观察"许多社会机构的交流和经济活动,因为这是两个各自独立但有机关联的交易状态"——一个"长期的交易秩序往往具有积极的价值,因为它被视为更大的社会和宇宙的秩序的延续和再现",而个人获得方面的短期秩序"往往在道德上是部确定的,因为它涉及的主要是长期秩序无关的个人目的"。③ 在早期希腊文献中,库克指出二元化的"相反的象征贵族御前骑兵的'精炼金'到被排斥的 kakoi'伪币'之中,与稳定和安全的精英圈子的礼物交换相反的在公共领域的对金钱的滥用和混乱流通"④。

公元前178年晁错的言论,可能有助于解释这一结构,他强调的方面对高价值物品具有颠覆的潜力:"夫珠玉金银,饥不可食,寒不可衣,然而众贵之者,以上用之故也。其为物轻微易臧,在于把握,可以周海内而亡饥寒之患。此令臣轻背其主,而民易去其乡,盗贼有所劝,亡逃者得轻

---

① 硬币的图案和工资支付的性质之间的关系的比较研究,参见 Lucassen, ed. 2007.
② Peng 1994: 135, n. 9.
③ Kurke 1999: 14—15. 这方面需要更详细的研究:中国历史习惯性地在"人"中找出虚伪者,相反黄金往往被描绘成在更原始的环境流通。
④ Kurke 2002: 93. See 1999: 41—64, 101—29.

资也。粟米布帛生于地,长于时,聚于力,非可一日成也;数石之重,中人弗胜,不为奸邪所利,一日弗得而饥寒至。是故明君贵五谷而贱金玉。"①相反,文本中,粮食和织物太重了,不便携带,但确实生存的必需品——其含义是,那些无法获得宝贵的低重量物品的人,转而使用这些商品,因此它们被作为通货固定下来。"是故明君贵五谷而贱金玉"。尽管这段文章的文字不多,但以青铜硬币为代表的高价值物品同样存在重量负担,也将有助于约束不良的流动性。

然而,在中国方面,教义的限制很可能在实践中更加宽松:4.2节中谈到的轶事说明,一般民众可以掌控的黄金与他们的购买力相一致。然而事实上,在绝大多数时间中,大多数人势必被排除在黄金经济之外。初看起来,从公元367年以后的罗马帝国,而且大体上在公元260年代已经开始,在形式上与秦汉的中国呈现出强烈的相似性:在两者中,货币系统都围绕黄金和青铜的双塔结构建立起来。但是若加以更细致的观察,则深层的分歧脱颖而出。罗马晚期的货币系统依赖(铸造的)黄金作为支点,而青铜或黄铜定期抛弃及贬值。与这种模式相应的两级经济的形成有利于特权收入者、(可靠)金币的所有者,且不利于(不可靠的)贱金属通货的使用者,这造就了对黄金的强劲的结构需求,而中国古代没有出现平行的情况。实际上,汉代的青铜货币在很长一段时间里保持了稳定,如果真的存在"涌向黄金"的趋势,在中国也远不如货币环境不稳定的罗马帝国晚期来的剧烈。其结果,黄金的使用比在罗马帝国保留了更多的限制。

中国古代的状况可能更加类似于罗马共和国,在那里金锭作为支付手段、贮藏的财富和价值尺度之一。而对于共和国后期的经济的整体意义难以确定,霍兰德(Hollander)强调了一种偶然形态,这由与交易中使用非铸币的黄金和白银相关的精英记载(特别是西塞罗)所呈现:金银锭

---

① 《汉书》卷24上:11a。

被看作是有用但非比寻常的形式的钱。① 有时,获得者可以属于更低的阶层,诸如士兵甚至奴隶。② 然而从总体上看,黄金交易似乎是限于国家、富人和商人。关键差异在于,西方的可以用于转化成铸币的白银相对丰富,而早期中国则几近匮乏。

不过,一个稳定的青铜造币体系的存在,黄金,尤其是白银的明显匮乏,以及对贵金属货币结构性需求的低下,不足以解释为什么黄金和白银通常并不以铸造形式流通——即使在有限的数量上。③ 楚国的冲压金盘可以提供一个可行的模板,后来,新莽时期的中国政府在其西部的保护国遭遇了"希腊式"的钱币。混合了"西方"样式的货币结合了佉卢文(Karoshthi,即印度)和中国传说,事实上生产于这两种货币范围的交集处,④但贵金属货币只在外国统治之下发行,中国并没有适当地加以模仿。⑤ 后来流转至此的萨珊王朝和早期拜占庭钱币最终成为了珠宝。从汉朝的角度来看,贵金属纪念币是诸如帕提亚人(Parthians)和罗马人陌生而遥远的野蛮人的一个象征。⑥ 铸造数量巨大的低价值青铜币成为了诸如唐宋之类的复兴王朝的决定性特征。尽管中国从宋代以后转向以白银为基础的经济,且在晚明时从外国输入了大量的白银,贵金属以锭子的形式,与贱金属币以及间或还有纸币相伴随而持续流通。⑦ 任何一

---

① Hollander 2007:31—39.
② Cicero, For Caelius 51; Plutarch, Cato the Elder 10.4,转引自 Hollander 2007:31—32.
③ 在 Scheidel 2008b 中,我注意到这样一个事实:即便是在中古的日本,那里公元 7 世纪开始仿制中国的圆形钱币,主要的黄铜货币偶尔也会由同样形式铸造的白银(有时是黄金)或黄金货币来补充。
④ Thierry 2003b:73,76; Wang 2004:XIII,37—38.
⑤ 晚些时候仿制的罕见的制作精良的白银质五铢钱以东汉五铢钱为模本,它们可能紧随唐代的白银"币"(Inaugural coin)而来。(Peng 1994:146)。这些非正式的白银五铢钱从南京的六朝古墓中出土,有可能是当代的仿制品。(前引)。
⑥《汉书》卷 96A,转引自 Hulsewé 1979:106,115,117:上有罽宾(Gandhara/Kashmir)的骑士和脸孔的黄金和白银钱币,乌弋山离(Arachosia)的有脸孔和骑士的硬币;印有国王脸孔的安息(Parthia)银币。根据《后汉书》卷 88d,大秦(罗马帝国)"以金银为钱,银钱十当金钱一"。(trans. Leslie and Gardiner 1996:50). 相关研究参见:Leslie and Gardiner 1996:224—25.
⑦ Von Glahn 1996.

种解释这个长期抗拒贵金属货币的尝试都要求考虑比此处更广泛地文化背景。

要想知道为什么某事没有发生（从而暗示它事实上应该发生），可能带有"意图错误"的味道，通常依赖特定机制（像贵金属货币）的活动（诸如现代先进水平的货币交换）的假设不可能在缺乏这一机制的条件下实现。所以这种讨论势必是错位的。古代近东的情况清晰地表明，一个精巧的货币体系并不需要铸币。① 在像这样的案例中，讨论为何没有铸币或铸币的缺乏可能怎样阻碍经济没有任何意义。然而，中国古代远不同于古代埃及或美索不达米亚（Mesopotamia）的货币流通方式。铸币非但不是不为所知，反而在汉朝期间实际上大量生产，总量多达上百亿之巨。这表明，无处不在的贱金属硬币的存在并不一定导致并发使用一个类似的格式贵金属货币。这个简单的事实让我们对获得了一种新的视野，来审视公元前7世纪晚期到前6世纪四业的埃雷克特龙镁合金（electron）、黄金、白银货币产生的决定性原因。② 完全缺乏中国钱币的直观印象（除了中央有一个雅致的孔型）同样值得注意。爱琴海和中国出产的铸币的鲜明对比由中国的钱币与古希腊城邦分享推定的重要特征的条件下发展而显得更为突出：他们在一个高度竞争的政治的群集（所创建的城邦）内争夺霸权，除了表意符号外明显使用到直观意象来突出硬币，并有一段时间在一个前所未有的社会和经济中发展和运转。③ 这表明现有的爱琴海或中国币制的起源和发展的调查，忽略了欧亚大陆西部和东部情景的相反和相似性，本质上无法做出有意义的因果分析。④ 对"爱琴海"模式的贵金属币制在几乎全球范围内的长期且又彻底的成功的解释，需要密切联系中国所提供的在现实生活中相反

---

① 尤其需要参考 Le Rider 2001，以及即将面世的 Peter Vargyas 的研究成果。
② 最近的研究，参见 von Reden 1995；Kurke 1999；Schaps 2004。
③ E. g., Hsu 1965.
④ 比较的方法很少见：到目前为止 Schaps 2006 和 Scheidel 2008b 是仅有的研究。

的证据。

7.4. 初步的解释

我确认了三个因素来说明中国基于青铜铸币和非铸币的黄金、白银的货币系统的产生和长期存在：黄金供应、军事需求、与文化倾向。黄金和白银的相对匮乏使得贵金属货币体系难以维系。这个解释与之前的一个事实相一致：中国中部只有（相对）富含黄金的早期诸侯国（楚）发行了可能可以被称为原始货币的金制品。此外，在帝国体系的形成阶段，在军事招募的场合明显缺乏对低体积高价值货币的需求，可能进一步降低了贵金属造币的吸引力。然而，这些因素本身并不能解释，哪怕是到了巨大的黄金储备已然成为可用的明朝，为何国家仍在持续排斥白银货币。之前秦（至少在理论上）加强了帝国范围内低价值青铜货币的统一标准，以及汉代通过散布数百亿计的这种钱币来支撑这个体制，试图连接到古老的皇家传统的此后的朝代开始将这个特殊的货币体系看作是政治"合法"的关键要素，并回避了其他的可替代方案，哪怕它们是可行的。假如我们试图去解释欧亚大陆西部和东部货币发展的分野，我们需要找到方法来评估每个这类变量及其相互关联性的意义。

8. 金属主义和唯名论

社会史学家关于货币本质的争论，围绕着"金属主义"（metallism）和"唯名论"（nominalism）（亦可称之为名目主义/ chartalism）。前者将钱币定义为一种商品，其货币价值在最初由其构成要素的市场价格所决定，诸如黄金、白银（外加劳力）。反之，后者的看法是将钱币的价值区别于作为国家法定的功能的媒介和设想的货币价值。现代学者倾向于一方面强调罗马帝国和行省通货的金属主义的基础，另一方面又注重早期的中国硬币的信用性质。① 但是,两个系统的内在差异在很大程度上是虚构的:②它既忽视了罗马货币的信用维度,同时也忽视了中国治下硬币的物理限制。尽管就他们的货币构成元素的相对价值而言存在深刻的差异,但两个货币体系具有相当多的共同点。在两者中,货币的交换价值都由货币本身内在的金属价值,以及使用者接受货币的票面价值的意愿所确定,这种意愿反过来取决于一系列因素,诸如价格信息、信任程度、选择,所有这些在某种程度上都是国家权力和政策的扩展功能。

中国钱币的"信托模型"遭受了一系列的问题。例如,它需要解释秦代硬币明确地用重量来命名(半两)这个事实,按此,国家至少在最初寻求内在价值与票面价值的一致。③ 一个最近的研究说到:"一个信用硬币,其上的铭文显示其精确的重量,这本身存在明显矛盾。"④但这个矛盾只在回溯重量随着时间推移逐渐损失的情况下时变得明显。不过,不容置疑的事实是,公元前3世纪的大多数硬币重量有降低的趋势,并不能解释为具有不相关性一个表征:有地方发行的重量不足的货币与之竞争和中央的预算压力,是最明显的可资选择的解释中两种。从这个角度看,最终超重、"常规"和重量不足的半两钱的共存是一种偶然而非故意为之的局面。⑤ 国家制造的"常规"秦硬币——商鞅时期及其后——表明

---

① Strobel 2002:91—93列出了采取金属主义观点研究罗马币制的论著。关于中国,则参见Thierry 1993, 2001a, 2001b.
② 关于以一种特别的二分法的观点,参见 Thierry 2001a:"En Occident, la monnaie ... se fonde sur le fait que sa valeur d'échange est fonction de sa valeur intrinsèque.... La monnaie chinoise repose sur des bases différentes ... à l'inverse de l'Occident, en Chine, c'est la valuer d'échange du signe monétaire qui détermine sa valeur intrinsèque."
③ 见上文第2节。诚如Thierry 1993:3所论,不需要考虑半两钱与早期信用传统决裂的作用。例如,基于商品本身的稀缺性而存在的贝币会有一个内在价值,而我们无从知晓工具形钱币的价值如何与它的面值相关联。而且,已发现的大量可能是用来铸造青铜币的青铜块(Dai and Zhou 1998)意味着金属含量可能被用这种材料所制成的货币的原始材料的价值所决定。
④ Wang 2004:12. 并见Thierry 1993:4.
⑤ 这种情况的出现,参见第2节;Thierry 1997:173—75.

了重量与票面价值相契合的渴望。① 只在最终的统一战争的压力下,重量标准才出现了下滑。② 我们正在观察的是一个理想化的大规模的青铜货币系统的增量侵蚀,它无法承受连续大规模战争的压力,以及国家需求不断上升带来的压力。

我已经在前文中指出了,秦朝试图强制无差别地使用质量不一的钱币的管理措施暗示着其臣民的日常实践中存在的分歧(见上文第 2 节)。尽管如此,声称"云梦秦简证明了中国货币没有内在价值,而是作为一种支付媒介,基于国家和人民的认同"是完全错误的。③ 这段文献并没有"证明"这个观点。它仅仅证明了,国家公开承认试图强制其臣民接受国家发行的货币,勿论其精确的物理特性。他们没有,实际上不能透露这项措施是否成功或失败,也不能告诉我们任何超越于秦朝晚期范围的国家的野心。而且,信用的前提是国家的单方面实行,而非任何有意义的社会"同意"的方式,这个情况说明真正代币不是一个可行的选项。④ 此种印象可由公元前 175 年贾谊的一段叙述而增强,其中提到,人们习惯于根据其物理属性评估硬币。如果硬币被认为是有价值的,那么基于它们的重量和纯度而非盲目不加质疑地接受法定货币的做法似乎不足为奇,而且的确难以避免。

一旦国家收入已经具备了更坚实的基础,成熟的汉代政府就可以适当地考虑金属属性了。这样一来,当汉代早期发行的半两钱维持秦代逐渐减低重量的趋势,公元前 110 年五铢钱形式的引入标志着一个长期一致性和相当稳定的内在价值的根本性转变。西汉时期的五铢钱可以用两个(部分重叠的)现代式的种型曲线来反映其重量分配,毫无疑问,国家造币的目标在于设定一个重量目标,并作周期性调整。(图 7.2—7.3

---

① Thierry 1997 有 28 件相关标本:247—50 (banliang Types II—III) 平均重量为 7.99 克,非常接近于其名义上的月 7.8 克的重量。
② 秦硬币严重短斤少两从战国晚期,即公元前 3 世纪开始:Thierry 1997:175。
③ Wang 2004:13,参考 Hulsewé 1985b,他实际上并不认同这个观点。
④ 就连 Thierry 1993:4 都必须承认,秦的货币政策受到广大人口的实际做法的限制。

和表 7.1)

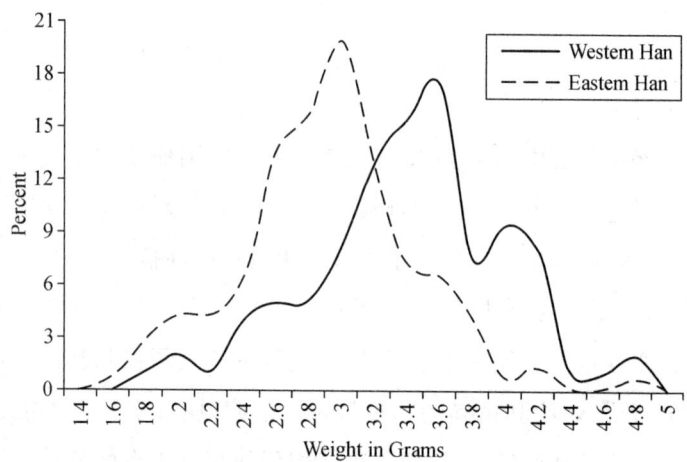

图 7.2 241 枚五铢钱(公元前 113—公元 184 年)重量分布图
来自 Thierry 2003a.

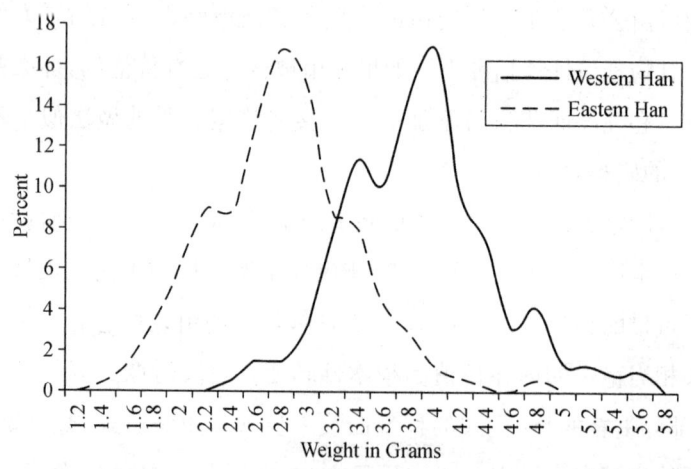

图 7.3 上海博物馆藏 476 枚五铢钱(公元前 118—公元 184 年)重量分布图
资料来源：Shanghai Bowuguan qingtongqi yanjiubu 1970.

引人瞩目的是，最早发行的五铢钱(公元前 118—前 113 年)倾向于超过它们标准的 5 铢重，平均超过约 20％(或 1 铢)。如果金属含量对使用者而言很有影响，这是可能是建立的新货币信誉的合适手段，不过，从长远来看并不可行。① 西汉时期的其余部分,硬币的平均重量大体接近名义上的目标重量。②

表 7.1 不同时代五铢钱平均重量

Period	Number	Mean Weight in Grams
118—113 B. C. E. (Thierry 2003a)	44	3.90
113 B. C. E. —8 C. E. (Thierry 2003a)	100	3.40
113—49 B. C. E. (Thierry 2003a)	50	3.68
33 B. C. E. —8 C. E. (Thierry 2003a)	29	3.04
23—184 C. E. (Thierry 2003a)	141	2.91
118 B. C. E. —8 C. E. (Shanghai … 1970)	193	3.87
23 C. E. —184 C. E. (Shanghai … 1970)	283	2.80

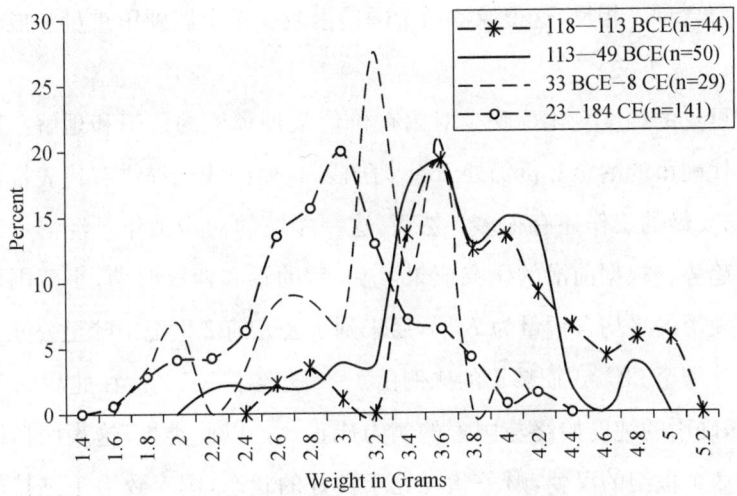

图 7.4　264 枚五铢钱重量分布图(公元前 118—公元 184 年)

资料来源:Thierry 2003a。

---

① 与公元前 4 世纪前半期秦超重的半两钱标本的比较:见上文 n. 12. Thierry 2003a: 36 记载了发现于公元前 113 年满城汉墓的大约 2000 枚早期五铢钱,重量在 2.9 至 5.2 克之间。见 fig. 4.

② 见 table 1, Thierry 2003a 给出了公元前 113 年至公元 8 年的样本,Shanghai 和 Thierry 样品在重量分布和平均重量方面的差异,似乎是因为上海收藏的标本时代更早(且这样一来也更重)。

一个更为详细的分析揭示了这些广泛的平均数和总体分布模式隐藏逐渐随着时间的改变(图 7.4)。鉴于标本中的很大比例都超过了 5 铢,直到公元前 1 世纪中叶,名义上的 5 铢标准似乎提供了一个下限,而不是作为一个真正的重量目标。仅是到了西汉王朝的最后几十年,生产的实际标准才定位 5 铢。这种现象在东汉时期继续存在,结果相对于公元前 110 年代中叶的最初重量减少了 25%。引人注目的是,两种样本中,东汉的硬币始终根据 2.8 克到 3 克的重量铸造,这大约比标准重量少 10%。这些分布的钟形曲线形状表明这是铸币的政策,而不仅仅是随机错动。看起来国家旨在平衡金属的稳定性和无时不在的收入增长的渴望。这种谨慎的做法是符合硬币的概念仅仅是标记和用户并不关心其金属含量。相反,这很像罗马帝国慢慢减少贵金属硬币重量和成色的政策。(见下文)

可见的纯度变化反映了对内在价值某种程度的认识和理解。对中国古代硬币的冶金分析仍处于起步阶段,且要向我们提供有代表性的结果,需要做的工作还有很多。然而,这一领域的初步工作已经揭示出了总的趋势。根据前沿的研究成果,统一后的秦和西汉时期,小范围取样表明硬币的平均含铜量为 74%,后来到了公元前 2 世纪中叶至公元 2 世纪中叶涨至 92%。而掺铅的比例由 15% 跌至了 1.5%。在此后的 1000 年终,硬币的纯度始终与国家的实力成正比。以此类推,这表明持续了大约 3 个世纪的汉朝,财务状况处于良好的状态,国家致力于维持硬币的高质量以及稳定的重量。①,这种模式逻辑上再次符合金属主义界定货币价值的传统,但难以做到与主要的信用纸币制度的概念相调和。

---

① 公元 2 世纪晚期至大分裂治器,硬币表现出低含铜量(约 70%—80%)和更高的含铅量(约 15%—20%)。唐代早期改善了标准(公元 7 世纪为 85%的含铜量),接下来是公元 8—9 世纪的下降期(含铜量通常在 60%—80%之间)。宋代的货币表现出一个滑落的趋势。公元 1068 年以前的 66%—77%到公元 1068 年至 1127 年的 63%—67%,再到之后的 56%—73%。参见 Bowman, Cowell, and Cribb 2005:11—19. Bowman, Cowell, and Cribb 2005:7, fig. 2 和 Cowell et al. 2005:65, fig.1. 据之,汉代的纯度标准在之后从未被超越。

更有甚者,创制和发行代币的反复失败为后者提供了一种更为强力且潜在决定性的意见。汉武帝和王莽的这些不成功的尝试最为典型。如果中国历史学传统果真是敌视这两位皇帝,试图凸显不利于他们的方面,他们各自的代币制度的短命性质就是这样的情况之一。只不过这不仅仅是一种负面印象,同时也为考古发现所支持。汉武帝的"白金"、"皮币"、"赤仄"钱,以及王莽的大钱、刀币、铲币已经为了响应国家对收入需求的飙升而引入,同时也意在限制根深蒂固的精英士族们。① 即使我们无视带有偏见的来源所提供的他们失败的原因,也得出这样的结论,这些代币的发行没有收到预期的效果:如果它们是可行的,就不会像以前那样迅速被遗弃了。由于证据的性质,我们不能确信是人们的公然不服从和舞弊(如文献中所暗示的那样),抑或是突然的价格波动或两者兼而有之的原因促成了这种改革。② 在接下来的数个世纪中,未满足财政需要定期引发类似的代币发行,但它们同样也缺乏后劲。③

我没有看到任何从前帝国时代到汉朝的货币内在价值的证明材料。约公元 750 年的唐代铸币,每 1000 枚硬币耗费 123 两(约 5.043 千克)合金,其中含有约 83.5% 的黄铜,14.5% 的铅和 2% 的锡。考虑到生产过程中的消耗,最终的硬币应该重达 100 两,或每枚 4.1 克,且当局花费 750 枚硬币制造每串 1000 枚的钱串。这意味着 123 两此中合金的内在价值,外加劳动力成本和其他间接费用,诸如燃料等,合计 750 钱。而后者的费用都无法量化,大规模生产技术的应用使得原材料占大多数硬币生产的总成本变得可能。一个简单的想像实验显示出合理的限制。如果有金属采购之外没有任何费用(实际情况不可能是这样),硬币成品的内在价值会是其票面价值的 61%。另一方面,如果金属不超过生产总成本的 2/3,那么内在价值可能只有票面价值的 41%。因此,看来硬币的

---

① 见上文第 3.2. 至 4.2 节。
② 见上文第 3.5 节,并参考 Thierry 1993:7—8。
③ Thierry 2003a:115

票面价值大约两倍于其金属价值。①

汉五铢钱的平均含铜量经过金相分析大约在85%左右,与唐代发行的货币大体相似。② 在简化的假设中,给定数量的汉唐硬币的合金约含有其自重90%的黄铜(鉴于诸如铅之类的添加品一定是比铜便宜),而在西汉晚期21000 五铢钱可以买1斤黄金,黄金的价值大约是(未铸造的)黄铜的500倍。③ 这个比率相对低下,但并非不可能。在14世纪后半段的中国,黄金已经价值1600倍于其重量的黄铜,而到了1908年这个比率达到了1比1645。④ 但是,在这两个时代中国,货币系统都没有依赖能够拉动黄铜需求的青铜硬币大量生产。相反,在唐宋时期,缺乏弹性的黄铜产量限制了硬币的生产和货币化;其结果是,黄铜的价格相对于其他金属而言上涨了。在汉代的大部分时期五铢钱的大量制造同样提高了铜的相对价值。⑤

更晚的记载支持了上述猜想。公元11世纪,每年铸造的钱币大约为4000吨,相当于整个北宋时代出产的黄铜的总量。⑥ 这总计有700—850吨黄铜,也就是相当于西汉晚期每年生产2亿3千万五铢钱,这意味着在其间的1100年中,采矿的产量大幅度的增长了。⑦ 整个汉代没有可

---

① 有关之后的北宋时期的温和的铸币税,参见 von Glahn 2004:168。
② Bowman, Cowell, and Cribb 2005:11. 不过,唐代自公元8世纪以后货币的实际含铜量有趋向低于官方标准的势头:前引12.
③ 黄金,参见上文 n. 154,21000 五铢钱,合68250 克黄金,其中有61425 克黄铜,其面值为金属价值的两倍,等于250 克黄金。
④ Peng 1994:489—90, 760, 762. 在大约1400年的英国,黄金价值2400倍的黄铜;Blanshard 2005:1456.
⑤ 就此而论,也值得注意西晋和大分裂时期(公元280—589年)记载的黄金价格——当时青铜硬币的生产规模很低下——很高,1斤的价格为100000 或150000 钱。(Peng 1994:202—3, nn. 4—5 with references). 然而,由于"典型"的青铜币重量在这一时期的不确定性,很难推断出真正的黄金/青铜汇率。(pace Peng 1994:203)如果"钱"指的是汉五铢钱(它在很大范围内持续流通),其汇率可能高达1300—1950;由于存在更多的低重量青铜币,汇率或许要相应地更低一些。
⑥ Von Glahn 1996:49.
⑦ 根据每年生产2亿3千万枚含铜量92%的五铢钱,估计耗费700顿铜;而850吨这个更高的估值是基于上文提到的唐代生产过程中的损耗。

资使用的产出数据。我们所知的仅是,白银从唐代到宋代产量增长了 10 到 15 倍。① 这还是无法告诉人们黄铜的生产是否也是如此。② 不过,如果每年的黄铜产量增幅在汉代到北宋之间非常有限——大大少于从唐代到宋代的白银产量增幅——汉王朝的五铢钱生产也应该足以对黄铜供应造成沉重的压力,并抬高其价格。实际上,从世界其他地区获得的比较性证据显示出,具体供应和需求的配置完全有可能产生高铜价。例如,在约 1400 年埃及的亚历山大,黄金的价值仅 490 倍于黄铜,这个汇率恰好合乎我对西汉晚期的估算。③

鉴于所有这些信息,无一可资认为汉代青铜货币的内在价值极少或完全脱离其名义估值,且因此不甚重要,更不用说毫无关系。恰恰相反,各方面的证据表明,市场表现出钱币的内在价值的认识和相应的定价。④ 使用者基于硬币的物理属性(如秦《金布律》的暗示和《汉书·贾谊传》中的明确记载),国家造币在财政稳定的时期持续关注目标权重和纯度水

---

① Peng 1994:278,430.
② 关于在北宋时期的铜产量激增,参见 Golas 1999:87—88.
③ Blanchard 2005:1211. 一则记载表明,1352 年马里的黄金/黄铜比值为 240 比 1;前引 1514. 但是,与古代中国不同的是,马里具有富含黄金的环境。来自古代地中海地区的其他地域、其他时期的材料表明,白银/青铜比率为 50—120 比 1(von Reden 2007:74,n. 53,with references),这说明黄金/青铜比率大致在 500—1500 比 1。
④ 同样可参见 von Glahn 2004:168. Thierry 2001a 错误地始终突出意识形态给逻辑和基本经济学带来的成本。按此,假如早期中国真的"profondément attachée à une monnaie idéalement fi duciare"(133),为什么相同面额的 3 克和 10 克的硬币的分配"n'est pas admissable par la population, et l'imposer est, dans l'optique confucéenne, un cas exemplaire de rupture du contrat entre l'état et le peuple"(134)? 而且如果这种(相对温和的)不平衡不符合推定地"儒家"倾向,我们如何将五铢钱传统界定为"pratique ... donc confucéenne (monnaie fiduciare) avec une apparence légiste (lingot de métal à poids marqué)"(135)? 将王莽预算推动改革纯粹视为针对前者的意识形态的回应同样非常天真——"Le régime idéologiquement confucéen et antilégiste de Wang Mang ... ne se satisfait pas de cette contradiction"(135). 自后,如果信用货币真的是一个长期的理想,为什么会出现"l'inscription pondérale '5 zhu' posera un grave problème à toutes les dynasties postérieures aux Han qui ne seront que rarement capables d'émettre une monnaie dont les poids correspondent véritablement à l'inscription"(136)? 这主观化的概念框架不足以解释一个现实的货币升值过程。

平(以从商鞅开始,和西汉晚期、东汉早期及中唐时期的货币的材料为证),汉五铢钱有过多次重量调整,内在价值与硬币面值的比率在8世纪中期规定下来,加上发行代币的持续失败,都可汇集用来支持这一结论。而且,这些趋势一直持续到盛唐时期。尽其——日益有限的——所能,宋朝政府寻求向市场供应大量全重的青铜货币,且仅收取铸币税。其结果是,青铜钱币成了作为价值存储的手段,并由富人囤积成了一般现象。① 相反,无论是现有类型的硬币的贬值,还是引入代币,被认为会促成伪造和价格通胀。②

西方偏好"足量"货币和中国"信用"货币传统图解式的区别只是夸张,或严重的误导。汉代成熟的通货系统供给高额的铸币税的安排很大程度上由于贱金属货币的生产并非相对于金属原料。而且,规范硬币的集中化的大规模生产和从法律上禁止私人铸币提升了造假的成本。总的来说,这些因素支持了国家造币相对较高的价格:在此环境下,总是五铢钱的票面价值超过了其金属本身的价值的100%,国家制造的贱金属硬币按照其票面交换汇率来使用,对公众而言仍旧是成本最低的选择。仅当政府引入的钱币面值高估超过了边界,到达了仿造有利可图的"格雷欣法则"开始起作用的时候,价格将会随之产生通胀,并且伪造激增。汉武帝时的300、500、3000钱,王莽时的5、25、50以至10000钱和三国时的100、500以至5000钱,以及宋朝的10钱,都属于此种类型。③ 该系统只能容忍适度的货币操控。

---

① Gao 1999:38,64;von Glahn 2004:168,171. 5世纪的罗马帝国,低级别贱金属货币,像努米,很容易被伪造,且通常集中地出现在公元5世纪。(Harl 1996:179)。这说明无论其内在价值多低,这些硬币总被认为可以用比当局使用的更为廉价的材料来铸造,并且同样有足以用来囤积财富的价值。

② Miyazawa 1998:349,353;von Glahn 2004:173,177.这就是为什么早期纸币成功的关键是可兑换性:前引173。

③ 参见上文第3.2—3.5节;Thierry 1993:7—8;von Glahn 2004:173。

这有限的票面价值与内在价值的比率的弹性并非中国独有。① 考虑到这层关系,比较汉朝和罗马帝国的货币系统揭示了惊人的相似性。罗马第纳尔的每磅 1/84(约 3.85 克)的目标含银量从公元前 180 年代以来持续了两个世纪未曾变化,直到公元 1 世纪。早期对国家财政的压力异常激烈的情况下,约公元前 90 年和公元前 30 年只有轻微和短暂贬值。(见上文第 6.1 节)。从公元 64 年至 235 年,——刚开始非常缓慢,而后呈现出加速的趋势——第纳尔的平均含银量下降了大约 56%。② 无从确知为了应对新的铸币内在价值的降低,物价上涨了多大的幅度。③ 可用的一系列价格数据在很大程度上限于罗马埃及,在那里,亚历山大行省的四德拉克马平均含银量在公元 60 年代至 160 年代之间下降了约 30%,然而价格保持了相对稳定,而到公元 170 年至 192 年间又下降了 50%。后一次的下降伴随着价格的翻倍。④ 这可能是表明了:突然出现大量的金属含量的变化更可能影响价格,而不是缓慢渐进贬值。公元 23 年至 269 年,随着持续不断的军事竞争和临时的内部分裂带来的财政需求的升级和贵重金属供应减少,新的帝国银币(以安东尼银币/为名的"双倍"第纳尔)的含银量下降了 98%:银币的总重量几乎减半,而纯度从 50%减少到 1.7%。⑤ 再一次地,这种严重下滑的后果仍旧不甚明了。大多数其他金属的汇率也是如此。自公元 1 世纪早期到公元 240 年代,

---

① Contra Thierry 1993: 10,其中援引道:"la spécificité chinoise en matière monétaire: la monnaie reste un instrument d'échange dont la valeur repose sur la confiance et la mise en place d'un contrat tacite entre les différents acteurs économiques." 这在其他的通货系统中同样存在,最著名者莫过于公元 1 世纪的罗马帝国。当然,最终所有钱的使用取决于其信心。
② Duncan-Jones 1994: 227.
③ Duncan-Jones 1994: 25—29 的研究数据和 Rathbone 即将面世的著作无法告诉我们埃及以外的情况(埃及的情况见下文)。现代学者关于公元 80 年代至 230 年代军团士兵基本工资增加的估计大约是 500%(参见 Wolters 1999: 224;Herz 2007: 313;Rathbone 2007 有关于整体上程度不确定系的讨论);鉴于增加 200%会匹配当时的帝国银货币的贬值程度,如此规模的提高意味实质上价格的大量增长,无论是否与货币贬值相联动。
④ 贬值情况见 Harl 1996: 142,价格情况见 Rathbone 1997.
⑤ Harl 1996: 130.

帝国的奥里斯的含金量降低了55%,跟随,但没有完全保持与银币内在价值下降75%的幅度。在公元250年代到260年代期间,奥里斯的发展——其内在价值保持相对稳定——最终与白银的急剧贬值脱钩了,黄金和银硬币之间的名义汇率可能会面临越来越大的压力。不幸的是,这些证据揭示了在罗马世界的大部分地区的实际成果的一隅。在埃及,在这段期间价格似乎仍然相当稳定,但在公元270年代中期突然上升了十倍,当时帝国政府通过相对于现有标准显著高估方式正式贬值了帝国银币。帝国贬值货币与价格通胀之间的相似关联也出现在公元301年,相对于黄金,当时政府将其银币和合金硬币的票面价格翻了一倍:不成功的价格控制当即加剧了随之而来的必然的且在预期之中的价格上涨。①

这意味着一个复杂的现实情况,在其中官方估值和硬币的金属价值都是相关的,而政府突然干预成为了市场拒绝接受某些类型的硬币面值的主要原因。② 就像公元前3世纪秦国寻求分配给不同重量的硬币一个统一的价值(见上文第2节),罗马当局希望确定官方制造的货币的汇率,使之在进入交换领域时与它们的物理属性无关。罗马法学家反复强调个人钱币的可互换性,所有(罗马的,而非外国的)硬币作为一个给定的价值或价格(pretium)的体现而不是作为商品(merx)的特性,以及希望罗马硬币的价值非其实际重量是其数量的函数。③ 在这个意义上讲,在帝国内,价格似乎没有立即回应每个增量内在价值的减少,市场容忍的硬币重量和成色的缓慢下降趋势。与此同时,伴随着价格通胀,从2世纪开始价值最低的青铜硬币的逐渐消失。而且,罗马钱币组成的变化可以被解释为一个标志,表明在公元3世纪前半段期间银货币加速贬值期间,用户倾向于囤积具有较高内在价值的硬币,而也体现了日益增长

---

① 参见 Howgego 1995:131—33; Rathbone 1997; Strobel 2002:139—44. 学界对这些措施知之甚少,并有持续的研讨;参与讨论的相关学者比这里列出的要多得多。
② Howgego 1995:115—40 仍是对底层复杂性的有价值的讨论。
③ Paulus, Digest 18.1.1 是一个关键文本。对这些材料的讨论,参见 Wolters 1999:356—62; Strobel 2002:115—18.

的票面价值和金属价值的分歧。①

帝国货币系统的抗灾能力可能很大程度上归功于罗马帝国的巨大规模,这困住了大多数在单个系统内国家制造硬币或其本地代理人占交易主导地位的硬币的使用者。在这种垄断性的环境中,缺乏从外面替代货币媒体或货币流入的形式的竞争倾向于扼杀市场对货币贬值的反应。罗马货币的结构被发现于其边界之外——在印度和后来的日耳曼——并非巧合,似乎反映了贵重金属含量的变化更大的敏感性。② 成熟期的汉代建构了一个相似的独立的货币兑换体系。在最后的分析中,罗马货币体系没有比汉代体系更多的金属主义或信用属性,反之亦然。两个货币系统都整合了内在价值升值与不同程度的长期贬值的容忍。在两个帝国中,官方硬币在大范围内丧失信用的著名事件往往是与游离于当时标准票面价值这类冒进举措相联系的:例如公元3世纪晚期中国和4世纪早期罗马各种类型的大面额代币的试验(见上文)与货币改革。国家通常受益于货币领域的垄断地位,这使它得以通过逐步贬值货币增加收入,③其统治的庞大规模也放大了更加雄心勃勃的国家干预的后果。

198

9. 经济货币化

9.1. 资金储备

是否汉代中国贱金属货币的优势导致了比富含贵金属的罗马帝国

---

① Wolters 1999:379—81, Strobel 2002:96—111. 对政府政策的批判意识,也反映了当时历史学家对卡瑞卡拉皇帝发布了假币的不满。(Cassius Dio 78.14.3—4)
② 参见 Wolters 1999:381—94. 这也许同样更加明确地解释了后来在一个竞争市场中运作的欧洲货币系统"金属主义"的特性。
③ 古代钱币的数据表明,罗马和汉朝经济能够适应逐步贬值:公元前110年代早期和公元2世纪五铢钱25%—30%的重量损失;公元1世纪前期至公元230年代奥里斯含金量18%的减损;同一时期纳尔贬值56%(见上文)。不幸的是,我们不知道公元前3世纪晚期罗马青铜币快速贬值——公元前218年至前213年减少了85%(见上文第6.1节)——是否与相应的价格通胀相伴随。(Rathbone 1993:124—25)。

更低水平的(基于金属的)经济货币化?① 根据《汉书》的记载,汉代政府自公元前112年至西汉王朝末期发行了超过280亿枚五铢钱,平均每年2亿3千万枚。后来唐代年产3亿2千7百万青铜硬币和北宋建国后的第一个世纪内这年产8亿至13亿的数据,很好地强化了汉代数据的可靠性。② 目前还不清楚发行五铢钱以前的钱币在西汉时期以及之后的使用是个什么规模:虽然似乎不大可能西汉早期甚至秦代发行的半两钱已经在流通中彻底消失,也没有充分的理由让人相信它们占了占资金储备总额的很大一部分。③ 只有对所有已知的汉代货币作出详尽的分析才能够回答这个问题。还有,五铢钱的储备会有自然损耗和其他形式的消耗。虽然这一进程的规模难以量化,五铢钱币的损失和继续使用早期货币会向相反的方向推动货币存量总额,产生一些未知程度的相互抵消。一些思考帮助我们划定合理的界限。现代材料显示20世纪早期英国低价值贱金属硬币(便士)每年损耗率为0.7%—1%,相反估计早期贵金属银币每年的损耗率为非常戏剧性的0.125%—7.7%。④ 在以每年0.7%的损失率和粗略推算的每年的铸造率,280亿五铢钱的1/3应该已经在公元1世纪开始时就不复存在了。如果说,有100亿汉半两钱早于公元前110年代被铸造出来——随后的年平均产量的一半——其中的2/3到西汉王朝结束时也已经不存在了,假如每年的流失率有如此之高,共

---

① 硬币仅仅是货币的一种形式(见上文第1节),"货币化"不能化约为硬币形制或流通上的变化。不幸的是,我不知道一个特定的术语会被贴上什么"metal-based"或"metalliform"货币化的标签,也就是说,金川和金条的程度在给定的经济体系也充当过货币。一如以往,在本节中我将主要集中在硬币的使用,也简略谈谈其他货币媒体的作用。详细评估硬币使用相对于其他货币工具使用的重要性远远超出了这项研究的范围。
② 《汉书》卷24下:19b; von Glahn 1996:49—50.
③ 这仅说明在公元1世纪的情况。据Peng 2000:207—8,汉帝国疆域以外的一处囤积,包含有自战国时期以来的货币。关于在满洲里南部的地区考古发现的战国时期的14个刀币、5个圆形硬币,7个半两钱,3枚五铢钱和1枚王莽时期的大钱,见Harada 1931:10—11。并可参见Huang 1984, Tang 2001,以及 http://scholar.ilib.cn/S-C.CK0.html (accessed March 28, 2008),不过此中没有区分开汉代和汉代以前的硬币。
④ Duncan-Jones 2004:204, n. 40 及其参考文献。

需要"混合"储备 220 亿枚硬币。相比较而言,如果假设为更低的每年 0.3％的损耗率——可能并不真实——将五铢钱以前的钱币将储备两倍之多,最终于 1 世纪初总计有 230 亿五铢钱和 120 亿更早的钱币,总计 350 亿钱币的储备。这说明,很难想象总西汉时期末的货币存量会低于 200 亿或多过 300 亿青铜硬币。如果前五铢钱的硬币成功地废止使用,我们估计会接近这个范围的下限。如前所述,考古记录更倾向于支持较低的总数。当然,用于货币目的的黄金和白银的总数并不可知。诚如上文所述,文献提到 900000 斤——或约 225 吨黄金,如果所有这些确实都真的是黄金的话——从西汉到王莽时期囤积了 600000 斤或约 150 吨黄金价值是不确定的,无论如何不能用来估计此一时期黄金储备的总量。① 汉朝相对缺少黄金储备说明,在绝大多数情况下,其货币化的黄金储备较罗马帝国要少。如果我们推测汉代黄金货币的数量是罗马黄金铸币的一半,结果 220—440 吨的总量可能是价值从 90 到 370 亿不等的现金单位。② 值得注意的是,对黄金钱币更高的估计可能意味着黄金而非青铜主导着汉代的货币体系,而这似乎不符合当时的情况及后期中国历史上的证据。鉴于银在西汉时期的非常低调,这种金属不会对货币供应作出重要贡献。这些粗略的推论表明,到西汉末年所有的黄金、白银和青铜钱币的价值总和应在 300 至 700 亿钱之间。考虑到上限的青铜硬币的数量和黄金货币的数量猜测基于假设了有可能通胀的结果,实际为 400 或 500 亿的总量似乎更为可信。③ 转换成相当的粮食,300 至 700 亿的货币储备可以对应到 60 至 280 亿升谷物,而保守的估计 400 到 500 亿的

---

① 见前文第 4.2 节。
② 有关罗马的总量可见下文。金价的范围可能从每斤 10000 钱(王莽朝的官方汇率)到大约 21000 钱;见上文第 4.2 节。
③ 五铢钱之前的钱币在所有的流通硬币中不可能占据很大份额,而中国的黄金储备最高不过 400 至 500 吨;有关后者参见下文。200 至 250 枚青铜硬币和 200 至 300 吨黄金,每斤价值 20000 钱,是故总计大致为 360 至 490 亿钱。有关非金属的代币的使用,参见下文。

现金单位会转换为 80 到 200 亿升谷物。①

利用在特定的规则下的硬币输出的估计数,并允许耗损,理查德·邓肯—琼斯(Richard Duncan-Jones)试图推断出在公元 160 年代罗马帝国流通的贵重金属总量。他的推测计算表明存在大约 900 吨黄金和 5800 吨白银的铸造货币存量。加上贱金属货币,所有钱币的价值总量大约会达到 200 亿塞斯特斯。② 换算成谷物,大概可以对应到 450 至 900 亿升。③ 然而,尽管邓肯—琼斯相信罗马的流动性水平普遍很低,比较证据表明,他自己估计暗示的货币存量的大小实际上从历史标准来看是非常高的:可能大致接近帝国每年的 GDP 总值,反之,在 18 世纪晚期经济更加发达的荷兰共和国,据估算其钱币供应要少于其每年的 GNP。④ 邓肯—琼斯的货币学基础推断也值得批评。⑤ 基于上述理由,我们必须考虑到罗马帝国的钱储备明显少于推算。与此同时,综合考虑罗马时期每年黄金和白银铸造的合理产量并不支持更加温和的整体储备的说法:原

---

① 人们对汉代的谷价知之甚少。通常认为在东汉时期首都的粮价为每斛(19.9 升)谷物 100 钱(Bielenstein 1980:126)。作为比较,来自现代早期中国的数据显示出,边境地区的谷价只有中部地区的 2/3;参见 Wang 1991:46。按此,汉代谷价的范围大体上会在每斛 50 至 100 钱。一个折衷的数字似乎能最合理地估计平均水平,也就是西汉时期粮食平均价格估计大约为每斛 30—80 或 70—80 钱(Hsu 1980:79;Yang 1961:154, n. 47),且事实上谷价在每斛 67 至 110 钱的记录,经常见于居延汉简(Wang 2004:59)。并见 Peng 1994:164—69。

② Duncan-Jones 1994:168—70。

③ Rathbone 即将面世的著作是关于罗马世界谷价的最新研究,他认为在公元 1—2 世纪的地中海东部地区,谷物的价格为每斗(modius/ 8.62 升)2—2.25 塞斯特斯。意大利,特别是在罗马城的价格更高;参见 Duncan-Jones 1982:346, 365;Rathbone 1996:217—22 and forthcoming。我倾向于接受每斗 2—4 塞斯特斯,其上限可能夸大粮食的平均价格,从而低估了罗马货币的购买力,(从而,其货币化的程度)使我更难得出罗马世界比汉代中国更加货币化的结论。总的来说,每斗 2—3 塞斯特斯可能是罗马世界更为合理的平均值。

④ 关于"流动性普遍很低",见 Duncan-Jones 1994:32 ("liquidity was generally low")。关于罗马的 GDP,参见 Friesen 和 Scheidel 即将面世的论著。与荷兰的比较,见 Jongman 2003:187, 其中转引了 De Vries and Van der Woude 1997:88—91。并见 Lo Cascio 2008:162—63。

⑤ 我要感谢 William Metcalf 在我研究的过程中提供的资料。并见 Lo Cascio 1997。现代学者关于罗马黄金储备的估算值要低得多:见 Depeyrot 1991:212(公元 310 年为 59 吨黄金,公元 370 年 200 吨,公元 490 年 95 吨)。

则上,每年十几吨黄金和几十吨白银的产量就足以支撑邓肯—琼斯所设想的大规模贵金属储备。① 而且,只要囤积固定的可用资产的很大份额,相对 GDP 而言很大的钱币储备不一定转化为高水平的流动性,这种情况可能在罗马帝国已经发生了。保守地估计,总的钱币储备价值 100 至 200 亿塞斯特斯,可以换算成 220 至 900 亿升谷物。由于证据不足,我估计汉朝和罗马的货币储备受到四五种因素的影响而变化。但是,尽管这些需考虑的变化的边界并不确定,就连汉代中国货币储备最大范围的估算约等于 60 至 280 亿升谷物,也几乎与罗马帝国更高 220 至 900 亿升没有重叠之处。更保守的猜测,汉代中国为 80 至 200 亿升,罗马帝国为 300 至 400 亿升,二者之间的共同点更少。② 恕我直言,我的结论是,由于在欧亚大陆西部的黄金和银硬币的主导地位,且据文献记载两个区域谷物与金属的相对价值不同,罗马帝国取得了比中国更高的货币化水平。

这一结论基于金属储备和他们用谷物表示的实际价值的比较。不过,非金属货币媒介同样需要考虑。在汉帝国,织物,尤其是丝绸成为了钱币和金属锭的补充。最早为人们所知的规范化单位是前帝国时代的秦国晚期以来的布,即一块长 8 尺宽 2 尺 5 寸(188 x 58.5 cm),价值 11 枚半两钱。它们用于罚金的时候表达为如下一组数字——诸如 110、220、1100 或 2200 钱——意味着这些款项已经用布而非钱币征收。③ 到了汉代,2 尺 2 寸宽,5 丈长(51.7 × 1175 cm)成为了标准尺寸。在整个汉代丝绸始终是盛行的赏赐品,而作货币使用的织物通常存在于王朝不稳定时期,诸如王莽统治下的最后时段,或者后来的晋朝、大分裂时期

---

① 见上文第 7.2 节。这些文本声称符合由于罗马的白银熔铸而在北极冰芯中沉淀的铅的实物证据,最近的研究成果参见 de Callataÿ 2005。不过,金币和银币的外流会有助于抵消来自矿业的收益,参见 Turner 1989,有关罗马与印度的贸易货币范围的调查,见 Wolters 1999: 389—93。
② 关于前者,见前文。后者的估算依赖一个相对较小的货币储备值,价值 100 亿塞斯特斯,而罗马帝国范围内更为实际的平均谷价为每斗 2—3 塞斯特斯。(见前注 294)
③ 参见 Hulsewé 1985b: 227—29; Thierry 1997: 170; Wang 2004: 14.

以及晚唐。① 此外，在居延汉简中提到了以"禄用帛"和"禄布"形式的支付。②

无法明确货币化的织物对整个货币供应体系有多少贡献。不过，认识到布钱对于消弭汉代和罗马帝国货币储备上的差距至关重要，这一定与所有种类的金属钱币组成一样丰富。③ 这些材料显然没有传递出这种情况在稳定时期，如西汉时期的大部分存在的印象。按此，非金属的货币媒介势必有助于中国的货币供应，很有可能它们会抵消欧亚大陆东西方金属储备的不平衡。④

另外，罗马的钱币供应同样由非金属支付手段推动。近期以来学者已经关注到信用货币在罗马经济中的重要作用，尤其是在精英圈子中的大规模交易和长距离贸易中。⑤ 汉帝国的类似安排的性质仍不清楚。到了唐宋时代，青铜硬币短缺造成通货紧缩的价格下跌，这不得不引入货币汇兑和收款清单来抵消。这些改革在金属储备之外扩大了货币供应。然而，唐代之前的任何时期的历史记录中，都不存在可资比较的安排的记载。⑥ 钱币汇兑被称为"飞钱"或后来最早见于公元800年左右的"便换"。⑦ 纸质钱币最早出现只能追溯到公元10世纪。⑧ 据此，关于汉商人和银行家

---

① 参见 Wang 2004：14 及其参考文献，更多细节可参见 Peng 1994（需特别关注209页有关汉代的部分）。
② Wang 2004：51—50，table 6，and 51，table 7 关于公元11年的"大黄布"。
③ 之前估算汉代金属国币储备价值60至280亿升谷物，现在可能要将之翻倍，由此可以形成与对罗马估算的220至900亿升的储备相重叠。
④ 尽管谷物在汉代中国同样被用作一种支付手段（关于官方薪资支付，参见 Bielenstein 1980：125—31；有关边疆材料中的实践情况，参见 Wang 2004：51），东海郡档案中所载的资料表明这类交易只占政府开支的一小部分。（见下文）我们还不足以知道私营部门的做法。
⑤ 参见 Mrozek 1985，Harris 2006；2008。
⑥ 我们不能排除汉代商人们会运作私人的信用系统，这在贵族（并且通常是商业的反对者）撰写的文献中不会留下印记，但这似乎不太可能已经足以弥补金属货币的相对稀缺。
⑦ Peng 1994：329—31，330，n. 3. 有关比较视角，参考 De Ligt 2003；关于唐代经济的复杂化增长，参见 Adshead 2004：68—100。Carlson 2006 比较了罗马帝国和汉朝货币放债的不同传统。关于汉代最基本的信贷机构的研究，参见 Peng 1994：183—85。居延文献记载了延期付款和债务，但没有涉及更复杂的安排：Wang 2004：53—54。
⑧ Peng 1994：367—69. 参见 Elvin 1973：146—63。

信用货币的使用,没有好的理由支持认为,他们这样的做法会比罗马同行具有更为庞大的规模。非金属货币媒介的使用并没有影响到我的总体结论:货币化水平——在总值和人均两方面——在罗马帝国在鼎盛时期大大超过汉帝国的等效时期。

9.2. 货币使用

诚如上文所论,货币供应量本身并没有告诉我们多少关于流动性的情况。关于货币流通程度的一个更好的想法可以通过上述对估计预算要求的比较获得。汉代中国的情况中,研究约公元前10年来自东海郡的官方文献可获得对财政系统的运作独特的洞见。其中的一份文献记载说,26.6万户中有140万名居民一年中向政府提供了2亿6700万现金的收入和粮食50.7万石(1000万升)。① 鉴于东海郡大约占当时帝国的人口1/40,且这可以被视为一个合理的"平均"的郡,在这个意义上讲,它既不是位于首都地区或高度发达的中原也不是处于特别边塞的位置,因此可以说其在总体经济发展方面完全具有代表性,从收入报告进行简单地推断可知,每年的总收入大约100到110亿的现金和4亿公升的粮食,价值10或20亿钱。我将在其他地方更详细地讨论,支持帝国这个数量级预算的若干指标。② 除非东海郡的条件非常反常,否则这些资金的很大一部分应是现金而非其他。③ 每年100亿的现金支付要求所有货币的30%—50%参与流通。我们不知道黄金是否和在何种程度上可以

---

① Loewe 2004: 60 (YM6D1). 有关公元1—2年,《汉书》卷19A: 28b记载了358000户,1百56万人。我已经找到了所有相关数据。
② Scheidel forthcoming b.
③ 见上文。在《汉书》卷7:7b和卷7:10a中用实物支付人头税被描绘成作为紧急救济而存在的措施:参见Hsu 1980: 240—41. 这也意味着,现金支付被视为规范性举措。并见Loewe 1985: 256, n. 39. 不能排除有可能东海郡文献中某些"钱"的记载实际上以黄金、白银或布帛的形式出现,但账房出纳总是将"钱"作为所有这些金钱资产的通用的结算单位。但是,比较公元1世纪地主收获7000斤黄金、6千万钱和30000束丝绸的记载(《汉书》卷68,转引自Nishijima 1986: 593),这在不同的货币介质中作出了区别。

代替现钱;然而,除了在相对较小的顶级贵族阶层之外(见上文第 4.2 节),文献中没有关于用黄金支付税款的记载。如果既定所有税款的 1/3 通过贵金属的形式征收,全部青铜硬币中的 20%,或接近 30% 不得不每年倒手,以满足国家的需求。看来,国家及其臣民之间资产的流动是汉代货币的一个关键功能。

有关北宋时期金融系统的两个相互竞争的模型有助于摆正估算的位置。在 11 世纪,根据宫沢知之的"财政流通"模型,他认为,帝国的青铜货币首先是作为国家的储蓄和国际收支的媒介,每年约有铸造货币存量的 1/4 用于纳税,1/10 用于商业贸易,而剩余的绝大部分有政府贮藏。相反,更聪明更加以市场为导向的模式设想每年税费相当于货币存量总额的 1/6,商业交换的范围更大(接近 1/2),而国家贮藏更少(大约 1/7)。① 而后者可能更好地为宋朝本身的材料所支持,置于早期帝国货币体系中的汉朝的数据,更接近宫沢的重建。据记载,公元前 1 世纪后半段政府贮藏了 83 亿现金,大致符合占不超过包括贵金属的整体货币存量 1/6 或 1/5,或所有货币的 30%—40%,这意味着宫沢和高二人极端立场的折衷。② 还有,据说汉武帝有能力在很短的一个时期内分发 200 吨的黄金或与之等额的钱币,而传说中的王莽囤积黄金的规模似乎再次契合了宫沢的观点(见上文第 4.2 节)。这些问题值得进一步审议。这里重要的是,这些重建表明汉朝国家每年的税收收入可能代表了其钱币储藏总额的很大一部分,这个观点本身没有什么难以置信的。

最近关于公元 2 世纪中叶罗马帝国财政预算收入的估算值大约为 10 亿塞斯特斯。③ 毫无疑问,并非所有这些收入都是以现金的方式征集的。④ 但是,就算我们采用每年 10 亿塞斯特斯在硬币的收入流的简单假

---

① Miyazawa 1998、Gao 1999 以及 von Glahn 2004 的讨论。
② Nishijima 1986:594.
③ 参比 Duncan-Jones 1994:33—46, 45 (公元 150 年 832 至 983 百万塞斯特斯)和 Wolters 1999:202—34, 223 (暗示同一时期的总量为 11 亿塞斯特斯)。
④ Duncan-Jones 1990:187—98.

设,这一数额不会超过铸造货币存量的 10％。允许估算实物和/或造币量超过 100 亿塞斯特斯——它的实际份额仍然可能是较小的。用谷物来衡量,公元前 1 世纪汉朝和公元 2 世纪中叶罗马帝国每年的税收大体上非常接近:前者为 20 至 60 亿升,后者为 20 至 45 亿升(这个数值随后迅速增加,为之我们需要加上市政税收,而这在汉代并不存在对应。)鉴于类似的技术发展水平和同样大小的人口规模,这种契合是完全合理的。同时,除非我上面的金属总库存的估计很不靠谱,否则罗马帝国较之汉朝政府明显更加货币化,且可以有更多的硬币用于商业交流或囤积。鉴于因罗马时期的大众市场大幅涌现的地中海贸易和生产和精英阶层财富的增长这两个与汉代并不相同的方面,商业和精英贮藏都很可能为罗马帝国吸收了更多的货币储备。① 这就提出了关于汉和罗马经济的性质的重要问题,但这这远远超出了本论的研究范围,且要求更系统的考察。②

---

① 贸易在罗马的统治之下的扩大,参见最近的 Morley 2007: 90—102. 在汉帝国,缺乏重要的海上贸易和在后来的中国历史上助益巨大的大量南北向的运河网络,地域间贸易的整体数量可能远远没有达到罗马的水平。相反,公元 2 世纪的罗马,2000 万塞斯特斯的贵族财富不会都集中在超级富豪的手中,因为这是当时最大的财产的十五至二十倍之多;参见 Duncan-Jones 1982: 17—32, 343—44. 有关罗马帝国的精英 130 亿塞斯特斯的财富总额的最低估计,以及占帝国的所有资产很大一部分的实际更高的总数可能性,见 Jongman 2006: 248,并可参考 Friesen 和 Scheidel forthcoming. 不过,正如我在第 1 章中指出的作为帝国财富持有者的罗马和作为帝国官方掌控者的中国(Wood 2003: 26—37)之间的对比有些夸张,但其中也不乏某些真实的要素。
② Morris forthcoming 构建了长期社会发展的一项历史的索引,对关乎广域发展的能源获取、组织能力、信息获取和战争制造能力等数据进行了整合。他发现在这些方面,欧亚大陆西侧在罗马时期较之欧亚大陆东侧的汉朝有明显的优势。我要感谢颜海英为我采购与中国钱币有关的出版物,Michelle Wang 翻译并概述了其中的很大一部分。徐心眉和谢美裕 Mei-yu Hsieh 在中国文献和研究方面的进一步协助,David Schaps 的建议,齐东方赠送我他的著作,以及 Peng Ke 发给我的文章。

附录　重量和面额的术语

argenteus：罗马后期的银币，重 1/96 罗马磅（约 3.4 克），293 年引入。

as：最早（约公元前 300 年）出现的一种青铜币，重 1 罗马磅（约 323 克），公元前 211 年减少到初始重量的 1/6，自从公元前 20 年代开始以重约 11 克的黄铜币形式发行。

aureus：自公元前 46 年发行的重达 1/40 罗马磅（约 8.1 克）的罗马金币，从公元 64 年开始重 1/45 磅（约 7.2 克），到了公元 3 世纪以后重量进一步减少。

半两：秦和汉代早期的青铜币，理论重量约 7.8 克，大约在公元前 4 世纪由秦国开始发行。

billon：指称贱金属含量居多，包含贵金属的合金的技术术语。

denarius：罗马银币，公元前 213/212 年以后重 1/72 罗马磅（约 4.5 克），公元前 187 年以后重 1/84 磅（约 3.8 克），自公元 64 年以后重 1/96 磅（约 2.4 克），公元 2 世纪晚期和 3 世纪，其重量和纯度进一步衰减。一种名曰 antoninianus 的两倍 denarius 在公元 215 年被引入，作为 denarius communis，denarius 持续被用作计量单位的时长大大超过其实际发行的时间。

follis：罗马后期青铜币，最初标准重量为 1/36 罗马磅（约 9 克），公元 498 年开始发行。

斤：汉代重量单位，约 250 克。

两：汉代重量单位，1/16 斤，约合 15.6 克。

libra：罗马磅，约合 323 克。

流：汉代重量单位，约 125 克。Han weight equivalent to ? jin or c. 125g

ounce：见两和 uncia。

pound：见斤、libra 和镒。

sestertius：罗马小银币（? denarius），自公元前 3 世纪晚期至公元前 1 世纪中叶间歇性出现，自公元前 20 年代以后以重约 25 克的黄铜合金币形式发行。

solidus：罗马后期金币，重 1/60 罗马磅（约 5.4 克），自公元 309 年以后重 1/72 磅（约 4.5 克）。

uncia：罗马盎司，等于 1/12 libra 或约 26.9 克。

五铢：汉代青铜币，标准重量 5 铢，约合 3.3 克，公元前 118 年开始制造。

镒：秦的重量单位，约合 20 两，或约 313 克。

铢：汉代重量单位，约 0.65 克。

参考书目

Adshead, S. A. M. 2000. *China in World History*. 3rd ed. Basingstoke.

Adshead, S. A. M. 2004. *T'ang China: The Rise of the East in World History*. Basingstoke.

Allen, D. 1999. *The World of Prometheus: The Politics of Punishing in Democratic Athens*. Princeton.

Anderson, M. M. 1990. *Hidden Power: The Palace Eunuchs of Imperial China*. Buffalo.

Andersson, J. G. 1935. "The Goldsmith in Ancient China," *Bulletin of the Museum of Far Eastern Antiquities* 7: 1-38.

Aperghis, G. G. 2004. *The Seleukid Royal Economy: The Finances and Financial Administration of the Seleukid Empire*. Cambridge.

Apparadurai, A., ed. 1986. *The Social Life of Things: Commodities in Cultural Perspective*.
Cambridge.

Arbuckle, G. 1995. "Inevitable Treason: Dong Zhongshu's Theory of Historical Cycles and Early Attempts to Invalidate the Han Mandate," *Journal of the American Oriental Society* 115: 585-97.

Arnason, J. P., Eisenstadt, S. N., and Wittrock, B., eds. 2005. *Axial Civilizations and World History*. Leiden.

Ashtor, E. 1976. *A Social and Economic History of the Near East in the Middle Ages*. Berkeley.

Ausbüttel, F. M. 1998. *Die Verwaltung des rö ischen Kaiserreiches*. Darmstadt.

Badian, E. 1972. *Publicans and Sinners: Private Enterprise in the Service of the Roman Republic*. Oxford.

Balazs, E. 1967. *Chinese Civilization and Bureaucracy: Variations on a Theme*. New Haven.

Banaji, J. 2001. *Agrarian Change in Late Antiquity: Gold, Labour, and Aristocratic Dominance*. Oxford.

Bang, P. F. 2002. "Romans and Mughals: Economic Integration in a Tributary Empire," in L. de Blois and J. Rich, eds., *The Transformation of Economic Life under the Roman Empire*, 1–27. Amsterdam.

Bang, P. F. 2003. "Rome and the Comparative Study of Tributary Empires," *Medieval History Journal* 6: 189–216.

Bang, P. F. 2004. "The Mediterranean: A Corrupting Sea? A Review-Essay on Ecology and History, Anthropology and Synthesis," *Ancient West and East* 3: 385–99.

Bang, P. F. 2006. "Imperial Bazaar: Towards a Comparative Understanding of Markets in the Roman Empire," in Bang, Ikeguchi, and Ziche, eds. 2006: 51–88.

Bang, P. F. 2007. "Trade and Empire: In Search of Organizing Concepts for the Roman Economy," *Past and Present* 195: 3–54.

Bang, P. F. Forthcoming. *Roman Bazaar: A Comparative Study of Trade and Markets in a Tributary Empire*. Cambridge.

Bang, P. F. In progress. *Universal Empire: A Comparative Study of the Roman State and Patrimonial Government*.

Bang, P. F., Ikeguchi, M., and Ziche, H. G., eds. 2006. *Ancient Economies, Modern Methodologies: Archaeology, Comparative History, Models and Institutions*. Bari.

Bang, P. F., and Scheidel, W. Forthcoming. "Comparative Synthesis," in P. F. Bang and W. Scheidel, eds., *The Oxford Handbook of the Ancient State: Near East and Mediterranean*. New York.

Barfield, T. 2001. "The Shadow Empires: Imperial State Formation along the Chinese-Nomad Frontier," in S. Alcock et al., eds., *Empires: Perspectives from Archaeology and History*, 10–41. Cambridge.

Barfield, T. J. 1989. *The Perilous Frontier: Nomadic Empires and China, 221 bc to ad 1757*. Cambridge, MA.

Barrett, A. A. 1996. *Agrippina, Mother of Nero*. London.

Barrett, A. A. 2002. *Livia: First Lady of Imperial Rome*. New Haven.

Bartlett, B. 1994. *Monarchs and Ministers: The Grand Council in Mid-Ch'ing China*, 1723–1820. Berkeley.

Bauman, R. 1996. *Crime and Punishment in Ancient Rome*. London.

Bayly, C. A. 2002. " 'Archaic' and 'Modern' Globalization in the Eurasian and African Arena, c. 1750–1850," in A. G. Hopkins, ed., *Globalization in World History*, 47–73. London.

Bell, D. A. 2006. *Beyond Liberal Democracy: Political Thinking for an East Asian Context*. Princeton.

Bellah, R. N. 2005. "What's Axial about the Axial Age?" *Archives Européennes de Sociologie*
46: 69–87.

Bielenstein, H. 1980. *The Bureaucracy of Han Times*. Cambridge.

Bielenstein, H. 1986. "The Institutions of Later Han," in Twitchett and Loewe, eds. 1986: 491–519.

Bielenstein, H. 1987. "Chinese Historical Demography a. d. 2–1982," *Bulletin of the Museum of Far Eastern Antiquities* 59: 1–288.

Birley, A. R. 2000. "Hadrian to the Antonines," in Bowman, Garnsey, and Rathbone, eds. 2000: 132–94.

Blakeley, B. B. 1985–87. "Recent Developments in Chu Studies: A Bibliographic and Institutional Overview," *Early China* 11–12: 371–87.

Blanchard, I. 2005. *Mining, Metallurgy and Minting in the Middle Ages*, 3: *Continuing Afro-European Supremacy*, 1250–1450. Stuttgart.

Bland, R. 1997. "The Changing Pattern of Hoards of Precious-Metal Coins in the Late Empire," *L'Antiquité Tardive* 5: 29–55.

Bodde, D. 1975. *Festivals in Han China*. Princeton.

Bodde, D. 1986. "The State and Empire of Ch'in," in Twitchett and Loewe, eds. 1986: 20–102.

Bonnell, V. E. 1980. "The Uses of Theory, Concepts and Comparison in Historical Sociology," *Comparative Studies in Society and History* 22: 156–73.

Boodberg, P. A. 1938. "Marginalia to the Histories of the Northern Dynasties," *Harvard Journal of Asiatic Studies* 3: 223–53.

Borkowski, A. 1997. *Textbook on Roman Law*. Oxford.

Boulvert, G. 1970. *Esclaves et affranchis impériaux sous le Haut-Empire romain: Rôle politique administratif*. Naples.

Bowditch, P. L. 2001. *Horace and the Gift Economy of Patronage*. Berkeley.

Bowman, A. 2005. "Diocletian and the First Tetrarchy, a. d. 284–305," in

Bowman, Garnsey, and Cameron, eds. 2005: 67 - 109.

Bowman, A., Champlin, E., and Lintott, A. eds. 1996. *The Cambridge Ancient History*, 2nd ed. Vol. 10: *The Augustan Empire*, 43 b.c.- a.d. 69. Cambridge.

Bowman, A., Garnsey, P., and Cameron, A., eds. 2005. *The Cambridge Ancient History*, 2nd ed. Vol. 12: *The Crisis of Empire*, a.d. 193 - 337. Cambridge.

Bowman, A., Garnsey, P., and Rathbone, D., eds. 2000. *The Cambridge Ancient History*, 2nd ed. Vol. 11: *The High Empire*, a.d. 70 - 192. Cambridge.

Bowman, S., Cowell, M., and Cribb, J. 2005. "Two Thousand Years of Coinage in China: An Analytical Survey," in Wang et al., eds. 2005: 5 - 61.

Breuer, S. 1994. " Kulturen der Achsenzeit: Leistung und Grenzen eines eschichtsphilosophischen

Konzepts," *Saeculum* 45: 1 - 33.

Brunt, P. A. 1987. *Italian Manpower* 225 b.c.- a.d. 14. Rev. ed. Oxford.

Bujard, M. 2000. *Le sacrifice au ciel dans la Chine ancienne: théorie et pratique sous les Han occidentaux*. Paris.

Bullough, V. L. 2002. "Eunuchs in History and Society," in Tougher, ed. 2002: 1 - 17.

Bunker, E. C. 1993. "Gold in the Ancient Chinese World: A Cultural Puzzle," *Artibus Asiae* 53: 27 - 50.

Bunker, E. C. 1994. "The Enigmatic Role of Silver in China," *Orientations* 25. 11: 73 - 78.

Camodeca, G. 1999. *Tabulae Pompeianae Sulpiciorum (TPSulp): Edizione critica dell'archivio puteolano dei Sulpicii*. 2 vols. Rome.

Campbell, B. 1984. *The Emperor and the Roman Army* 31 b.c.- a.d. 325. Oxford.

Campbell, B. 2005. "The Army," in Bowman, Garnsey, and Cameron, eds. 2005: 110 - 30.

Carlson, J. L. 2007. "Money-Lending and Society in the Ancient Roman and Chinese Empires," unpubl. paper. Georgetown University.

Carandini, A. 1988. *Schiavi in Italia: Gli strumenti pensanti dei Romani fra tarda Republicae medio Impero* Rome.

Cerati, A. 1975. *Caractère annonaire et assiette de l'impot foncier au Bas-Empire*. Paris.

Chang, Chun-shu 2007. *The Rise of the Chinese Empire*. Vol. I: *Nation, State, and Imperialism in Early China*, ca. 1600 b.c.- a.d. 8. Ann Arbor.

Chaniotis, A. 2005. *War in the Hellenistic World*. Malden.

Chase-Dunn, C., and Hall, T. D. 1997. *Rise and Demise: Comparing World-*

Systems. Boulder.
Chayanov, A. V. 1986. *The Theory of Peasant Economy*. Madison.
Chien, Tuan-Sheng 1950. *The Government and Politics of China*. Cambridge, MA.
Ch'ü, T'ung-Tsu 1972. *Han Social Structure*. Ed. J. L. Dull. Seattle.
Clauss, M., ed. 1997. *Die römischen Kaiser*. Munich.
Coedès, G. 1910. *Textes d'auteurs grecs et latins relatifs à l'Extrême Orient (depuis le 4ème siècle avant J. C. jusqu'au 14ème siècle après J. C.)*. Paris.
Cohen, J. E. 1995. *How Many People Can the Earth Support?* New York.
Cook, C. A., and Major, J. S., eds. 1999. *Defining Chu: Image and Reality in Ancient China*. Honolulu.
Cornell, T. J. 1995. *The Beginnings of Rome: Italy and Rome from the Bronze Age to the Punic Wars (c. 1000 – 264 b. c.)*. London.
Cowell, M., Cribb, J., Bowman, S., and Shashoua, Y. 2005. "The Chinese Cash: Composition and Production," in Wang et al., eds. 2005: 63 – 68.
Csiksnztmihalyi, M. 2004. *Material Virtue: Ethics and Body in Early China*. Leiden.
Dai Zhiqiang and Zhou Weirong 1998. "A Study of the Pieces of Bronze Used as Primitive Currency in Ancient China," *Numismatic Metallurgy* 4: 295 – 303.
Dalby, A. 2001. *Empire of Pleasures: Luxury and Indulgence in the Roman World*. London.
De Callata, F. 2005. "The Graeco-Roman Economy in the Super-Long Run: Lead, Copper, and Shipwrecks," *Journal of Roman Archaeology* 18: 361 – 72.
De Crespigny, R. 1984. *Northern Frontier: The Policies and Strategy of the Later Han Empire*. Canberra.
De Ligt, L. 2003. "Taxes, Trade, and the Circulation of Coin: The Roman Empire, Mughal India and T'ang China Compared," *Medieval History Journal* 6: 231 – 48.
De Ste Croix, G. E. M. 1981. *The Class Struggle in the Ancient Greek World from the Archaic Age to the Arab Conquests*. London.
Delbrück, R. 1932. *Antike Porphyrwerke*. Berlin.
Demandt, A. 1989. *Die Spätantike: Römische Geschichte von Diocletian bis Justinian, 284 – 565 n. Chr*. Munich.
DeMarrais, E. 2005. "A View from the Americas: 'Internal Colonization', Material Culture and Power in the Inka Empire," in H. Hurst and S. Owen, eds., *Ancient Colonizations: Analogy, Similarity and Difference*, 73 – 96. London.
Demiéville, P. 1986. "Philosophy and Religion from Han to Sui," in Twitchett and

Loewe, eds. 1986: 808-72.

Deng, G. 1999. *The Premodern Chinese Economy*. London.

Depeyrot, G. 1991. *Crises et inflation entre antiquité et Moyen Age*. Paris.

De Rachewiltz, I. 1997. "Marco Polo Went to China," *Zentralasiatische Studien* 27: 34-92.

DeSilva, D. A. 2000. *Honor, Patronage, Kinship and Purity: Unlocking New Testament Culture*. Downers Grove.

Dettenhofer, M. H. 2003. "Das Interregnum des Senats des Jahres 41 v. Chr. ," in P. Defosse, ed. , *Hommages à Carl Deroux III*, 187-99. Bruxelles.

Dettenhofer, M. H. 2006. "Das römische Imperium und das China der Han-Zeit: Ansäze zu einer historischen Komparatistik," *Latomus* 65: 879-98.

De Vries, J. , and Van der Woude, A. 1997. *The First Modern Economy: Success, Failure, and Perseverance of the Dutch Economy*, 1500-1815. Cambridge.

Di Cosmo, N. 2002. *Ancient China and Its Enemies: The Rise of Nomadic Power in East Asian History*. Cambridge.

Diamond, J. 2005. *Guns, Germs, and Steel: The Fates of Human Societies*. New ed. New York.

Dien, A. 2001, "Civil Service Examinations: Evidence from the Northwest," in S. Pearce, A. Spiro, and P. Ebrey, eds. , *Culture and Power in the Reconstitution of the Chinese Realm*, 200-600, 99-121. Cambridge, MA.

Dihle, A. 1984. "Serer und Chinesen," in A. Dihle, *Antike und Orient: Gesammelte Aufsätze*, ed. V. Pöschl and H. Petersmann, 201-15. Heidelberg.

Domergue, C. 1990. *Les mines de la péninsule ibérique dans l'Antiquité romaine*. Rome.

Doyle, M. W. 1986. *Empires*. Ithaca.

Drexhage, H.-J. , Kohnen, H. , and Ruffing, K. 2002. *Die Wirtschaft des Römischen Reiches (1.-3. Jahrhundert): Eine Einführung*. Berlin.

Dreyer, Edward L. 2007. *Zheng He: China and the Oceans in the Early Ming Dynasty*, 1405-1433. New York.

Drinkwater, J. 2005. "Maximinus to Diocletian and the 'Crisis'," in Bowman, Garnsey, and Cameron, eds. 2005: 28-66.

Dubs, H. 1942. "An Ancient Chinese Stock of Gold," *Journal of Economic History* 2: 36-39.

Dubs, H. , transl. 1955. *The History of the Former Han Dynasty*. Vol. 3. Baltimore.

Duncan-Jones, R. 1982. *The Economy of the Roman Empire: Quantitative Studies*.

2nd ed. Cambridge.

Duncan-Jones, R. 1990. *Structure and Scale in the Roman Economy*. Cambridge.

Duncan-Jones, R. 1994. *Money and Government in the Roman Empire*. Cambridge.

Dunlop, J. E. 1924. *The Office of the Grand Chamberlain in the Later Roman and Byzantine Empires*. London.

Durrant, S. W. 1995. *The Cloudy Mirror: Tension and Conflict in the Writings of Sima Qian*. Albany.

Duyvendak, J. J. 1928. *The Book of Lord Shang*. Chicago.

Dworkin, R. 1986. *Law's Empire*. Cambridge, MA.

Eberhard, W. 1965. *Conquerors and Rulers: Social Forces in Medieval China*. 2nd ed. Leiden.

Eberhard, W. 1971. *Geschichte Chinas*. 3rd ed. Stuttgart.

Ebrey, P. 1986. "The Economic and Social History of Later Han," in Twitchett and Loewe, eds. 1986: 608 – 48.

Eck, W. 1995. *Agrippina, die Stadtgründerin Kölns*. Cologne.

Eck, W. 2000a"The Growth of Administrative Posts," in Bowman, Garnsey, and Rathbone, eds. 2000: 238 – 65.

Eck, W. 2000b"Provincial Administration and Finance," in Bowman, Garnsey, and Rathbone, eds. 2000: 266 – 92.

Eckstein, A. M. 2006. *Mediterranean Anarchy, Interstate War, and the Rise of Rome*. Berkeley.

Edwards, C., and Woolf, G., eds. 2003. *Rome the Cosmopolis*. Cambridge.

Ehrend, H. 2000. *Wang Mang und seine Münzen – The Coins of Wang Mang*. Speyer.

Eich, A., and Eich, P. 2005. "War and State-Building in Roman Republican Times," *Scripta Classica Israelica* 24: 1 – 33.

Eich, P. 2005. *Zur Metamorphose des politischen Systems in der römischen Kaiserzeit: Die Entstehung einer "personalen Bürokratie" im langen dritten Jahrhundert*. Berlin.

Eisenstadt, S. N. 1963. *The Political Systems of Empire*. London.

Eisenstadt, S. N., ed. 1986. *The Origins and Diversity of Axial Age Civilizations*. Albany.

Elvin, M. 1973. *The Pattern of the Chinese Past: A Social and Economic Interpretation*. Stanford.

Emmerich, R. 2002. "Die Rebellion der Sieben Könige, 154 v. Chr.," in id. et al., eds., *Und folge nun dem, was mein Herz begehrt: Festschrift für Ulrich Unger* zum 70. Geburtstag, II, 397 – 497. Hamburg.

Erdkamp, P. 2005. *The Roman Grain Market*. Cambridge.

Erickson, S. N. 1994. "Money Trees of the Eastern Han Dynasty," *Bulletin of the Museum of Far Eastern Antiquities* 66: 5 – 115.

Ertman, T. 1997. *Birth of the Leviathan: Building States and Regimes in Medieval and Early Modern Europe*. Cambridge.

Fairbank, J. K., ed. 1968. *The Chinese World Order: Traditional China's Foreign Relations*. Cambridge, MA.

Ferguson, J. 1978. "China and Rome," in H. Temporini, ed., *Aufstieg und Niedergang der Römischen Welt* II. 9. 2, 581 – 603. Berlin.

Finer, S. E. 1997. *The History of Government*. 3 vols. Cambridge.

Finley, M. I. 1976. "Private Farm Tenancy in Italy before Diocletian," in Finley, ed., *Studies in Roman Property*, 103 – 22. Cambridge.

Finley, M. I. 1985. *The Ancient Economy*. 2nd ed. London.

Finley, M. I. 1986. *The Use and Abuse of History*. London.

Flaig, F. 2003. "Is Loyalty a Favor? Or: Why Gifts Cannot Oblige an Emperor," G. Algazi, V. Gröbner, and B. Jussen, eds., *Negotiating the Gift: Pre-Modern Figurations of Exchange*, 29 – 61.

Forsythe, G. 2005. *A Critical History of Early Rome*. Berkeley.

Foucault, M. 1990. *The History of Sexuality*, 1. New York.

Foxhall, L. 1990. "The Dependent Tenant: Landleasing and Labour in Italy and Greece," *Journal of Roman Studies* 80: 97 – 114.

Frank, J. 1973. *Courts on Trial: Myth and Reality in American Justice*. Repr. Princeton.

Friedländer,, L. 1922. *Darstellungen aus der Sittengeschichte Roms: In der Zeit von Augustus*

bis zum Ausgang der Antonine, I. 10th ed. Leipzig.

Friesen, S., and Scheidel, W. Forthcoming. "Economic Inequality in the Early Roman Empire: Poverty, Middle Classes, and GDP."

Fu, Zhengyuan. 1996. *China's Legalists: The Earliest Totalitarians and Their Art of Ruling*. Armonk.

Gale, E. M. 1931. *Discourses on Salt and Iron: A Debate on State Control of Commerce and*

Industry in Ancient China. Leiden.

Gansu sheng wenwu kaogu yanjiuso et al., eds. 1990. *Juyan xinjian: Jiaqu houguan yu disisui*. Beijing.

Gao Congming 1999. *Songdai huobi yu huobi liutong yanjiu*. Baoding.

Garnsey, P. 1968. "Why Penalties Become Harsher: The Roman Case, Late Republic to Fourth Century Empire," *Natural Law Forum* 13: 141–61.

Garnsey, P. 1970. *Social Status and Legal Privilege in the Roman Empire*. Oxford.

Garnsey, P. 1988. *Famine and Food-Supply in the Graeco-Roman World: Responses to Risk and Crisis*. Cambridge.

Garnsey, P., and Humfress, C. 2001. *The Evolution of Late Antiquity*. Cambridge.

Garnsey, P., and Saller, R. 1987. *The Roman Empire: Economy, Society and Culture*. London.

Gibbon, E. 1993. *The Decline and Fall of the Roman Empire I*. London.

Gizewski, C. 1994. "Römische und alte chinesische Geschichte im Vergleich: Zur Möglichkeit eines gemeinsamen Altertumsbegriffs," *Klio* 76: 271–302.

Göbl, R. 1978. *Antike Numismatik I*. Munich.

Goffart, W. 2006. *Barbarian Tides: The Migration Age and the Later Roman Empire*. Philadelphia.

Golas, P. J. 1999. *Science and Civilization in China*. Vol. 5: *Chemistry and Chemical Technology*. Part XIII: *Mining*. Cambridge.

Goldstone, J. A. 1991. *Revolution and Rebellion in the Early Modern World*. Berkeley.

Graff, D. A. 2002. *Medieval Chinese Warfare*, 300–900. London.

Graff, D. A. In progress. *The Eur*

Gruen, E. S. 1984. *The Hellenistic World and the Coming of Rome*. Berkeley.

Gustafson, M. 1994. "Condemnation to the Mines in the Later Roman Empire," *Harvard Theological Review* 87: 421–34.

Guyot, P. 1980. *Eunuchen als Sklaven und Freigelassene in der griechisch-römischen Antike*. Stuttgart.

Hahn, J. 1997. "Arcadius," in Clauss, ed. 1997: 374–80.

Haldon, J. F. 1997. *Byzantium in the Seventh Century: The Transformation of a Culture*. Rev. ed. Cambridge.

Hall, D. L., and Ames, R. T. 1995. *Anticipating China: Thinking through the Narratives of Chinese and Western Culture*. Albany.

Hall, D. L., and Ames, R. T. 1998. *Thinking from the Han: Self, Truth, and Transcendence in Chinese and Western Culture*. Albany.

Hall, J. A., and Schroeder, R., eds. 2006. *An Anatomy of Power: The Social*

Theory of Michael Mann. Cambridge.

Hansen, M. H., ed. 2000. *A Comparative Study of Thirty City-State Cultures: An Investigation Conducted by the Copenhagen Polis Center*. Copenhagen.

Hansen, M. H., ed. 2002. *A Comparative Study of Six City-State Cultures: An Investigation Conducted by the Copenhagen Polis Center*. Copenhagen.

Harada, Y. 1931. "Mu-Yang-Ch'êng: Han and Pre-Han Sites at the Foot of Mount Lao-T'ieh in South Manchuria: An English Résumé of the Japanese Text," in Y. Harada and

K. Komai, *Bokuyojo: Minami Manshu Rotetsu sanroku Kan oyobi Kan izen iseki*, I-XII, 1-37. Tokyo.

Hardy, G. 1999. *Worlds of Bronze and Bamboo: Sima Qian's Conquest of History*. New York.

Harl, K. W. 1996. *Coinage in the Roman Economy, 300 b.c. to a.d. 700*. Baltimore.

Harries, J. 1988. "The Roman Imperial Quaestor from Constantine to Theodosius II," *Journal of Roman Studies* 78: 148-72.

Harries, J. 1999. *Law and Empire in Late Antiquity*. Cambridge.

Harries, J. 2007. *Law and Crime in the Roman World*. Cambridge.

Harris, W. V. 1979. *War and Imperialism in Republican Rome 327-70 b.c.* Oxford.

Harris, W. V. 2006. "A Revisionist View of Roman Money," *Journal of Roman Studies* 96: 1-24.

Harris, W. V. 2008. "The Nature of Roman Money," in Harris, ed. 2008: 174-207.

Harris, W. V., ed. 2008. *The Monetary Systems of the Greeks and Romans*. Oxford.

Hart, H. L. A. 1961. *The Concept of Law*. Oxford.

Haw, S. G. 2005. *Marco Polo's China: A Venetian in the Realm of Khubilai Khan*. London.

He, Weifang 1990. "Zhongguo gudai sifa panjue de fengge yu jingshen - Yi Songdai panjue wei yiju jiben yiju jian yu Yingguo bijiao," *Zhongguo shehui kexue* 1990, no. 6 (transl. as "The Style and Spirit of Traditional Chinese Judicial Decisions - Based Mainly on Song Dynasty Cases, and Compared to Court Decisions in England," *Social Sciences in China* 3, 1991: 74-95).

Heather, P. 2005. *The Fall of the Roman Empire: A New History*. London.

Herz, P. 2007. "Finances and Costs of the Roman Army," in P. Erdkamp, ed., *A*

Companion to the Roman Army, 306 – 22. Malden.

Hevia, J. L. 1995. Cherishing Men from Afar: Qing Guest Ritual and the Macartney Embassy. Durham.

Hill, J. E. 2003. "The Western Regions according to the Hou Hanshu: The Xiyu juan 'Chapter on the Western Regions' from Hou Hanshu 88. Second edition," at Silk Road Narratives: A Collection of Historical Texts, http://depts.washington.edu/silkroad/texts/ hhshu/hou_han_shu.html.

Hinsch, B. 1990. Passions of the Cut Sleeve: The Male Homosexual Tradition in China. Berkeley.

Hirth, F. 1885. China and the Roman Orient. Shanghai.

Hollander, D. B. 2007. Money in the Late Roman Republic. Leiden.

Honoré, T. 1993. "Some Quaestors of the Reign of Theodosius II," in J. Harries and I. Wood, eds., The Theodosian Code, 68 – 96. Ithaca.

Honoré, T. 1998. Law in the Crisis of Empire 379 – 455 a. d.: The Theodosian Dynasty and Its Quaestors. Oxford.

Hopkins, K. 1978. Conquerors and Slaves. Cambridge.

Hopkins, K. 1980. "Taxes and Trade in the Roman Empire (200 bc – ad 400)," Journal of Roman Studies 70: 101 – 25.

Hopkins, K. 1995/6. "Rome, Taxes, Rents and Trade," Kodai 6/7: 41 – 75 (repr. in Scheidel and von Reden, eds. 2002: 190 – 230).

Hou, D. 1996. "Guanyu Chuguo huangjin huobi chengliang de buchong yanjiu: cong Chu mu chutu de sanzu you ming qingtong kema tanqi," Zhongguo qianbi 1996, 1: 10 – 12.

Howgego, C. 1995. Ancient History from Coins. London.

Howgego, C. J. 1990. "Why Did Ancient States Strike Coins?" Numismatic Chronicle 150: 1 – 25.

Hsing I-tien 1980. "Rome and China: The Role of the Armies in the Imperial Succession: A Comparative Study." PhD thesis, University of Hawaii at Manoa.

Hsu Cho-yun 1965. Ancient China in Transition: An Analysis of Social Mobility, 722 – 222 b. c. Stanford.

Hsu Cho-yun 1980. Han Agriculture: The Formation of Early Chinese Agrarian Economy (206 b. c. – a. d. 220). Seattle.

Hsu Cho-yun and Linduff, K. 1988. Western Zhou Civilization. New Haven.

Hu, Jichuang 1988. A Concise History of Chinese Economic Thought. Beijing.

Huang, R. 1974. Taxation and Governmental Finance in Sixteenth-Century Ming China. Cambridge.

Huang, R. 1997. *China: A Macro History*. Armonk.

Huang Zhanyue 1984. *Xin Zhongguo de kaogu faxian he yanjin*. Beijing.

Hui, V. T. 2005. *War and State Formation in Ancient China and Early Modern Europe*. Cambridge.

Hui, V. T. Forthcoming. "China's Rise in Comparative-Historical Perspective: *tianxia datong* or *tianxia daluan*?"

Hulsewé, A. F. P. 1955. *Remnants of Han Law*. Leiden.

Hulsewé, A. F. P. 1979. *China in Central Asia: The Early Stage*, 125 b. c. - a. d. 23. Leiden.

Hulsewé, A. F. P. 1985a *Remnants of Ch'in Law: An Annotated Translation of the Ch'in Legal and Administrative Rules of the 3rd Century b. c. , Discovered in Yün-meng Prefecture, Hu-pei Province*, in 1975. Leiden.

Hulsewé, A. F. P. 1985b "The Influence of the 'Legalist' Government of Qin on the Economy as Reflected in the Texts Discovered in Yunmeng County," in Schram, ed. 1985: 211 - 35.

Hulsewé, A. F. P. 1986. "Ch'in and Han Law," in Twitchett and Loewe, eds. 1986: 520 - 44.

Humbach, H., and Ziegler, S. 1998. *Ptolemy, Geography, Book 6: Middle East, Central and North Asia, China*. 2 vols. Wiesbaden.

Ivotchkina, N. V. 1993. "The Early Chinese Chu Gold Plates, 5th - 3rd Cent. b. c. ," in *Actes 11th International Congress of Numismatics*, III. Louvain-la-Neuve: 329 - 32.

Jensen, J. 1997. "The World's Most Diligent Observer," *Asiatische Studien* 51: 719 - 26.

Jiang Xianjie 1999. "Xichang Dongping yizhi ye tongzhu bi yuanyin chutan," *Sichuan wenwu* 1999, 4: 46 - 50.

*Jingfa*1980. *Jingfa: Mawangdui Hanmuboshu*. Beijing.

Johnston, A. C. 1936. *Roman Egypt*. Baltimore.

Jones, A. H. M. 1964. *The Later Roman Empire 284 - 602: A Social, Economic, and dministrative Survey*. Oxford.

Jongman, W. 2003. "A Golden Age: Death, Money Supply and Social Succession in the Roman Empire," in E. Lo Cascio, ed. , *Credito e moneta nel mondo romano*, 181 - 96. Bari.

Jongman, W. 2006. "The Rise and Fall of the Roman Economy: Population, Rents and Entitlement," in Bang, Ikeguchi, and Ziche, eds. 2006: 237 - 54.

Jugel, U. 1976. *Politische Funktion und soziale Stellung der Eunuchen zur späteren*

Hanzeit (25 – 220 *n. Chr.*). Wiesbaden.

Kaser, M. 2003. *Römisches Privatrecht*. 12th ed. Munich.

Kautsky, J. H. 1982. *The Politics of Aristocratic Empires*. Chapel Hill.

Kelly, C. 2004. *Ruling the Later Roman Empire*. Cambridge, MA.

Kennedy, H. 2001. *The Armies of the Caliphs: Military and Society in the Early Islamic State*. London.

Keppie, L. 1996. "The Army and the Navy," in Bowman, Champlin, and Lintott, eds. 1996: 371 – 96.

Kern, M. 2000. *The Stele Inscriptions of Ch'in Shih-huang: Text and Ritual in Early Chinese Imperial Representation*. Honolulu.

Kim H. J. 2007. "Ethnicity and Foreigners in Ancient Greece and China: A Comparative Analysis of the *Histories* of Herodotus and the *Shiji* of Sima Qian." D. Phil. thesis, Oxford University.

Kim H. J. Forthcoming. *Ethnicity and Foreigners in Ancient Greece and China*. London.

Kim, H. S. 2002. "Small Change and the Moneyed Economy," in P. Cartledge, E. E. Cohen, and L. Foxhall, eds., *Money, Labour and Land: Approaches to the Economies of Ancient Greece*, 44 – 51. London.

Kiser, E., and Cai, Y. 2003. "War and Bureaucratization in Qin China: Exploring an Anomalous Case," *American Sociological Review* 68: 511 – 39.

Klein, R. 1997. "Galerius," in Clauss, ed. 1997: 276 – 82.

Knoblock, J. 1988 – 90. *Xunzi: A Translation and Study of the Complete Works*. 2 vols. Stanford.

Knoblock, J., and Riegel, J. 2000. *The Annals of Lu Buwei*. Stanford.

Konrad, N. I. 1967. "Polybius and Ssu-ma Ch'ien," *Soviet Sociology* 5. 4: 37 – 58.

Kunkel, W. 1966. *An Introduction to Roman Legal and Constitutional History*. Trans. J. M. Kelly. Oxford.

Kuriyama, S. 1994. "The Imagination of Winds and the Development of the Chinese Conception of the Body," in A. Zito and T. E. Barlow, eds., *Body, Subject and Power in China*, 23 – 41. Chicago.

Kuriyama, S. 1999. *The Expressiveness of the Body and the Divergence of Greek and Chinese Medicine*. New York.

Kurke, L. 1999. *Coins, Bodies, Games, and Gold: The Politics of Meaning in Archaic Greece*. Princeton.

Kurke, L. 2002. "Money and Mythic History: The Contestation of Transactional

Orders in the Fifth Century bc," in Scheidel and von Reden, eds. 2002: 87 – 113.

Kyle, D. 1998. *Spectacles of Death in Ancient Rome*. London.

Langhammer, W. 1973. *Die rechtliche und soziale Stellung der Magistratus municipales und der Decuriones in der übergangsphase der Städte von sich selbstverwaltenden Gemeinden zu Vollzugsorganen des spätantiken Zwangsstaates (2. - 4. Jh. der römischen Kaiserzeit)*. Wiesbaden.

Lattimore, O. 1940. *Inner Asian Frontiers of China*. New York.

Lau, U. 2002. "Die Rekonstruktion des Strafprozesses und die Prinzipien der Strafzumessung zu Beginn der Han-Zeit im Lichte des *Zhouyanshu*," in R. Emmerich et al., eds., *Und folge nun dem, was mein Herz begehrt: Festschrift für Ulrich Unger zum 70. Geburtstag*, II, 343 – 95.

Lawton, T., ed. 1991. *New Perspectives on Chu Culture during the Eastern Zhou Period*. Washington.

Le Rider, J. 2001. *La naissance de la monnaie: pratiques monétaires de l'Orient ancien*. Paris.

Lelièvre, D. 2001. *La grande époque de Wudi: une Chine en evolution (IIe - Ie s. av. J.C.)*. Paris.

Leslie, D. D., and Gardiner, K. H. J. 1996. *The Roman Empire in Chinese Sources*. Rome.

Levick, B. 1990. *Claudius*. London.

Lewis, M. E. 1990. *Sanctioned Violence in Early China*. Albany.

Lewis, M. E. 1999. *Writing and Authority in Early China*. Albany.

Lewis, M. E. 1999a, "The *feng* and *shan* sacrifices of Emperor Wu of the Han," in J. P. McDermott, ed., *State and Court Ritual in China*, 50 – 80. Cambridge.

Lewis, M. E. 1999b "Warring States Political History," in M. Loewe and E. Shaughnessy, eds., *The Cambridge History of Ancient China: From the Origins of Civilization to 221 b.c.*, 587 – 650. Cambridge.

Lewis, M. E. 2000. "The Han Abolition of Universal Military Service," in H. van de Ven, ed., *Warfare in Chinese History*, 33 – 75. Leiden.

Lewis, M. E. 2006. *The Construction of Space in Early China*. Albany.

Lewis, M. E. 2007. *The Early Chinese Empires: Qin and Han*. Cambridge, MA.

Lewis, M. E. Forthcoming. *China between Empires: The Northern and Southern Dynasties*. Cambridge, MA.

Li Xueqin and Xing Wen 2001. "New Light on the Early-Han Code: A Reappraisal of the Zhangjiashan Bamboo-Slip Legal Texts," *Asia Major* 14: 125 – 46.

Li Yung-ti 2006. "On the Function of Cowries in Shang and Western Zhou China,"

Journal of East Asian Archaeology 5: 1–26.

Li Yu-ning, ed. 1977. *Shang Yang's Reforms and State Control in China*. White Plains.

Li Zude 1997. "Shilun Qin Han de huangjin huobi," *Zhongguo shi yanjin* 1: 52–61.

Liang Zhiping 1989. "Explicating 'Law': A Comparative Perspective of Chinese and Western Legal Culture," *Journal of Chinese Law* 3: 55–91.

Liebermann, S. 1957. "Who Were Pliny's Blue-Eyed Chinese?" *Classical Philology* 52: 174–77.

Lieven, D. 2000. *Empire: The Russian Empire and Its Rivals*. New Haven.

Little, L. K., ed. 2007. *Plague and the End of Antiquity: The Pandemic of 541–750*. Cambridge.

Liu Xinru 1988. *Ancient India and Ancient China: Trade and Religious Exchanges ad 1–600*. New Delhi.

Llewellyn-Jones, L. 2002. "Eunuchs and the Royal Harem in Achaemenid Persia," in Tougher, ed. 2002: 19–50.

Lloyd, G. E. R. 1996. *Adversaries and Authorities: Investigations into Ancient Greek and Chinese Science*. Cambridge.

Lloyd, G. E. R. 2003. *The Ambitions of Curiosity: Understanding the World in Ancient Greece and China*. Cambridge.

Lloyd, G. E. R. 2004. *Ancient Worlds, Modern Reflections: Philosophical Perspectives on Greek and Chinese Science and Culture*. Oxford.

Lloyd, G. E. R. 2005. *The Delusions of Invulnerability: Wisdom and Morality in Ancient Greece, China and Today*. London.

Lloyd, G. E. R. 2006. *Principles and Practices in Ancient Greek and Chinese Science*. Aldershot.

Lloyd, G. E. R., and Sivin, N. 2002. *The Way and the Word: Science and Medicine in Early China and Greece*. New Haven.

Lo Cascio, E. 1997. "Produzione monetaria, fi nanza pubblica ed economia nel principato," *Rivista Storica Italiana* 109: 650–77.

Lo Cascio, E. 1999. "The Population of Roman Italy in Town and Country," in J. Bintliff and K. Sbonias, eds., *Reconstructing Past Population Trends in Mediterranean Europe* (3000 bc–ad 1800), 161–71. Oxford.

Lo Cascio, E. 2005. "The New State of Diocletian and Constantine: From the Tetrarchy to the Reunification of the Empire," in Bowman, Garnsey, and Cameron, eds. 2005: 170–83.

Lo Cascio, E. 2008. "The Function of Gold Coinage in the Monetary Economy of the

Roman Empire," in Harris, ed. 2008: 160 - 73.

Loewe, M. 1967. *Records of Han Administration*. 2 vols. Cambridge.

Loewe, M. 1985. "Attempts at Economic Co-ordination during the Western Han Dynasty," in Schram, ed. 1985: 237 - 67.

Loewe, M. 1986. "The Structure and Practice of Government," in Twitchett and Loewe 1986: 463 - 90.

Loewe, M. 2004. *The Men Who Governed Han China: Companion to* A Biographical Dictionary of the Qin, Former Han and Xin Periods. Leiden.

Loewe, M. , and Shaughnessy, E. L. , eds. 1999. *The Cambridge History of Ancient China from the Origins of Civilization to* 221 b. c. Cambridge.

Lorenz, G. 1990. "Das Imperium Romanum und das China der Han-Dynastie: Gedanken und Materialien zu einem Vergleich," *Informationen für Geschichtslehrer* 12: 9 - 60.

Love, J. R. 1991. *Antiquity and Capitalism: Max Weber and the Sociological Foundations of the Roman Civilization*. London.

Lu Xing 1998. *Rhetoric in Ancient China, Fifth to Third century b. c. e. : A Comparison with Classical Greek Rhetoric*. Columbia.

Lu Depei and Wu Yuqing 1997. "Hubeisheng chutu de Chuguo jinbi," *Zhongguo qianbi* 1997, 1: 38.

Lucassen, J. , ed. 2007. *Wages and Currency: Global Comparisons from Antiquity to the Twentieth Century*. Bern.

Luttwak, E. 1976. *The Grand Strategy of the Roman Empire: From the First Century a. d. to the Third*. Baltimore.

MacCormack, G. 2001. "The Rule of Law in Pre-T'ang China," in *Studi in Onore di Mario Talamanca*, 95 - 117. Naples.

MacCormack, G. 2004. "The Transmission of Penal Law (*lu*) from the Han to the T'ang: A Contribution to the Study of the Early History of Codifi cation in China," *Revue Internationale des Droits de L'Antiquité*, 47 - 83.

MacMullen, R. 1980. *Corruption and the Decline of Rome*. New Haven.

MacMullen, R. 1990. *Changes in the Roman Empire: Essays in the Ordinary*. Princeton.

Maine, H. 1888. *Ancient Law*. New York.

Major, J. S. 1987. "The Meaning of *Hsing-te* [*Xing de*]," in C. LeBlanc and S. Blader, eds. , *Chinese Ideas about Nature and Society*, 281 - 291. Hong Kong.

Mann, M. 1986. *The Sources of Social Power*, I: *A History of Power from the Beginning to a. d.* 1760. Cambridge.

Mansvelt Beck, B. J. 1990. *The Treatises of Later Han: Their Author, Sources, Contents and Place in Chinese Historiography*. Leiden.

Maresch, K. 1996. *Bronze und Silber: Papyrologische Beiträge zur Geschichte der Währung im ptolemäischen und römischen Ägypten bis zum 2. Jahrhundert n. Chr.* Cologne.

Matthews, J. F. 1989. *The Roman Empire of Ammianus*. Baltimore.

Mattingly, H., and Sydenham, E. A. 1926, *Roman Imperial Coinage*, II. London.

McKnight, B. 1981. *The Quality of Mercy: Amnesties and Traditional Chinese Justice*. Honolulu.

Millar, F. 1977. *The Emperor in the Roman World*. London.

Millar, F. 1984. "Condemnation to Hard Labor in the Roman Empire from the Julio-Claudians to Constantine," *Papers of the British School at Rome* 52: 124 – 47.

Mitamura, T. 1970. *Chinese Eunuchs: The Structure of Intimate Politics*. Boston.

Miyazawa, T. 1998. *Sodai Chugoku no kokka to keizai*. Tokyo.

Molho, A., Raaflaub, K., and Emlen, J., eds. 1991. *City States in Classical Antiquity and Medieval Italy*. Ann Arbor.

Mommsen, T. 1996. *A History of Rome under the Emperors*. Ed. T. Wiedemann. London.

Morley, N. 1996. *Metropolis and Hinterland: The City of Rome and the Italian Economy* 200 b.c. – a.d. 200. Cambridge.

Morley, N. 2007. *Trade in Classical Antiquity*. Cambridge.

Morris, I. Forthcoming. *Why the West Rules···· For Now*. New York.

Motomura, R. 1991. "An Approach towards a Comparative Study of the Roman Empire and the Ch'in and Han Empires," *Kodai* 2: 61 – 69.

Mrozek, S. 1985. "Zum Kreditgeld in der frühen römischen Kaiserzeit," *Historia* 34: 310 – 23.

Mutschler, F.-H. 1997. "Vergleichende Beobachtungen zur griechisch- römischen und altchinesischen Geschichtsschreibung," *Saeculum* 48: 213 – 53.

Mutschler, F.-H. 2003. "Zu Sinnhorizont und Funktion griechischer, römischer und altchinesischer Geschichtsschreibung," in *Sinn (in) der Antike*, 33 – 54. Mainz.

Mutschler, F.-H. 2006. "Tacitus und Sima Qian: Eine Annäherung," *Philologus* 150: 115 – 35.

Mutschler, F.-H. 2007. "Tacitus und Sima Qian: Persönliche Erfahrung und historiographische Perspektive," *Philologus* 151: 127 – 52.

Mutschler, F. -H. , and Mittag, A. 2005. "Conceiving the 'Empire': Ancient China and Rome – An Intercultural Comparison in Dialogue," International Conference Essen (Germany), April 20 – 23, 2005.

Mutschler, F. -H. , and Mittag, A. , eds. Forthcoming. *Conceiving the Empire: China and Rome Compared*. Oxford.

Nanda, S. 1998. *Neither Man nor Woman – The Hijras of India*. Wadsworth.

Nicolet, C. 1971. "Les variations des prix et la 'théorie quantitative de la monnaie' à Rome, e Cicéron à Pline l'Ancien," *Annales* 26: 1203 – 27.

Nicolet, C. 1980. *The World of the Citizen in Republican Rome*. Berkeley.

Nicolet, C. 1984. "Pline, Paul et la théorie de la monnaie," *Athenaeum* 62: 105 – 35.

Nishijima, S. 1961. *Chūgoku kodai teikoku no keisei to kōzō – nijū tō shakusei no kenkyū*. okyo.

Nishijima, S. 1986. "The Economic and Social History of Former Han," in Twitchett and oewe, eds. 1986: 545 – 607.

Nock, A. D. 1988. "Eunuchs in Ancient Religion," in A. K. Siems, ed. , *Sexualität und Erotik n der Antike*. Darmstadt.

Oliver, J. H. 1989. *Greek Constitutions of Early Roman Emperors from Inscriptions and apyri*. Philadelphia.

Oost, S. I. 1958. "The Career of M. Antonius Pallas," *American Journal of Philology* 79: 13 – 39.

Peacock, D. P. S. , and Maxfield, V. 1997 – 2001. *Mons Claudianus Survey and Excavation*. vols. Cairo.

Pearce, S. A. 1987. "The Yü-Wen Regime in Sixth-Century China." PhD thesis, Princeton University.

Peerenboom, R. P. 1993. *Law and Morality in Ancient China*. Albany.

Peng Ke 2000. "Coinage and Commercial Development in Eastern Zhou China." PhD thesis, University of Chicago.

Peng Ke and Zhu Yanshi 1995. "New Research on the Origins of Cowries Used in Ancient China," *Sino-Platonic Papers* 68. Philadelphia.

Peng Xinwei 1994. *A Monetary History of China*, I. Bellingham.

Perkounig, C. -M. 1995. *Livia Drusilla – Iulia Augusta*. Vienna.

Pomeranz, K. 2000. *The Great Divergence: China, Europe, and the Making of the Modern World Economy*. Princeton.

Poo Mo-chou 2005. *Enemies of Civilization: Attitudes toward Foreigners in Ancient Mesopotamia, Egypt, and China*. Albany.

Puett, M. 2001. *The Ambivalence of Creation: Debates Concerning Innovation and

Artifice in Early China. Stanford.
Puett, M. J. 2002. *To Become a God: Cosmology, Sacrifice, and Self-Divinization in Early China*. Cambridge, MA.
Qi Dongfang 1999a*Research on Tang Gold and Silver*. Beijing (in Chinese).
Qi Dongfang 1999b"Zhongguo zaoqi jinyinqi yanjiu," *Huaxia kaogu* 4: 68 – 85.
Quaritch Wales, H. G. 1965. *Angkor and Rome: A Historical Comparison*. London.
Raaflaub, K. 2005. "From Protection and Defense to Offense and Participation: Stage in the Conflict of the Orders," in K. Raaflaub, ed., *Social Struggles in Archaic Rome: New Perspectives on the Conflict of the Orders*. 2nd ed., 185 – 222. Malden.
Raaflaub, K., ed. 2007. *War and Peace in the Ancient World*. Malden.
Raaflaub, K., and Rosenstein, N., eds. 1999. *War and Society in the Ancient and Medieval Worlds: Asia, the Mediterranean, Europe, and Mesoamerica*. Washington, D. C.
Raaflaub, K., and Talbert, R., eds. Forthcoming. *Geography, Ethnography, and Perceptions of the World from Antiquity to the Renaissance*. Malden.
Raaflaub, K., and Toher, M., eds. 1990. *Between Republic and Empire: Interpretations of Augustus and His Principate*. Berkeley.
Ragin, C. C. 1987. *The Comparative Method: Moving Beyond Qualitative and Quantitative Strategies*. Berkeley.
Ran Wanli 1997. "Cong kaogu faxian kan Chunqiu Zhanguo shiqi de jinyin zhizhao ye," *Xibei Daxue xuebao* 2: 96 – 100.
Raphals, L. 1992. *Knowing Words: Wisdom and Cunning in the Classical Tradition of China and Greece*. Ithaca.
Raphals, L. 1994. " Skeptical Strategies in the *Zhuangzi* and *Theaetetus*," *Philosophy East and West* 44: 501 – 26.
Raphals, L. A. 2002. "Gender and Virtue in Greece and China," *Journal of Chinese Philosophy* 29: 415 – 26.
Raschke, M. G. 1978. "New Studies in Roman Commerce with the East," in H. Temporini, ed., *Aufstieg und Niedergang der römischen Welt* II. 9. 2, 604 – 1361. Berlin.
Rathbone, D. W. 1993. "The Census Qualifications of the *Assidui* and the *Prima Classis*," in H. Sancisi-Weerdenburg et al., eds., *De Agricultura: In Memoriam Pieter Willem de Neeve* (1945 – 1990), 121 – 52. Amsterdam.
Rathbone, D. W. 1997. "Prices and Price Formation in Roman Egypt," in J.

Andreau, P. Briant, and R. Descat, eds., *Prix et formation des prix dans les économies antiques*, 183–244. Saint-Bertrand-de-Comminges.

Rathbone, D. W. 2001. "The 'Muziris' Papyrus (SB XVIII 13167): Financing Roman Trade with India," *Bulletin de la Société Archéologique d'Alexandrie* 46: 39–50.

Rathbone, D. W. 2007. "Military Finance and Supply," in P. Sabin, H. van Wees, and M. Whitby, eds., *The Cambridge History of Greek and Roman Warfare*, II: *Rome from the Republic to the Late Empire*, 158–75. Cambridge.

Rathbone, D. W. Forthcoming. "Living Standards and the Economy of the Roman Empire (I–III ad)."

Ray, H. P. 2003. *The Archaeology of Seafaring in Ancient South Asia*. Cambridge.

Reding, J.-P. 2004. *Comparative Essays in Early Greek and Chinese Rational Thinking*. Aldershot.

Rickett, W. A. 1985. *Guanzi: Political, Economic, and Philosophical Essays from Early China*. Vol. 1. Princeton.

Ringrose, K. M. 2003. *Eunuchs and the Social Construction of Gender in Byzantium*. Chicago.

Robinson, O. F. 2007. *Penal Practice and Penal Policy in Ancient Rome*. London.

Rosen, W. 2007. *Justinian's Flea: Plague, Empire, and the Birth of Europe*. New York.

Rosenstein, N. 1990. *Imperatores Victi: Military Defeat and Aristocratic Competition in the Middle and Late Republic*. Berkeley.

Rosenstein, N. 2007. "Military Command, Political Power, and the Republican Elite," in P. Erdkamp, ed., *A Companion to the Roman Army*, 132–47. Malden.

Rostovtzeff, M. I. 1957. *The Social and Economic History of the Roman Empire*. 2nd ed. Oxford.

Sahlins, M. 1989. "Cosmologies of Capitalism: The Trans-Pacific Sector of the World System," *Proceedings of the British Academy* 74: 1–51.

Saller, R. 1982. *Personal Patronage under the Early Empire*. Cambridge.

Salmon, E. T. 1969. *Roman Colonization under the Republic*. London.

Sanft, C. 2005. "Six of One, Two Dozen of the Other: The Abatement of the Mutilating Punishments under the Han Emperor Wen," *Asia Major* 18: 79–100.

Sargent, T. J., and Velde, F. R. 2002. *The Big Problem of Small Change*. Princeton.

Sarris, P. 2006a *Economy and Society in the Age of Justinian*. Cambridge.

Sarris, P. 2006b "Continuity and Discontinuity in the Post-Roman Economy," *Journal of Agrarian Change* 6: 400–13.

Schaberg, D. 1999. "Travel, Geography, and the Imperial Imagination in Fifth-Century Athens and Han China," *Comparative Literature* 51: 152–91.

Schaps, D. M. 2004. *The Invention of Coinage and the Monetization of Ancient Greece*. Ann Arbor.

Schaps, D. M. 2006. "The Invention of Coinage in Lydia, in India, and in China," Paper presented at the XIV International Economic History Congress, Helsinki, Finland, August 21–25, 2006.

Scheidel, W. 1997. "Continuity and Change in Classical Scholarship: A Quantitative Survey, 1924 to 1992," *Ancient Society* 28: 265–89.

Scheidel, W. 2007a "A Model of Real Income Growth in Roman Italy," *Historia* 56: 322–46.

Scheidel, W. 2007b "Demography," in W. Scheidel, I. Morris, and R. P. Saller, eds., *The Cambridge Economic History of the Greco-Roman World*, 38–86. Cambridge.

Scheidel, W. 2008a "Sex and Empire: A Darwinian Perspective," in I. Morris and W. Scheidel, eds., *The Dynamics of Ancient Empires: State Power from Assyria to Byzantium*. New York.

Scheidel, W. 2008b "The Divergent Evolution of Coinage in Eastern and Western Eurasia," in Harris, ed. 2008: 267–86.

Scheidel, W. 2008c "The Comparative Economics of Slavery in the Greco-Roman World," in C. Katsari and E. Dal Lago, eds., *Slave Systems, Ancient and Modern*, 105–26. Cambridge.

Scheidel, W. Forthcoming a. "Fiscal Regimes and the 'First Great Divergence between Eastern and Western Eurasia," in P. Bang and C. Bayly, eds., *Empires in Contention: Sociology, History and Cultural Difference*.

Scheidel, W. Forthcoming b. "The Budgets of the Han and Roman Empires," in Scheidel, ed. Forthcoming.

Scheidel, W. Forthcoming c. "Comparative History as Comparative Advantage: China's Potential Contribution to the Study of Ancient Mediterranean History," in Huang Yang, ed., *Proceedings of the Third International Conference on Ancient History*.

Scheidel, W., ed. Forthcoming. *State Power and Social Control in Ancient China and Rome*.

Scheidel, W. In progress a. *The Wolf and the Dragon: State Power in Ancient Rome and China*.

Scheidel, W. In progress b. *Explaining Empire: Models for Ancient History*. New York.

Scheidel, W., and von Reden, S., eds. 2002. *The Ancient Economy*. Edinburgh.

Schlinkert, D. 1994. "Der Hofeunuch der Spätantike: Ein gefährlicher Außenseiter?" *Hermes* 122: 342–59.

Schmidt-Colinet, A. 2000. *Die Textilien aus Palmyra*. Mainz.

Scholten, H. 1995. *Der Eunuch in Kaisernähe: Zur politischen und sozialen Bedeutung des prapositus sacri cubiculi im 4. und 5. Jh. n. Chr.* Bern.

Scholz, P. O. 2001. *Eunuchs and Castrati: A Cultural History*. Princeton.

Schram, S. R., ed. 1985. *The Scope of State Power in China*. London.

Schulz, R. 1997. *Herrschaft und Regierung: Roms Regiment in den Provinzen in der Zeit der Republik*. Paderborn.

Scott, J. C. 1976. *The Moral Economy of the Peasant: Rebellion and Subsistence in Southeast Asia*. New Haven.

Scullard, H. H. 1980. *A History of the Roman World 753 to 146 b. c.* 4th ed. London.

Seager, R. 1986. *Ammianus Marcellinus: Seven Studies in His Language and Thought*. Columbia.

Seipel, W., ed. 2003. *Geld aus China*. Vienna.

Shanghai Bowuguan qingtongqi yanjiubu 1970. *Shanghai Bowuguan cang qianbi: Qin Han qianbi*. Shanghai.

Shankman, S., and Durrant, S. W. 2000. *The Siren and the Sage: Knowledge and Wisdom in Ancient Greece and China*. Albany.

Shankman, S., and Durrant, S. W., eds. 2002. *Early China/Ancient Greece: Thinking through Comparisons*. Albany.

Shaw, B. D. 1999. "War and Violence," in G. W. Bowersock, P. Brown, and O. Grabar, eds., *Late Antiquity: A Guide to the Postclassical World*, 130–69. Cambridge, MA.

Shen Yuanyuan 2000. "Conceptions and Receptions of Legality: Understanding the Complexity of Law Reform in Modern China," in K. Turner, J. Feinerman, and R. K. Guy, eds., *The Limits of the Rule of Law in China*, 20–44. Seattle.

Sim, M. 2007. *Remastering Morals with Aristotle and Confucius*. Cambridge.

Sivin, N. 1995. "State, Cosmos and Body in the Last Three Centuries b. c.," *Harvard Journal of Asiatic Studies* 55: 5–37.

Skinner, G. W. 1964 – 65. "Marketing and Social Structure in Rural China," *Journal of Asian Studies* 24: 3 – 43, 195 – 228, 363 – 99.

Skocpol, T., and Somers, M. 1980. "The Uses of Comparative History in Macrosocial Inquiry," *Comparative Studies in Society and History* 22: 174 – 97.

Smith, A. 1976. *An Inquiry into the Nature and Causes of the Wealth of Nations.* Eds. R. H. Campbell, A. S. Skinner, and W. B. Todd. Oxford.

Spence, J. 1988. *Emperor of China: Self-Portrait of K'ang-hsi.* New York.

Spruyt, H. 1994. *The Sovereign State and Its Competitors: An Analysis of Systems Change.* Princeton.

Stanford 2005. "Institutions of Empire: Comparative Perspectives on Ancient Chinese and Mediterranean History," International Conference, Stanford University, May 13 – 14, 2005.

Stanford 2008a "State Power and Social Control in Ancient China and Rome," International Conference, Stanford University, March 17 – 19, 2008.

Stanford 2008b "The First Great Divergence: Europe and China, 300 – 800 ce," International Conference, Stanford University, April 6 – 7, 2008.

Stanford 2009 "The Great Divergences: Europe and China," International Conference, Stanford University, 2009.

Stent, G. C. 1877. "Chinese Eunuchs," *Journal of the North-China Branch of the Royal Asiatic Society* 9: 143 – 84.

Stevenson, W. 2002. "Eunuchs and Early Christianity," in Tougher, ed. 2002: 123 – 42.

Strobel, K. 2002. "Geldwesen und W鋒rungsgeschichte des Imperium Romanum im Spiegel der Entwicklung des 3. Jahrhunderts n. Chr. – Wirtschaftsgeschichte im Widerstreit von Metallismus und Nominalismus," in K. Strobel, ed., *Die Ökonomie des Imperium Romanum: Strukturen, Modelle und Wertungen im Spannungsfeld von Modernismus und Neoprimitivismus*, 86 – 168. St Katharinen.

Stuurman, S. 2008. "Herodotus and Sima Qian: History and the Anthropological Turn in Ancient Greece and Han China," *Journal of World History* 19: 1 – 40.

Swann, N. L. 1950. *Food and Money in Ancient China: The Earliest Economic History of China to a. d. 25. Han Shu 24 with Related Texts, Han Shu 91 and Shih-chi 129.* Princeton (repr. New York 1974).

Tang Changru 1990. "Clients and Bound Retainers in the Six Dynasties Period," in A. E. Dien, ed., *State and Society in Early Medieval China*, 111 – 38. Stanford.

Tang Shifu, ed. 2001. *Zhongguo gu qianbi*. Shanghai.

Teggart, F. 1939. *Rome and China: A Study of Correlations in Historical Events*. Berkeley.

Thierry, F. 1993. "De la nature fi duciaire de la monnaie chinoise," *Bulletin du Cercle d'études Numismatiques* 30: 1–12.

Thierry, F. 1997. *Monnaies chinoises, I: L'antiquité préimpériale*. Paris.

Thierry, F. 2001a "La fiduciarité idéale à l'épreuve des coûts de production: quelques éléments

sur la contradiction fondamentale de la monnaie en Chine," *Revue Numismatique* 157: 131–52.

Thierry, F. 2001b "Sur les spécifi tés fondamentales de la monnaie chinoise," in A. Testart, ed., *Aux origines de la monnaie*, 109–44. Paris.

Thierry, F. 2003a *Monnaies chinoises, II: Des Qin aux Cinq Dynasties*. Paris.

Thierry, F. 2003b "Die Geschichte des chinesischen Geldes von den Ursprüngen bis zum Beginn des 20. Jahrhunderts," in Seipel, ed. 2003: 25–89.

Thomsen, R. 1988. *Ambition and Confucianism: A Biography of Wang Mang*. Aarhus.

Thorner, D. 1966. "Peasant Economy as a Category in Economic History," in *Deuxième Conference Internationale d'Histoire économique, Aix-en-Provence, 1962*, 287–300. Paris.

Tienchi, M.-L. 1984. *Frauenerziehung im Alten China: Eine Analyse der Frauenbücher*. Bochum.

Tilly, C. 1984. *Big Structures, Large Processes, Huge Comparisons*. New York.

Tilly, C. 1992. *Coercion, Capital, and European States, ad 990–1992*. Cambridge, MA.

Tougher, S. F. 1997. "Byzantine Eunuchs: An Overview with Special Reference to their Creation and Origin," in L. James, ed., *Women, Men and Eunuchs: Gender in Byzantium*, 168–85. London.

Tougher, S., ed. 2002. *Eunuchs in Antiquity and Beyond*. London.

Tsai, S. H. 2002. "Eunuch Power in Imperial China," in Tougher, ed. 2002: 221–33.

Turner, K. 1990. "Sage Kings and Laws in the Chinese and Greek Traditions," in P. Ropp, ed., *Heritage of China*, 86–111. Berkeley.

Turner, K. 1992. "Rule of Law Ideals in Early China?" *Journal of Chinese Law* 6: 1–44.

Turner, K. 1999. "The Criminal Body and the Body Politic: Punishments in Early

Imperial China," *Cultural Dynamics* 11: 237 – 54.

Turner Gottschang, K. 1983. "Chinese Despotism Reconsidered: Monarchy and Its Critics in Early Imperial China. " PhD thesis, University of Michigan.

Turner, P. J. 1989. *Roman Coins from India*. London.

Twitchett, D. , and Loewe, M. , eds. 1986. *The Cambridge History of China*, I: *The Ch'in and Han Empires*, 221 b. c. – a. d. 200. Cambridge.

Van Gulik, R. 2003. *Sexual Life in Ancient China: A Preliminary Survey of Chinese Sex and Society from ca.* 1500 b. c. *till* 1644 a. d. Leiden.

Veyne, P. 1976. *Le pain et le cirque: Sociologie historique d'un pluralisme politique*. Paris.

Vogel, K. 1968. *Neun Bücher arithmetischer Technik: Ein chinesisches Rechenbuch für den praktischen Gebrauch aus der frühen Hanzeit* (220 v. Chr. bis 9 n. Chr.). Braunschweig.

Von Freyberg, H. -U. 1989. *Kapitalverkehr und Handel im römischen Kaiserreich* (27 v. Chr. – 235 n. Chr.). Freiburg.

Von Glahn, R. 1996. *Fountain of Fortune: Money and Monetary Policy in China*, 1000 – 1700. Berkeley.

Von Glahn, R. 2004. "Revisiting the Song Monetary Revolution: A Review Essay," *International Journal of Asian Studies* 1: 159 – 78.

Von Reden, S. 1995. *Exchange in Ancient Greece*. London.

Von Reden, S. 2007. *Money in Ptolemaic Egypt: From the Macedonian Conquest to the End of the Third Century bc*. Cambridge.

Vorberg, G. 1932. *Glossarium Eroticum*. Stuttgart.

Wagner, D. B. 2001. *The State and the Iron Industry in Han China*. Copenhagen.

Wallace-Hadrill, A. 1996. "The Imperial Court," in Bowman, Champlin, and Lintott, eds. 1996: 69, 283 – 308.

Wang, H. 2004. *Money on the Silk Road: The Evidence from Eastern Central Asia to c. ad* 800. London.

Wang, H. , Cowell, M, Cribb, J. , and Bowman, S. , eds. 2005. *Metallurgical Analysis of Chinese Coins at the British Museum*. London.

Wang Yü-ch'üan 1951. *Early Chinese Coinage*. New York.

Wang Yeh-chien 1991. "Secular Trends of Rice Prices in the Yangzi Delta, 1638 – 1935," in T. G. Rawski and L. M. Li, eds. , *Chinese History in Economic Perspective*, 35 – 68. Berkeley.

Wang Yongbo 2005. "Handai huangjin zhubi jiliang biaoji yanjiu," *Gudai wenming* 4: 263 – 301.

Watson, B. 1993. *Records of the Grand Historian: Han Dynasty I*. Rev. ed. New York.

Weber, M. 1980. *Wirtschaft und Gesellschaft*. 5th ed. Ed. J. Winckelmann. Tübingen.

Weber, M. 1991. *Die Wirtschaftsethik der Weltreligionen: Konfuzianismus und Taoismus*. Ed. H. Schmidt-Glintzer. Tübingen.

Wei Hangkeng and Fang Qing 1997. English abstract of "A Study of the Shell-Shaped Coin of the Chu State," *China Archaeology and Art Digest* 2.1 - 2: 148 - 9.

Wei?, A. 2004. *Sklave der Stadt: Untersuchungen zur öffentlichen Sklaverei in den Städten des Römischen Reiches*. Stuttgart.

Weld, S. 1999. "Chu Law in Action: Legal Documents from Tomb 2 at Baoshan," in Cook and Major, eds. 1999: 77 - 97.

Whittaker, C. R. 1994. *Frontiers of the Roman Empire: A Social and Economic Study*. Baltimore.

Wickham, C. 2001. "Society," in R. McKitterick, ed., *The Early Middle Ages*, 59 - 94. Oxford.

Wickham, C. 2005. *Framing the Early Middle Ages: Europe and the Mediterranean 100 - 800*. Oxford.

Wiemer, H.-U. 1997. "Julian," in Clauss, ed. 1997: 334 - 41.

Wilbur, M. 1943. *Slavery in China during the Former Han Dynasty*. New York.

Williams, J., ed. 1997. *Money: A History*. London.

Wills, J. E. 1984. *Embassies and Illusions: Dutch and Portuguese Envoys to Kanghsi, 1666 - 1687*. Cambridge, MA.

Wittfogel, K. A. 1957. *Oriental Despotism: A Comparative Study of Total Power*. New Haven.

Wolff, H. J. 1951. *Roman Law: An Historical Introduction*. Norman.

Wolfram, H. 1997. *The Roman Empire and Its Germanic Peoples*. Berkeley.

Wolkow, N. 1995. *La secte russe des castrats*. Paris.

Wolters, R. 1999. *Nummi Signati: Untersuchungen zur römischen Münzprägung und Geldwirtschaft*. Munich.

Wong, R. B. 1997. *China Transformed: Historical Change and the Limits of European Experience*. Ithaca.

Wood, E. M. 2003. *Empire of Capital*. London.

Wood, F. 1995. *Did Marco Polo Go to China?* London.

Woolf, G. 2001. "Regional Productions in Early Roman Gaul," in D. J. Mattingly and J. Salmon, eds., *Economies beyond Agriculture in the Classical World*, 49 -

65. London.

Wooyeal, P., and Bell, D. A. 2004. "Citizenship and State-Sponsored Physical Education: Ancient Greece and Ancient China," *Review of Politics* 66: 7–34.

Wyke, M., and Hopkins, A. 2005. *Roman Bodies*. London.

Xie Guihua, Li Junming, and Zhu Guozhao 1987. *Juyan Hanjian shiwen hexiao*. Beijing.

Yang Bin 2004. "Horses, Silver, and Cowries: Yunnan in Global Perspective," *Journal of World History* 15: 281–322.

Yang Lien-sheng 1961. *Studies in Chinese Institutional History*. Cambridge, MA.

Yao Shumin and Wang Dan 2003. "Das Chinese Numismatische Museum zu Gast in Wien," in Seipel, ed. 2003: 11–24.

Yates, R. 1999. "Early China," in K. Raaflaub and N. Rosenstein, eds, *War and Society in the Ancient and Medieval Worlds: Asia, the Mediterranean, Europe, and Mesoamerica*, 7–46. Cambridge, MA.

Yates, R. D. S. 1987. "Social Status in the Ch'in: Evidence from the Yun-meng Legal Documents. Part One: Commoners," *Harvard Journal of Asiatic Studies* 47: 197–237.

Yates, R. D. S. 1994. "Boundary Creation and Control Mechanisms in Early China," in J. Hay, ed., *Boundaries in China*, 56–80. London.

Young, G. K. 2001. *Rome's Eastern Trade: International Commerce and Imperial Policy, 31 bc–ad 305*. London.

Yü Ying-shih 1967. *Trade and Expansion in Han China: A Study in the Structure of Sino-Barbarian Economic Relations*. Berkeley.

Yü Ying-shih 1986. "Han Foreign Relations," in Twitchett and Loewe, eds., 1986: 377–462.

Zhang Xiande 1985. "Ji gedu chutude yuanxing jinbing – jianlun Handai lintijin, matijin," *Wenwu* 1985, 12.

Zhangjiashan 2001. *Zhangjiashan 247 hao Hanmu zhujian zhengliu xiazu*. Beijing.

Zhao Dingxin 2006. *Dong Zhou zhanzheng yu rufa guojia de xingcheng*. Shanghai.

Zhou Yiqun 2004. "Kin and Companions: Gender and Sociability in Ancient China and Greece." PhD thesis, University of Chicago.

Zhu Huo 1992. *Guqian xindian*. Xian.

Zuiderhoek, A. 2007. "The Ambiguity of Munificence," *Historia* 56: 196–213.

Zuiderhoek, A. J. 2006. "Citizens, Elites and Benefactors: The Politics of Public Generosity in Roman Asia Minor." PhD thesis, University of Groningen.

凤凰文库·海外中国研究系列书目

《帝国的隐喻：中国民间宗教》　[英]王斯福 著　赵旭东 译
《王弼〈老子注〉研究》　[德]瓦格纳 著　杨立华 译
《章学诚的生平及其思想》　[美]倪德卫 著　杨立华 译
《中国与达尔文》　[美]浦嘉珉 著　钟永强 译
《千年末世之乱：1813年八卦教起义》　[美]韩书瑞 著　陈仲丹 译
《中华帝国晚期的欲望与小说叙述》　黄卫总 著　张蕴爽 译
《私人领域的变形：唐宋诗歌中的园林与玩好》　[美]杨晓山 著　文韬 译
《六朝精神史研究》　[日]吉川忠夫 著　王启发 译
《中国社会史》　[法]谢和耐 著　黄建华 黄迅余 译
《大分流：欧洲、中国及现代世界经济的发展》　[美]彭慕兰 著　史建云 译
《近代中国的知识分子与文明》　[日]佐藤慎一 著　刘岳兵 译
《转变的中国：历史变迁与欧洲经验的局限》　[美]王国斌 著　李伯重 连玲玲 译
《中国近代思维的挫折》　[日]岛田虔次 著　甘万萍 译
《为权力祈祷》　[加拿大]卜正民 著　张华 译
《洪业：清朝开国史》　[美]魏斐德 著　陈苏镇 薄小莹 译
《儒教与道教》　[德]马克斯·韦伯 著　洪天富 译
《革命与历史：中国马克思主义历史学的起源，1919—1937》　[美]德里克 著　翁贺凯 译
《中华帝国的法律》　[美]德克·布迪　克拉伦斯·莫里斯 著　朱勇 译
《文化、权力与国家：1900—1942年的华北农村》　[美]杜赞奇 著　王福明 译
《中国的亚洲内陆边疆》　[美]拉铁摩尔 著　唐晓峰 译
《古代中国的思想世界》　[美]史华兹 著　程钢 译　刘东 校
《中国近代经济史研究：明末海关财政与通商口岸市场圈》　[日]滨下武志 著　高淑娟 孙彬 译
《中国美学问题》　[美]苏源熙 著　卞东波 译　张强强 朱霞欢 校
《翻译的传说：中国新女性的形成(1898—1918)》　胡缨 著　龙瑜宬 彭珊珊 译
《〈诗经〉原意研究》　[日]家井真 著　陆越 译
《缠足："金莲崇拜"盛极而衰的演变》　[美]高彦颐 著　苗延威 译
《从民族国家中拯救历史：民族主义话语与中国现代史研究》　[美]杜赞奇 著　王宪明 高继美 李海燕 李点 译
《传统中国日常生活中的协商：中古契约研究》　[美]韩森 著　鲁西奇 译
《欧几里得在中国：汉译〈几何原本〉的源流与影响》　[荷]安国风 著　纪志刚 郑诚 郑方磊 译
《毁灭的种子：战争与革命中的国民党中国(1937—1949)》　[美]易劳逸 著　王建朗 王贤知 贾维 译
《理解农民中国：社会科学哲学的案例研究》　[美]李丹 著　张天虹 张洪云 等译
《十八世纪中国社会》　[美]韩书瑞 罗友枝 著　陈仲丹 译
《开放的帝国：1600年前的中国历史》　[美]韩森 著　梁侃 邹劲风 译
《中国人的幸福观》　[德]鲍吾刚 著　严蓓雯 韩雪临 吴德祖 译
《明代乡村纠纷与秩序：以徽州文书为中心》　[日]中岛乐章 著　郭万平 高飞 译
《朱熹的思维世界》　[美]田浩 著
《礼物、关系学与国家：中国人际关系与主体性建构》　杨美惠 著　赵旭东 孙珉 译　张跃宏 校
《美国的中国形象：1931—1949》　[美]T.克里斯托弗·杰斯普森 著　姜智芹 译

《清代内河水运史研究》　[日]松浦章 著　董科 译
《中国的经济革命:二十世纪的乡村工业》　[日]顾琳 著　王玉茹 张玮 李进霞 译
《明清时代东亚海域的文化交流》　[日]松浦章 著　郑洁西 译
《皇帝和祖宗:华南的国家与宗族》　科大卫 著　卜永坚 译
《中国善书研究》　[日]酒井忠夫 著　刘岳兵 孙雪梅 何英莺 译
《大萧条时期的中国:市场、国家与世界经济》　[日]城山智子 著　孟凡礼 尚国敏 译
《虎、米、丝、泥:帝制晚期华南的环境与经济》　[美]马立博 著　王玉茹 关永强 译
《矢志不渝:明清时期的贞女现象》　[美]卢苇菁 著　秦立彦 译
《山东叛乱:1774年王伦起义》　[美]韩书瑞 著　刘平 唐雁超 译
《一江黑水:中国未来的环境挑战》　[美]易明 著　姜智芹 译
《施剑翘复仇案:民国时期公众同情的兴起与影响》　[美]林郁沁 著　陈湘静 译
《工程国家:民国时期(1927—1937)的淮河治理及国家建设》　[美]戴维·艾伦·佩兹 著　姜智芹 译
《西学东渐与中国事情》　[日]增田涉 著　由其民 周启乾 译
《铁泪图:19世纪中国对于饥馑的文化反应》　[美]艾志端 著　曹曦 译
《危险的边疆:游牧帝国与中国》　[美]巴菲尔德 著　袁剑 译
《华北的暴力和恐慌:义和团运动前夕基督教传播和社会冲突》　[德]狄德满 著　崔华杰 译
《历史宝筏:过去、西方与中国的妇女问题》　[美]季家珍 著　杨可 译
《姐妹们与陌生人:上海棉纱厂女工,1919—1949》　[美]韩起澜 著　韩慈 译
《银线:19世纪的世界与中国》　林满红 著　詹庆华 林满红 译
《寻求中国民主》　[澳]冯兆基 著　刘悦斌 徐硕 译
《中国乡村的基督教:1860—1900年江西省的冲突与适应》　[美]史维东 著　吴薇 译
《认知诸形式:反思人类精神的统一性和多样性》　[英]G.E.R.劳埃德 著　池志培 译
《假想的"满大人":同情、现代性与中国疼痛》　[美]韩瑞 著　袁剑 译
《男性特质论:中国的社会与性别》　[澳]雷金庆 著　[澳]刘婷 译
《中国的捐纳制度与社会》　伍跃 著
《文书行政的汉帝国》　[日]富谷至 著　刘恒武 孔李波 译
《城市里的陌生人:中国流动人口的空间、权力与社会网络的重构》　[美]张骊 著　袁长庚 译
《重读中国女性生命故事》　游鉴明 胡缨 季家珍 主编
《跨太平洋位移:20世纪美国文学中的民族志、翻译和文本间旅行》　黄运特 著　陈倩 译
《近代日本的中国认识》　[日]野村浩一 著　张学锋 译
《性别、政治与民主:近代中国的妇女参政》　[澳]李木兰 著　方小平 译
《狮龙共舞:一个英国人笔下的威海卫与中国传统文化》　[英]庄士敦 著　刘本森 译
《中国社会中的宗教与仪式》　[美]武雅士 著　彭泽安 邵铁峰 译　郭潇威 校
《大象的退却:一部中国环境史》　[英]伊懋可 著　梅雪芹 毛利霞 王玉山 译
《自贡商人:近代早期中国的企业家》　[美]曾小萍 著　董建中 译
《人物、角色与心灵:〈牡丹亭〉与〈桃花扇〉中的身份认同》　[美]吕立亭 著　白华山 译
《明代江南土地制度研究》　[日]森正夫 著　伍跃 张学锋 等译　范金民 夏维中 审校
《儒学与女性》　[美]罗莎莉 著　丁佳伟 曹秀娟 译
《权力关系:宋代中国的家族、地位与国家》　[美]柏文莉 著　刘云军 译
《行善的艺术:晚明中国的慈善事业》　[美]韩德林 著　吴士勇 王桐 史桢豪 译
《近代中国的渔业战争和环境变化》　[美]穆盛博 著　胡文亮 译
《工开万物:17世纪中国的知识与技术》　[德]薛凤 著　吴秀杰 白岚玲 译

《权力源自地位:北京大学、知识分子与中国政治文化,1898—1929》　[美]魏定熙 著　张蒙 译
《忠贞不贰?——辽代的越境之举》　[英]史怀梅 著　曹流 译
《两访中国茶乡》　[英]罗伯特·福琼 著　敖雪岗 译
《古代中国的动物与灵异》　[英]胡司德 著　蓝旭 译
《内藤湖南:政治与汉学(1866—1934)》　[美]傅佛果 著　陶德民 何英莺 译
《他者中的华人:中国近现代移民史》　[美]孔飞力 著　李明欢 译　黄鸣奋 校
《缔造选本:〈花间集〉的文化语境与诗学实践》　[美]田安 著　马强才 译
《扬州评话探讨》　[丹麦]易德波 著　米锋 易德波 译　李今芸 校译
《〈左传〉的书写与解读》　[美]李惠仪 著　文韬 许明德 译
《以竹为生:一个四川手工造纸村的20世纪社会史》　[德]艾约博 著　韩巍 译 吴秀杰 校
《佛教征服中国:佛教在中国中古早期的传播与适应》　[荷]许理和 著　李四龙 裴勇 等 译
《技术、性别、历史:重新审视帝制中国的大转型》　[英]白馥兰 著　吴秀杰 白岚玲 译
《"地域社会"视野下的明清史研究:以江南和福建为中心》　[日]森正夫 著
《东方之旅:1579—1724耶稣会传教团在中国》　[美]柏理安 著　毛瑞方 译
《斯文:唐宋思想的转型》　[美]包弼德 著　刘宁 译
《中国小说戏曲史》　[日]狩野直喜 著　张真 译
《历史上的黑暗一页:英国外交文件与英美海军档案中的南京大屠杀》　[美]陆束屏 编著 翻译
《罗马与中国:比较视野下的古代世界帝国》　[奥]沃尔特·施德尔 主编　李平 译